上海市高等教育学会课题"史记故事课程开发"

(GJEL18130)阶段性成果

光明社科文库
GUANGMING DAILY PRESS:
A SOCIAL SCIENCE SERIES

·历史与文化书系·

强 秦 之 言

徐同林｜著

光明日报出版社

图书在版编目（CIP）数据

强秦之言 / 徐同林著 . -- 北京：光明日报出版社，2021.4

ISBN 978 - 7 - 5194 - 5898 - 0

Ⅰ.①强… Ⅱ.①徐… Ⅲ.①中国历史—研究—秦代 Ⅳ.①K233.07

中国版本图书馆 CIP 数据核字（2021）第 057812 号

强秦之言
QIANG QIN ZHI YAN

著　　者：徐同林	
责任编辑：史　宁	责任校对：李小蒙
封面设计：中联华文	责任印制：曹　净

出版发行：光明日报出版社

地　　址：北京市西城区永安路 106 号，100050

电　　话：010 - 63169890（咨询），63131930（邮购）

传　　真：010 - 63131930

网　　址：http：//book. gmw. cn

E - mail：shining@ gmw. cn

法律顾问：北京德恒律师事务所龚柳方律师

印　　刷：三河市华东印刷有限公司

装　　订：三河市华东印刷有限公司

本书如有破损、缺页、装订错误，请与本社联系调换，电话：010 - 63131930

开　　本：170mm×240mm			
字　　数：237 千字		印　　张：15.5	
版　　次：2021 年 4 月第 1 版		印　　次：2021 年 4 月第 1 次印刷	
书　　号：ISBN 978 - 7 - 5194 - 5898 - 0			

定　　价：95.00 元

目 录
CONTENTS

绪 言

强国与强语，这是一个古老而又崭新的话题。强国造就强语，有英语为例；强语促进国强，则有强秦之言为证。秦之所以能完成统一大业，法家、纵横家、兵家、杂家和间谍从中起了很大的作用，而他们无不仰仗语言的威力。三寸之舌强于百万之师的毛遂，一箭书抵百万兵的鲁仲连，反间秦国的将相而除灭战神白起的苏代，这些曾经让秦国损兵折将，不战而败，但也使其吃一堑长一智，并且后来居上。穆公的兼听称霸，商鞅的变法图强，张仪的连横破纵，范雎的远交近攻，伐交（如张仪的挑动魏国与齐争强，导致马陵之战的溃败和国势衰颓）的不战而胜，反间（如长平之战中反间赵国撤下廉颇起用赵括）的攻心夺志，文章（如秦穆公的《秦誓》、秦孝公的《求贤令》、李斯的《谏逐客书》）的扭转乾坤，等等，语言的作用和威力得到充分的张扬。正如苏秦所言："攻战之道非师者，虽有百万之军，比之堂上；虽有阖闾、吴起之将，禽之户内；千丈之城，拔之尊俎之间；百尺之冲，折之衽席之上。故钟鼓竽瑟之音不绝，地可广而欲可成；和乐倡优侏儒之笑不之，诸侯可同日而致也。"（《战国策·苏秦说齐闵王》）伐谋伐交，不战而胜。这是一笔宝贵的历史资源，有待我们一同品鉴探索和发掘。

古希腊史学家戴奥尼西说："历史是一种以事实为训的哲学"。周公曰："我不可不监（鉴）于有夏，亦不可不监于有殷。"（《尚书·周书》）然而，历史上"奋其私智而不师古，欲以力征经营天下"，然终至失败者，又岂止霸王项羽！历史的成败兴衰，给我们以智慧、借鉴和启示。

当今美国国防语言战略的研究与实施，独领风骚。人们对口才与成功的阐发和演练，如火如荼。世人话语权的争夺与研究，争奇斗艳。而对与我们当今中华民族伟大复兴有很大相似和参照性的秦国发展史上的强国语言战略的探研，则只散见于汗牛充栋的学术书刊里，凤毛麟角。历史与现实表明：强国造就强语，强语促进国强。① 语有千钧力，言抵十万兵。② 杨宽等认为，秦之所以能完成统一大业仰仗语言的威力。秦孝公痛彻求贤，商鞅厉行变法，富国强兵。张仪为秦连横成功，"拔三川之地，西并巴蜀，北收上郡，南取汉中，包九夷，制鄢郢，东据成皋之险，割膏腴之壤，遂散六国之从，使之西面事秦"。到战国中期，秦齐赵三强鼎立，苏秦为燕谍使齐，阴谋覆齐成功，结果由乐毅出任五国联军统帅攻破齐国，而使秦之大敌齐国从此削弱。接着范雎为相，推行远交近攻战略，为秦最终完成统一起了很大的作用。秦将白起，伐谋伐交，攻城略地，战无不胜，先后残杀敌国一百多万兵力。杂家吕不韦编著《吕氏春秋》，博采众长，力倡"义兵"以完成统一。尉缭、李斯，施用间谍，收买六国豪臣，离其君臣将相，从而加以各个击破，先后灭亡其国。③ 这些，无不用到语言的工具和利器，即太公所谓"文伐……备，乃成武事"（《六韬·文伐》），来实施内政外交方略，伐谋伐交，强国强军。但是，此类历史研究专著多为体例所限，在涉及法家、纵横家等如何运用语言运作秦国内政外交，伐谋伐交时，往往三言两语，或者语焉不详，而一笔带过。当然，这些历史、语言研究的成果或线索，给我们以极大的启示和有力的指引，我们以秦国强国强军的恢宏历史为背景，进一步挖掘梳理其中语言战略的运行轨迹、内在规律、经验教训、制胜秘诀，以期作为当今我强国强军的生动参照与历史借鉴。

在秦国强国强军的历史背景下，让我们来挖掘梳理其中语言战略，似可从以下方面来研探：

一、人言篇：（1）秦穆公的听而霸，（2）商鞅的谋而变，（3）张仪的伐与交，（4）吕不韦的商而奇

二、文攻篇：（5）诸侯攻秦之言，（6）邯郸之战的文伐，（7）秦攻诸

① 赵世举. 语言与国家［M］. 北京：商务印书馆，2015：1.
② 韩刚. 舌比剑锋利——先秦军事外交语言艺术评介［N］. 解放军报，2016 – 07 – 23.
③ 杨宽. 战国史［M］. 上海：上海人民出版社，2016.

侯之言，（8）秦国的反间计

三、文宣篇：（9）秦国的自我批判，（10）秦国的伊人，（11）秦国的形象设计，（12）秦国的相人术

其重点难点在于理清强秦之言的言内言外两大系统及其相互关系，尤其是，一言制敌的战略支撑要素及其互动机率。我们初步认为，秦国内政方面，以文宣广招贤才，以文学凝心聚气，以峻法重农尚武；其外交方面，东邻使商鞅挑动魏国当头招致马陵惨败，东北使计离间赵国君主与将领，东南以张仪骗楚弱楚破楚，东方则收买齐国等的豪臣蚀其心志，不战而胜。关键是阐发语言战略在其中的运用机理。

例如，关于说与听：正如魏禧《兵谋》所说，"左氏之兵，为谋三十有二"，其中之一，"曰听"。即倾听部众贤能的意见，集思广益，正确决策。"何谓听？或听于众，或听于贤，或听于能，或听于尊。不听则败，听于私则败。……秦穆公不听蹇叔，僖三十二。"穆公在强秦之路上艰难跋涉，终获成功。其秘诀，不在丰厚的历史文化，有利的地理形势，强大的经济实力，而在于竖起耳朵来虚心倾听。他深有感触地说："邻国有圣人，敌国之忧也。"他听于百里，险胜于韩，不听蹇叔，大败于崤，倾听由余，遂霸西戎。"胜天下者用天下"，听天下。个中玄妙，值得聆听。这让我们进一步领略听的奥妙，以及思考如何处理好听与说的关系。①

再如，关于以敌为师的文攻文伐：秦国在生存发展争霸兼并的艰巨历程中，也是经历了吃一堑长一智的过程。而其他诸侯，尤其是那些处于"四战之国"的中原诸国，文化发达，外交娴熟，它们的语言攻略得到较好的锻炼运用和发挥，而让秦国屡屡受挫，不战而败。如郑《烛之武退秦师》、晋《吕相绝秦》和楚《黄歇上秦昭王书》等，只言片语，竟让秦国或俯首称臣、不战而屈，或联盟瓦解、陷入孤立。再如秦赵邯郸之战中，苏代反间秦国将相除灭战神白起，毛遂自荐说服楚王出兵救赵，鲁仲连说服辛垣衍义不帝秦，从而解救邯郸之围。这些，既让秦国吃了亏，也让它长了智。失败乃成

---

① 徐同林. 强秦之言（三）：秦穆公的"听"——读魏禧《兵谋》札记［J］. 渭南师范学院学报，2016（1）：37－46.

功之母，诸侯攻秦之言，既使秦国蒙难，也教秦国益智了。因为，正如《吕氏春秋》所言："虽桀、纣犹有可畏可取者，而况于贤者乎？"有道是小成功靠朋友大成功靠对手。这又让我们领悟一言制敌的威力和惨痛失败的价值，进一步思考如何以敌为师，以败为母，以舌为剑，不战而胜。①

再如，关于经世公文：秦国的经典公文，如秦穆公《秦誓》、秦孝公《下令国中》和李斯《谏逐客书》等，确实是"经国之大业，不朽之盛事"，也是"词深人天，致远方寸""一言兴邦"的典范。这些相距一二百年的经典公文，每篇中关键词反复出现，这三篇公文的求贤主题竟也是惊人的一致，并且都是以纠错的姿态出现。如果将强秦之路看作一篇壮丽史诗的话，那么，求贤的旋律不断奏响，"重要的事情说三遍"，构成了显目的反复修辞格的运用。当然，也可看作秦国人才与纠错之战略定力的双重体现。因此，在楚材晋用，朝秦暮楚的时代氛围中，流向秦国的人才越来越多，他们发挥的作用越来越大，他们获得的地位也越来越高。他们出齐齐轻，叛魏魏丧，入秦秦强。秦国七百年史诗中的反复修辞格（人才和纠错战略定力）值得反复研读。这又让我们再次见证，经世之文，如何凝心聚气，包括战略定力的长期保持，也包括纠错传统（君主自纠，纠祖纠君）的坚定捍卫。承认失败，认识错误，改正缺点，相对于总结经验，庆贺胜利，发扬优点，这两方面孰轻孰重，孰先孰后，岂不发人深省。②

再如，一首《诗经·秦风·无衣》，今天读来，仍能激昂我们的精神斗志。这首诗充满了视死如归、同仇敌忾的战斗精神。全诗表现了秦国军民上下一心，团结一致，共御外侮的高昂士气和乐观精神，其独具的雄健而豪迈的风格正是秦人尚武爱国精神和闻战则喜风尚的反映。这与中原郑卫之音大相径庭，决然不同。秦国山高土厚，民风质厚。班固说秦地"民俗修习战备，高上勇力，鞍马骑射。故秦诗曰：'王于兴师，修我甲兵，与子偕行。'

---

① 徐同林.攻秦之言——强秦语言战略之逆向解读［J］.渭南师范学院学报，2017（1）：38-50.

② 徐同林.强秦之言（二）：反复的力量——以秦三篇公文为例［C］//2015年中国语言文学研究暨汉语教学国际学术研讨会摘要集.兰州：西北师范大学国际文化交流学院，2015.

其风声气俗自古而然，今之歌谣慷慨风流犹存焉。"（《汉书·赵充国辛庆忌传赞》）朱熹《诗集传》也说："秦人之俗，大抵尚气概，先勇力，忘生轻死，故其见于诗如此。"这首诗即表现在大敌当前、兵临城下之际，秦人以大局为重，与君王保持一致，一听"王于兴师"，他们就一呼百诺，争先恐后，义无反顾，协同作战，表现出崇高无私的品质和英雄无畏的气概。此诗"赋也。秦俗强悍，乐于战斗。故其人平居而相谓曰：岂以子之无衣，而与子同袍乎？盖以王于兴师，则将修我戈矛，而与子同仇也。其欢爱之心足以相死如此。"（朱熹《诗集传》）还有诗论家也对此诗的英雄气概赞叹不已："英壮迈往，非唐人出塞诸诗所及。"（吴闿生《诗义会通》卷一）"开口便有吞吐六国之气，其笔锋凌厉，亦正如岳将军直捣黄龙。"（陈继揆《读诗臆补》）可见，这首秦地特有的战歌，足以一呼百应，气吞万里，震古烁今。其鼓舞人心，激励斗志的风格，在十五国风中也是罕有其匹的。①

　　可见，文韬武略紧密配合，软硬兼施相得益彰，青出于蓝以敌为师，聚沙成塔滴水穿石。可让我们从不同视角，来解读审视展现描写强秦之言的精彩篇章、生动画卷、制胜奥妙。

　　能言还要善听，书面更兼口头，对外兼顾对内，文攻结合武备，伐谋融合伐交，秦国强国强军的语言方略内容丰富，耐人寻味。联系秦国内政外交的历史背景和产生的影响，着力强秦经典文本解读，复原历史因果衔接，运用系统分析综合研究，形象展示立体演绎，以期动态、多维、形象地阐释强秦之言的不朽魅力和动人乐章。

　　通过强秦之言的历史回顾，与现实观照，我们认为语言之于个人自强、强国强军，都是不可轻忽的，但是，语言的存在与功用，有时似有若无，就像空气和水之与人的生活，好像无关紧要，实则不可或缺，而且至关重要。正如孔子所言，一言可以丧邦，一言可以兴邦。言之无文，行而不远。有文事者，必有武备；有武事者，必有文备。当今，语言强国强军的重要性更甚，可以说再怎么重视和强调都不为过。但如何充分认识和有效运用语言利

---

① 杨玲.《诗经·秦风·车邻》及《晨风》新解［J］. 古典文学知识，2017（1）：23－27.

器，借鉴强秦之言，这是我们必须面对的课题。正如美学者汤姆·普拉特著文所言：要有好的中美关系，美国人必须学会听，而中国人必须学会说①，"言之无文，行而不远。""不言，谁知其志？"（《左传·襄公二十五年》仲尼语）修昔底德《伯罗奔尼撒战史》："倘若彼此之间心存畏惧，那么在实施侵犯之前都会三思而后行。"② 我们初步认为，语言内外又有两大庞杂系统，与政治、经济、科技、文化、军事、社会等息息相关，国家和军队的运行都需要它，而其内部，则有听与说、呼与应、对与错、有与无、文与语、古与今、一与众、少与多、雅与俗等方方面面的立体多元的系统性和复杂性。而内外两大系统之间，又有着交织辉映的错综复杂的关系。如文与武、言与行、软与硬、动与静、虚与实、道与非，等等。我们以历史还原的形式，历史与逻辑相结合的原则，着力文本解读，运用辩证思维，散点透视的方式，再现强秦语言战略的生动画卷，挖掘其内在魅力，评价其功过得失。

故此"强秦之言"的研读将有助于我们弘扬传统文化，汲取民族话语智能，有益于话语能力及综合实力的改进和提升。

---

① 要有好的中美关系，美国人必须学会听，而中国人必须学会说［EB/OL］．香港《南华早报》网，2015 - 12 - 22.
② Thucydides. History of the Peloponnesian War ［M］．Amherst, N. Y.：Prometheus Books, 1998：59 - 60.

第一篇 01

| 人 言 |

第一章　秦穆公的听而霸①

先民有言，询于刍荛。（《诗经·大雅·板》）

刍荛之言，圣人择焉。（冯梦龙《东周列国志》）

何谓听？或听于众，或听于贤，或听于能，或听于尊。不听则败，听于私则败。秦穆公不听蹇叔，僖三十二。（魏禧《兵谋》）

正如明末清初的魏禧《兵谋》所说"左氏之兵，为谋三十有二"，其中之一，"曰听"，即倾听部众贤能的意见，集思广益，正确决策。"何谓听？或听于众，或听于贤，或听于能，或听于尊。不听则败，听于私则败。……秦穆公不听蹇叔，僖三十二"。秦穆公在强秦之路上艰难跋涉，终获成功。其秘诀，不在丰厚的历史文化，有利的地理形势，强大的经济实力，而在于竖起耳朵来虚心倾听。

春秋（公元前 770 年—前 476 年）五霸之一的秦穆公（前 682 年—前 621 年），在秦国（包括秦朝）将近六百年（约前 800 年—前 207 年）的历史上，具有奠基的地位和里程碑的作用。在史诗般的《史记·秦本纪》一万字的篇幅中，他一人的篇幅就有三千字之多，占十分之三，远远高于四十位秦国君主中任何一位（除秦始皇之外，因另辟一本纪，《秦始皇本纪》）。而秦穆公的功过是非，知人善任，遂霸西戎，圣明盖世，皆在一个"听"字。

有意思的是，古代"听"字，与厅、德、圣密切相关。听（聼聽），形声字。从耳德，壬声。从耳德，即耳有所得之意。本义，用耳朵感受声音。金

① 徐同林.强秦之言（三）：秦穆公的听——读魏禧《兵谋》札记［J］.渭南师范学院学报，2016（1）：37－46.

文篆文繁化，加上壬、直、心，强调耳有所闻、心有所悟、士有所任之意。"听，聆也。"（《说文解字》）"天视自我民视，天听自我民听。"（《书·泰誓中》）"无稽之言勿听。"（《书·大禹谟》）"心不在焉，视而不见，听而不闻。"（《礼记·大学》）强调"天听自我民听"。厅（廳），从广聽声，兼表听事之意。德，从行从直从心，会视正行直表里如一之意。圣（聖），竖起大耳朵来倾听，口出之言，壬，择人委任。原来，听，是德与圣的基础与前提。

故魏禧《兵谋》曰："左氏之兵，为谋三十有二：……（十五）曰听"。"秦穆公不听蹇叔，僖三十二。"① 结果招致秦晋崤之战全军覆没的下场。纵观秦穆公的跌宕起伏的霸业征程，就在于一个"听"字。秦穆公听于百里，险胜于韩；不听蹇叔，大败于崤；倾听由余，遂霸西戎。个中玄妙，岂不值得聆听。

第一节　听于百里　险胜于韩

韩之战，又称韩原之战，是春秋时期发生在秦国与晋国之间的战役。公元前 645 年，秦穆公率兵攻打忘恩负义的晋惠公，秦晋之兵在韩原（山西河津东）交战。结果晋军兵败，多行不义的晋惠公被俘。

1. 扶持晋君

却说公元前 651 年，晋献公去世，晋国大夫里克作乱，接连弑杀二君。逃亡在外的公子之一夷吾，以割让黄河以西之地为条件请求秦穆公发兵，助其回国继位。穆公从本国的利益考虑，认为扶持这样有缺陷的晋公子回国即位，必将有利于秦国，于是便答应其请求，发兵送其回晋国即位，是为晋惠公。

---

① 魏禧. 兵谋［M］//魏叔子文集. 北京：中华书局，2003：117–146.

晋郤芮使夷吾重赂秦以求入，曰："人实有国，我何爱焉。入而能民，土于何有？"从之。

齐隰朋帅师会秦师，纳晋惠公。

秦伯谓郤芮曰："公子谁恃？"对曰："臣闻亡人无党，有党必有仇。夷吾弱不好弄，能斗不过，长亦不改，不识其他。"公谓公孙枝曰："夷吾其定乎？"对曰："臣闻之，唯则定国。《诗》曰：'不识不知，顺帝之则。'文王之谓也。又曰：'不僭不贼，鲜不为则。'无好无恶，不忌不克之谓也。今其言多忌克，难哉！"公曰："忌则多怨，又焉能克？是吾利也。"（《左传》僖公九年）

晋国的郤芮建议流亡在外的公子夷吾给秦国奉上厚礼，以求秦国助其回国谋求即位，说："别人占有了国家，我们还有什么可吝惜的呢？回国而得到百姓、土地有什么了不起？"夷吾听从了。

齐国的隰朋率领军队会合秦国的军队护送夷吾，使其回国即位，为晋惠公。

在此过程中，秦穆公是有自己的一番盘算的。他先对郤芮询问说："晋公子依靠谁呢？"郤芮回答说："我听说逃亡的人没有朋党，有朋党必然有仇敌。夷吾年轻时不喜欢戏耍，能够争斗但是不过分，长大了也没有改变。其他就不了解了。"秦伯再对其贤能的大夫公孙枝说："夷吾可以安定国家吗？"回答说："我听说，只有行为合乎准则才能安定国家。《诗》说：'无知无识，顺应天帝的准则。'这说的是文王啊！又说：'不虚假，不伤残，很少不能做典范的。'没有爱好，没有厌恶，这是说的既不会猜忌也不会好胜。现在他的言语却有很多的猜忌和好胜心，要他来安定国家，难啊！"秦伯说："有猜忌就多怨恨，又怎么能取胜？这是我们国家的利益啊！"①

之后，晋大夫丕郑图谋与秦穆公联合废除惠公，另立重耳，不料败露被杀。其子丕豹奔秦，言于秦伯曰："晋侯背大主而忌小怨，民弗与也，伐之必出。"公曰："失众，焉能杀。违祸，谁能出君？"（《左传》僖公十年）秦

① 杨伯峻.春秋左传注（修订本）[M].北京：中华书局.

穆公没有采纳丕豹伐晋逐君的建议，认为时机上不成熟，但是留下怀有杀父之仇的丕豹，并暗地里委以重任。

2. 泛舟之役

冬，晋荐饥，使乞籴于秦。秦伯谓子桑："与诸乎？"对曰："重施而报，君将何求？重施而不报，其民必携，携而讨焉，无众必败。"谓百里："与诸乎？"对曰："天灾流行，国家代有，救灾恤邻，道也。行道，有福。"丕郑之子豹在秦，请伐晋。秦伯曰："其君是恶，其民何罪？"秦于是乎输粟于晋，自雍及绛相继，命之曰"泛舟之役"。（《左传》僖公十三年）

公元前647年（晋惠公四年，秦穆公十三年）冬，晋国连续两年发生饥荒，派人到秦国请求购买粮食，以解燃眉之急。秦伯对子桑说："给他们吗？"子桑回答说："再次给予恩惠而报答我们，您还要求什么？再次给予恩惠而不报答我们，他们的百姓必然离心，百姓离心然后讨伐他们，他们没有百姓必然失败。"秦伯询问"五羖大夫"百里奚①："给他们吗？"百里奚回答说："天灾流行，总是在各个国家交替发生的。救援灾荒，抚恤邻邦，这是符合道义的。按道义办事，就会有福禄。"丕郑的儿子豹在秦国，请求秦国攻打晋国。秦伯说："厌恶他们的国君，他们的百姓有什么罪？"秦国于是把粮食输送给晋国。从秦都雍城（陕西凤翔县南七里雍城）到晋都绛城（山西翼城县东南），沿渭河入黄河，再经汾河转浍河，船只首尾相连，络绎不绝，史称"泛舟之役"。②

秦穆公再次没有听取丕豹伐晋的建议，而是采纳贤臣子桑和百里奚从长计议的谋略，放长线，发起"泛舟之役"，以争取天下人心。

冬，秦饥，使乞籴于晋，晋人弗与。庆郑曰："背施无亲，幸灾不仁，贪爱不祥，怒邻不义。四德皆失，何以守国？"虢射曰："皮之不

---

① 徐同林. 课堂教学的旨归：阅读原著——以谏逐客书百里奚的注释教学为例 // 徐同林. 史记的语文 [M]. 济南：齐鲁书社，2012：48 - 58.

② 杨伯峻. 春秋左传注（修订本）[M]. 北京：中华书局.

存，毛将安傅？"庆郑曰："弃信背邻，患孰恤之？无信患作，失援必毙，是则然矣。"虢射曰："无损于怨，而厚于寇，不如勿与。"庆郑曰："背施幸灾，民所弃也。近犹仇之，况怨敌乎？"弗听。退曰："君其悔是哉！"（《左传》僖公十四年）

次年冬，秦国发生灾荒，派人向晋国请求买进粮食，晋国人不给。庆郑说："背弃恩惠，就没有亲人；幸灾乐祸，这是不仁；贪图爱惜物资，就会不祥；使邻国愤怒，这是不义。四种道德都丢掉了，用什么来守卫国家？"虢射曰："皮已经不存在，毛又依附在哪里？"庆郑说："丢掉信用，背弃邻国，谁来抚恤患难？没有信用，祸患就会发生；失去援助，一定死亡。这件事就可以印证了。"虢射说："给了粮食不会使怨恨减少，反而增加敌人的实力，不如不给。"庆郑说："背弃恩惠，庆幸别人的灾祸，这是百姓唾弃的行为。亲近的人尚且仇视，何况怨恨的敌人呢？"惠公不听。庆郑退下来说："国君将要为这件事后悔啊！"①

晋侯之入也，秦穆姬属贾君焉，且曰"尽纳群公子"。晋侯烝于贾君，又不纳群公子，是以穆姬怨之。晋侯许赂中大夫，既而皆背之。赂秦伯以河外列城五，东尽虢略，南及华山，内及解梁城，既而不与。晋饥，秦输之粟；秦饥，晋闭之籴，故秦伯伐晋。（《左传》僖公十五年）

当初，晋侯回国即位的时候，秦穆姬把贾君嘱托给他，并且对他说："让流浪在外的公子们全部回国。"晋侯竟与嫂贾君淫乱，又不接纳群公子回国，因此秦穆姬怨恨他。晋侯曾答应给中大夫赠送财礼，不久却背弃了诺言。答应送给秦伯黄河以西和以南的五座城，东边到虢略，南边到华山，黄河之内到解梁城，回来后违背诺言，又不给了。晋国发生饥荒，秦国输送粮食给晋国；秦国发生饥荒，晋国却拒绝援助，因此，秦晋之间的怨恨越发加深，于是爆发了韩原之战。秦伯发兵迎战晋军。

《史记》中也有其导因的简介："（晋）惠公之立，倍秦地及里克，诛七舆大夫，国人不附。二年（前649），周使召公过礼晋惠公，惠公礼倨，召公

---

① 杨伯峻. 春秋左传注（修订本）[M]. 北京：中华书局.

讥之。四年，晋饥，乞籴于晋。卒与粟，自雍属绛。五年，秦饥，请籴于晋。惠公用虢射谋，不与秦粟，而发兵且伐秦。秦大怒，亦发兵伐晋。"（《史记·晋本纪》）双方的是非曲直，已经不言自明。

3. 韩原激战

三败，及韩。晋侯谓庆郑曰："寇深矣，若之何？"对曰："君实深之，可若何？"公曰："不孙。"卜右，庆郑吉。弗使。步扬御戎，家仆徒为右，乘小驷，郑入也。庆郑曰："古者大事，必乘其产，生其水土，而知其人心，安其教训，而服习其道，唯所纳之，无不如志。今乘异产，以从戎事，及惧而变，将与人易。乱气狡愤，阴血周作，张脉偾兴，外强中干。进退不可，周旋不能，君必悔之。"弗听。（《左传》僖公十五年）

秦军三次击败晋军攻击，抵达韩（约在今山西河津一带）。晋侯对庆郑说："敌人已经深入了，对他们怎么办？"庆郑回答说："是您让他们深入的，能怎么办？"晋侯说："放肆！"占卜车右的人选，庆郑得吉卦，但是晋侯不用他。让步扬驾驭战车，家仆徒作为车右。用小驷拉车，小驷是郑国献纳的。庆郑说："自古以来打仗这种大事，一定要驾驭本国的马匹，因为它们适应水土，了解主人，训练有素，服从指挥，怎么操控都得心应手。现在临时驾乘外国马来参战，一旦它们临阵胆怯，举止反常，不听号令，驭手就无法控制了。到时这些外来马匹气息急促，血流加速，脉管偾张，外表似强悍，内里很怯懦。进不能进，退不能退，弯也不能转，您一定会后悔的。"晋侯不听从。①

九月，晋侯逆秦师，使韩简视师。复曰："师少于我，斗士倍我。"
公曰："何故？"对曰："出因其资，入用其宠，饥食其粟，三施而无报，是以来也。今又击之，我怠秦奋，倍犹未也。"公曰："一夫不可狃，况国乎。"遂使请战，曰："寡人不佞，能合其众而不能离也。君若不还，

---

① 杨伯峻. 春秋左传注（修订本）[M]. 北京：中华书局.

无所逃命。"秦伯使公孙枝对曰："君之未入，寡人惧之，入而未定列，犹吾忧也。苟列定矣，敢不承命。"韩简退曰："吾幸而得囚。"(《左传》僖公十五年)

九月，晋侯迎战秦军，派韩简去侦察敌军虚实，韩简回来说："秦军人数比我们少，斗志却超过我们一倍。"晋侯说："什么缘故？"韩简回答说："您逃亡的时候依靠他们的资助，回来时也凭借他们的庇护，发生饥荒时又吃人家的救济，他们三次给我们恩惠而我们却没有报答，因此他们才来。现在又要攻击他们，我们的士气懈怠，他们的士气振奋，斗志相差一倍还不止呢。"晋侯说："一个人尚且不能被轻侮，何况我堂堂晋国呢？"于是让韩简去约战，对秦伯说："我不才，能集合我的部下却不能使他们离散。您如果不回去，我们将没有地方逃避命令。"秦伯派公孙枝回答说："晋君没有回国，我为他忧惧；回国了但是君位没有定下来，还是我的忧虑。现在君位定下来了，我哪里敢不接受您的战书呢！"韩简退回来说："我如果能被俘虏就是幸运了。"激战无可避免。

4. 野人报恩

在此，《史记》补充了此战胶着之际发生逆转的一个重要细节。

十五年，兴兵将攻秦。缪公发兵，使丕豹将，自往击之。九月壬戌，与晋惠公夷吾合战于韩地。晋君弃其军，与秦争利，还而马骛。缪公与麾下驰追之，不能得晋君，反为晋军所围。晋击缪公，缪公伤。于是岐下食善马者三百人驰冒晋军，晋军解围，遂脱缪公而反生得晋君。初，缪公亡善马，岐下野人共得而食之者三百余人，吏逐得，欲法之。缪公曰："君子不以畜产害人。吾闻食善马肉不饮酒，伤人。"乃皆赐酒而赦之。三百人者闻秦击晋，皆求从，从而见缪公窘，亦皆推锋争死，以报食马之德。于是缪公虏晋君以归，令于国，"齐(斋)宿，吾将以晋君祠上帝。"周天子闻之，曰"晋我同姓"，为请晋君。夷吾姊亦为缪公夫人，夫人闻之，乃衰绖跣，曰："妾兄弟不能相救，以辱君命。"缪公曰："我得晋君以为功，今天子为请，夫人是忧。"乃与晋君盟，许归之，更舍上舍，而馈之七牢。十一月，归晋君夷吾，夷吾献其河西地，使太子圉为质于秦。秦妻子圉以宗女。是时秦地东至河。（《史记·秦本纪》）

秦穆公十五年（前645），晋国发动军队攻打秦国。穆公也发兵，让丕豹率领大军，并亲自前往迎击。九日十四日，与晋惠公夷吾在韩地交战。晋君甩下自己的部队独自往前冲，跟秦军争利，可是回来的时候，驾乘的战马陷到深泥里。穆公与部下纵马驱车追赶，没能抓到晋君，反而被晋军包围了。晋军攻击穆公，穆公受伤。这时，曾在岐山下偷吃穆公良马的三百多个乡下野人不顾危险驱马冲入晋军，晋军的包围被击破，不仅使穆公得以脱险，反而又活捉了晋君。当初，穆公丢失了一匹良马，岐山下的三百多个乡野一块儿把它抓来宰杀吃掉了，官吏捕捉到他们，要加以法办。穆公却说："君子不能因为牲畜的缘故而伤害人。我听说，吃了骏马的肉，如果不喝些酒，会伤害身体的。"于是就赐酒给他们喝，并赦免了他们。这三百人闻听秦国要攻击晋军，都要求跟着去冲锋陷阵。在作战时，他们发现穆公被敌围困，都高举兵器，争先恐后，奋力死战，以报答吃马肉被赦免的恩德。于是穆公俘虏了晋君回到秦国，向国人发布命令："人人斋戒独宿，我将用晋君祭祀上帝。"周天子听说此事，忙说"晋君是我的同姓"，替晋君求情。夷吾的姐姐是秦穆公的夫人，她听到这件事，就穿上丧服，光着脚，说："我不能挽救自己的兄弟，以致还得让君上下命令杀他，实在有辱于君上。"穆公说："我俘获了晋君，以为是成就了一件大事，可是现在天子来求情，夫人也为此事而忧愁。"于是跟晋君订立盟约，答应让他回国，并给他换了上等的馆舍住宿，送给他牛羊猪各七头，以诸侯之礼相待。十一月，送晋君夷吾回国；夷吾则献出晋国河西的土地，并派太子圉到秦国作人质。秦国把同宗的女儿嫁给子圉。这时候，秦国的地盘向东已经扩展到黄河之滨。①

5. 饴甥有辞

晋侯使郤乞告瑕吕饴甥，且召之。子金教之言曰："朝国人而以君

---

①　韩兆琦. 史记译注［M］. 长沙：岳麓书社，2012.

命赏。且告之曰：'孤虽归，辱社稷矣。其卜贰圉也。'"众皆哭。晋于是乎作爰田。吕甥曰："君亡之不恤，而群臣是忧，惠之至也。将若君何？"众曰："何为而可？"对曰："征缮以辅孺子。诸侯闻之，丧君有君，群臣辑睦，甲兵益多。好我者劝，恶我者惧，庶有益乎！"众说。晋于是乎作州兵。（《左传》僖公十五年）

韩原大战以后，晋国内部一片混乱。在此期间，为了挽回面子，晋侯派郤乞向瑕吕饴甥请教，并且召见他。吕甥教郤乞怎样说话，说："使国都的人在宫门朝见，用国君的名义给予赏赐。而且告诉他们说：'孤虽然回来，已经给国家带来耻辱了，大家还是占卜辅佐太子登基的事情吧。'"百姓听了一齐号哭。晋国于是作爰田，新的土地制度，以加惠于国人。吕甥说："国君不担忧自己身在异国，反而担忧群臣，这真是仁惠到了极点。我们准备怎么对待国君？"大家说："怎么办才行？"吕甥回答说："征收赋税，修缮甲兵，以辅助继位的人。诸侯听说我们失去了国君，又有了新的国君，群臣和睦，甲兵比以前更多，喜欢我们的人就会勉励我们，厌恶我们的人就会惧怕我们，也许会有好处吧！"大家很高兴，晋国于是改革兵制。

十月，晋阴饴甥会秦伯，盟于王城。

秦伯曰："晋国和乎？"对曰："不和。小人耻失其君而悼丧其亲，不惮征缮以立圉也，曰：'必报仇，宁事戎狄。'君子爱其君而知其罪，不惮征缮以待秦命，曰：'必报德，有死无二。'以此不和。"秦伯曰："国谓君何？"对曰："小人戚，谓之不免。君子恕，以为必归。小人曰：'我毒秦，秦岂归君？'君子曰：'我知罪矣，秦必归君。贰而执之，服而舍之，德莫厚焉，刑莫威焉。服者怀德，贰者畏刑。此一役也，秦可以霸。纳而不定，废而不立，以德为怨，秦不其然。'"秦伯曰："是吾心也。"改馆晋侯，馈七牢焉。（《左传》僖公十五年）

十月，晋国的阴饴甥会见秦伯，在王城（陕西大荔东）结盟。秦伯说："晋国和睦吗？"阴饴甥回答说："不和睦。小人以失掉国君为耻，并且哀悼战死的亲人，不惜征收赋税、修缮甲兵，来立太子圉为新的国君，说：'宁愿侍奉戎狄，也一定要报仇雪恨。'君子爱护他们的国君，也知道他的罪过，因此不惜征收赋税、修缮甲兵来听候贵国的命令，说：'一定要报答秦国的恩德，有必死之志而无二心。'因此不和。"秦伯说："国人对国君惠公的命运怎么看？"阴饴甥回答说："小人忧虑，认为他不会被赦免；君子宽恕，认为他一定会回来。小人说：'我们伤害了秦国，秦国难道会让国君回来？君子说：'我们已经知罪了，秦国一定会让国君回来。惠公背信弃义就抓他，认罪服输就放他，没有比这更宽厚的仁德，没有比这更威严的刑罚。顺服的人感激你的仁德，背叛的人畏惧你的刑罚。这一回，秦国可以领导诸侯了。帮助人家回国做国君又不让他安定，甚至废掉他，又不立个新君，把恩德变成仇怨，想必秦国不会这样做的吧。"秦伯说："这正是我的心意啊！"于是让晋侯改住宾馆，按照招待诸侯的礼节标准馈送他牛、羊、猪各七头。

十一月，晋侯归。丁丑，杀庆郑而后入。

是岁，晋又饥，秦伯又饩之粟，曰："吾怨其君，而矜其民。且吾闻唐叔之封也，箕子曰：'其后必大。'晋其庸可冀乎！姑树德焉，以待能者。"

于是秦始征晋河东，置官司焉。（《左传》僖公十五年）

就这样，秦穆公不仅征服了刚愎狂妄的晋惠公，占有了晋国的黄河东部的不少土地，而且占领了道德高地。这就是听于百里，胜于强晋的史实。

第二节　不听蹇叔　大败于崤

韩之战（秦穆公十五年，前645年）后，秦穆公稳步向东推进，加快了争霸中原的步伐。但是，晋国本来就强于秦国，加之历经磨难的晋文公上台后，励精图治，韬光养晦，对秦国采取包容怀柔之策，维持了秦晋友好，秦国东进受阻。晋国于周襄王二十一年（前631年），在城濮之战中，击败楚国，一举成为中原霸主。秦穆公耿耿于怀，但他的争霸中原迫于强晋的压力而不得不止步不前。然而，秦穆公东进的欲望越压抑越强烈。

6. 崤战简况

于是，韩之战后十八年，终于爆发了秦晋崤之战。这是在秦晋争霸战争中，发生于周襄王二十五年（前 627 年）的一场晋襄公率军在晋国崤山（今河南省洛宁县东宋乡王岭村交战沟）隘道全歼秦军的伏击歼灭战。它对春秋中后期诸侯争霸尤其秦国的争霸走向，产生了深远影响。

春秋中期，秦在穆公即位后，国势日盛，图霸中原，跃跃欲试。但东出道路被晋所阻。周襄王二十四年（前 628 年）秦穆公得知郑、晋两国国君新丧，便不听大臣蹇叔等劝阻，执意要越过晋境偷袭郑国。晋襄公为维护霸业，决心打击秦国。为不惊动秦军，准备待其回师时，设伏于崤山险地而围歼之。十二月，秦派孟明视等率军出袭郑国，次年春顺利通过崤山隘道，越过晋国南境，抵达滑（河南偃师东南），恰与赴周贩牛的郑国商人弦高相遇。机警的弦高断定秦军必是袭郑，即一面冒充郑国使者犒劳秦军，一面派人回国报警。孟明视以为郑国有备，不敢再进，遂还师。

晋国侦知，命先轸率军秘密赶至崤山，并联络当地姜戎埋伏于隘道两侧。秦军重返崤山，因去时未通敌情，疏于戒备。晋军见秦军已全部进入伏击地域，立即封锁峡谷两头，突然发起猛攻。晋襄公身着丧服督战，将士个个奋勇杀敌。秦军身陷隘道，进退不能，惊恐大乱，全部被歼。

7. 烛武退师

当时，秦是春秋时西方的大国，穆公在位时又以贤名著称。他重用百里奚、蹇叔等一批贤臣，国势渐强，从此竭力图谋向东发展，参与中原争霸斗争。他先后支持晋惠公、晋文公二位国君归国，其目的也正在于为实现这一战略目标而在东方寻求盟国或立足点。晋在文公时，同秦国保持了一段良好的关系。在晋楚城濮之战中，秦又出兵助晋，帮助晋文公登上了霸主的宝座。

周襄王二十二年（前 630 年，晋文公七年，秦穆公三十年）九月甲午十日，晋文公会同秦穆公围攻郑国，讨伐郑国对晋怀有二心。晋军驻在函陵（今河南新郑市），从东、北方面围郑；秦军驻在氾南（河南中牟县南），从西面围郑。

> 佚之狐言于郑伯曰："国危矣，若使烛之武见秦君，师必退。"公从之。辞曰："臣之壮也，犹不如人，今老矣，无能为也已。"公曰："吾不能早用子，今急而求子，是寡人之过也。然郑亡，子亦有不利焉。"许之。夜缒而出，见秦伯，曰："秦晋围郑，郑既知亡矣。若亡郑而有益于君，敢以烦执事。越国以鄙远，君知其难也，焉用亡郑以陪邻。邻之厚，君之薄也。若舍郑以为东道主，行李之往来，共其乏困，君亦无所害。且君尝为晋君赐矣，许君焦、瑕，朝济而夕设版焉，君之所知也。夫晋，何厌之有？既东封郑，又欲肆其西封。不阙秦，将焉取之？阙秦以利晋，唯君图之。"秦伯说，与郑人盟，使杞子、逢孙、扬孙戍之，乃还。(《左传》僖公三十年)

郑国处于两大强国的夹击包围之中，为挽救国家危机，郑文公派特使老臣烛之武劝说秦穆公："晋、秦围郑，郑国知道要灭亡了。但是郑国灭亡对于秦国来说并无好处，它只会增强晋国的力量。而晋国力量的增强则是秦国力量的削弱。如果不灭郑国，而留下它作为秦国的东道主，供奉秦国往来的使臣，这对于秦不是更好吗？何况，贵君曾有恩于晋君，晋君答应割给秦焦、瑕之地，但晋君早晨渡河归国，晚上就对秦国设防。晋如果向东并吞了郑国，那么向西不侵掠秦国，土地从哪里取得？所以灭郑其实是损害秦国以利于晋国的下策，请贵君考虑吧！"烛之武这一席话使秦穆公如梦初醒，他不但不再助晋灭郑，反而与郑国单独结了盟，并留下杞子、逢孙、扬孙三位大夫助郑戍守，自己则率兵归国了。应该说，秦穆公在关键时刻，倾听敌方意见，并及时采纳，这是明智之举。但是，敌方的一席话，毫无保留地全盘接受，背弃联盟，私下与敌结盟，将自己陷入背信弃义的境地。这是欠妥的。

秦军撤退后，晋大夫狐偃等对穆公的背信弃义行径大为不满，主张攻击秦军。晋文公则从大处着眼，认为秦有恩于晋，攻击秦军是不仁。

同时，晋为保持中原霸权，失去秦国这样一个盟友也是不智。所以，晋也与郑国媾和，然后退了兵。晋、秦伐郑事件虽然这样结束了，但它却为秦、晋交兵种下了远因。

8. 蹇叔哭师

两年之后的周襄王二十四年，郑文公、晋文公先后谢世。戍郑的秦大夫杞子等向穆公密报，说他们掌握着郑国都城的城防，建议穆公派兵偷袭郑国，由他们作内应，则郑国可灭。秦穆公多年以来处心积虑谋求向东发展，这个建议正中下怀，如能袭取郑国，即可进入中原，分享晋国的霸权。

但是，正在服丧的晋国也已经嗅到了浓浓的火药味。这年冬天，晋文公卒。十二月十日，准备停丧在曲沃。出了绛城，棺材里发出像牛叫的声音。卜偃让大夫下拜，说："国君有大事命令我们：将有西方的部队经过我们，攻击他们，必定能大获全胜。"另一方面，秦穆公得到情报，认为是天赐良机，不容错过。

> 杞子自郑使告于秦，曰："郑人使我掌其北门之管，若潜师以来，国可得也。"穆公访诸蹇叔，蹇叔曰："劳师以袭远，非所闻也。师劳力竭，远主备之，无乃不可乎？师之所为，郑必知之。勤而无所，必有悖心。且行千里，其谁不知？"公辞焉。召孟明、西乞、白乙，使出师于东门之外。蹇叔哭之，曰："孟子，吾见师之出而不见其入也。"公使谓之曰："尔何知？中寿，尔墓之木拱矣。"蹇叔之子与师，哭而送之，曰："晋人御师必于殽。殽有二陵焉。其南陵，夏后皋之墓也；其北陵，文王之所辟风雨也。必死是间，余收尔骨焉。"秦师遂东。（《左传》僖公三十二年）

安插在郑国的秦将杞子从郑国派人告诉秦穆公说："郑国人让我掌管北门的钥匙，如果悄悄派兵前来，就可以占取郑国了。"秦穆公就这件事征求老臣蹇叔的意见。蹇叔说："辛苦地调动军队去袭击远方的国家，没有听说过这样做的。军队疲劳，气力枯竭，远方的国家早有了防备，大概不行吧？我军的行动，郑国一定知道。辛苦劳累却没有所得，士兵就会产生叛逆之心。而且行程千里，哪一个不知道呢？"穆公拒绝了蹇叔的意见。召集孟明、西乞、白乙，命他们率领军队从东门外出发。蹇叔为他们哭泣，说："孟子，我看见军队出去，却看不到军队回来了。"穆公派人对蹇叔说："你知道什么！如果只活到中寿，现在你的坟墓上的树木都有两手合抱那么粗了。"蹇叔的儿子也参加了这支部队，蹇叔哭着送他说："晋国人必定在殽山抵御秦国的军队。殽有两座大山：南面的山头，是夏后皋的坟墓；北面的山头，是文王躲避风雨的地方，你必将死在那里，我在那里替你收拾尸骨吧。"秦国的军队于是向东进发。这次，秦穆公不听老谋深算、料事如神的蹇叔哭谏，一意孤行，实在是违背常识，利令智昏。

所以，后人分析，为什么忠言真情逆耳不听呢？这是因为听者预先"意有所在也"，他自己已有成见，所以其他的意见就充耳不闻了。

> 世之听者，多有所尤（圉）。多有所尤则听必悖矣。所以尤者多故，其要必因人所喜与因人所恶。东面望者不见西墙，南方视者不睹北方，意有所在也。（《吕氏春秋·有始览·去尤》）

秦军袭郑，由秦都雍（今陕西凤翔县）至郑都（今河南新郑市），历程一千五百余里，中经桃林、崤函、辕辕、虎牢等数道雄关险塞，是一次冒险性的军事行动。明眼人一看就清楚，但是，英明如穆公者，却因为"意有所在也"，意在向东打开缺口，争霸中原，所以，任何其他与此相左的意见乃至常理，都一概视而不见，充耳不闻。

9. 弦高犒师

> 及滑，郑商人弦高将市于周，遇之。以乘韦先，牛十二犒师，曰："寡君闻吾子将步师出于敝邑，敢犒从者。不腆敝邑，为从者之淹，居则具一日之积，行则备一夕之卫。"且使遽告于郑。（《左传》僖公三十三年）

果然，秦军到了滑国，郑国的商人弦高准备到周城去做生意，遇上了秦军。他先送上四张熟牛皮，跟着送上十二头牛，犒劳秦国的军队，说："我们的国君听说你们要行军经过我们的国土，冒昧地慰劳您的部下，我们国家虽不富足，但因为你们在外日久，如要住下来，我们就为你们准备好每日的给养，如果你们要走，我们就为你们准备每夜的守卫。"并且暗地里派专车向郑国报告。

郑穆公使视客馆，则束载、厉兵、秣马矣。使皇武子辞焉，曰："吾子淹久于敝邑，唯是脯资饩牵竭矣。为吾子之将行也，郑之有原圃，犹秦之有具囿也。吾子取其麋鹿，以闲敝邑，若何？"杞子奔齐，逢孙、扬孙奔宋。（《左传》僖公三十三年）

郑穆公获得弦高报告，立即派人去探察秦将所居的馆舍，见秦兵已"束载、厉兵、秣马"，准备作战了。于是，郑穆公派大夫皇武子辞谢秦将说："君等久留在敝国，敝国已无法供应粮秣、牛羊。听说君等要离开，郑国有原圃，就像秦国有具囿一样，请你们自己去猎取麋鹿，让我们闲暇一下如何？"秦将见机密已泄，杞子逃亡到齐国，逢孙、扬孙逃亡到宋国去了。

秦师孟明见内应已逃遁，郑国有了准备，认为"攻之不克，围之不继"，不如退兵，就袭灭晋国的附属小国滑国，满载战利品而还。

10. 崤山丧师

僖公三十二年冬十二月九日，晋侯重耳死。次日，将殡于曲沃，出绛，柩有声如牛。卜偃使大夫拜。曰："君命大事。将有西师过轶我，击之，必大捷焉。"晋方早有"西师过轶我"的情报。现在秦师返回，乃天奉良机，岂容错失。

晋原轸曰："秦违蹇叔，而以贪勤民，天奉我也。奉不可失，敌不可纵。纵敌患生，违天不祥。必伐秦师。"栾枝曰："未报秦施，而伐其师，其为死君乎？"先轸曰："秦不哀吾丧，而伐吾同姓，秦则无礼，何施之为？吾闻之，一日纵敌，数世之患也。谋及子孙，可谓死君乎？"遂发命，遽兴姜戎。子墨衰绖，梁弘御戎，莱驹为右。

夏四月辛巳，败秦师于殽，获百里孟明视、西乞术、白乙丙以归。遂墨以葬文公。晋于是始墨。（《左传》僖公三十三年）

晋在举行文公的国丧之中，进一步证实了秦国不顾国丧过境偷袭郑国的情报，中军师先轸认为，秦穆公不听蹇叔忠告，而以贪婪兴师，这是上天赐给我们克敌的机会，天赐不可失掉，敌人不可放纵。放纵敌人，忧患就会产生，违背天意就会不祥。一定要攻打秦国的军队！大夫栾枝则认为没有报答秦穆公赐给的恩惠，反而攻击他的军队，这不是为先君着想。先轸说："秦不哀吾丧，而伐吾同姓，秦则无礼，何施之为？"又说："吾闻之：'一日纵敌，数世之患也。'谋及子孙，可谓死君乎？"襄公采纳了先轸建议，发兵击秦，并联合姜戎一道行动。襄公穿着丧服亲自督军，梁弘为他驾车，莱驹做车右。晋与姜戎联军在崤函地区的东、西崤山之间设下埋伏。

公元前 627 年四月，秦军进入埋击圈，在晋与姜戎夹击下，全军覆没，孟明视、西乞术、白乙丙等三帅被俘。晋国然后举行国葬。

11. 不替孟明

晋军全胜而归。文公的夫人文嬴，也就是当时晋国的太后，襄公嫡母，是秦穆公之女。她向襄公请求释放秦国三帅，她说："秦晋有婚姻之好，孟明等贪功起衅，妄动干戈，以致两国结怨。对此三人，秦君必恨之入骨。我国杀之无益，徒增怨恨，不如放他们回秦，让秦君自去处罚，以释两国之怨。"襄公即释放了秦国三帅。先轸得知，责备襄公处置失当。襄公又命阳处父去追击，秦三帅已登舟渡河。

> 秦伯素服郊次，乡师而哭，曰："孤违蹇叔，以辱二三子，孤之罪也。"不替孟明，曰："孤之过也，大夫何罪？且吾不以一眚掩大德。"
> (《左传》僖公三十三年)

秦穆公穿着白色的丧服在郊外等候，对着军队哭泣，说："我违背蹇叔的意见，因此使得二三子受到侮辱，这是我的罪过。"秦穆公没有撤掉孟明的职务，说："是我的过错，大夫有什么罪呢？况且我不会因为一点小过失就抹杀你们的大功德。"但是，严惩败军之将的声音不绝于耳。

> 殽之役，晋人既归秦帅，秦大夫及左右皆言于秦伯曰："是败也，孟明之罪也，必杀之。"秦伯曰："是孤之罪也。周芮良夫之诗曰：'大风有隧，贪人败类。听言则对，诵言如醉。匪用其良，覆俾我悖。'是贪故也，孤之谓矣。孤实贪以祸夫子，夫子何罪？"复使为政。(《左传》文公元年)

晋国放回了秦国主将，秦伯不予追究，但是，秦国大夫及左右侍臣不断地对秦伯说："这次战败是孟明的罪，一定要杀死他。"秦伯力排众议，说："这是我的罪过。周朝芮良夫的诗说：'旋风迅急万物摧，贪人逞欲善人危。听人说话喜答对，诵读诗书打瞌睡。贤良不用遭摒弃，使我行为背道义。'这是由于贪婪的缘故，说的就是我啊。我实际很贪婪，因而使士人受祸，他有什么罪呢？"于是让孟明他们继续执政。

秦伯犹用孟明。孟明增修国政，重施于民。赵成子言于诸大夫曰："秦师又至，将必辟之，惧而增德，不可当也。诗曰：'毋念尔祖，聿修厥德。'孟明念之矣。念德不怠，其可敌乎？"（《左传》文公二年）

秦穆公依然任用孟明。孟明进一步修明政事，给百姓以优厚的好处。赵成子对大夫们说："如果秦军再一次前来，我们一定要避开它。由于畏惧而更加修明德行，这是不可抵挡的。《诗·大雅》说：'时时念着你的祖先，不断修明你的德行。'孟明念念不忘这首诗，想到德行而努力不懈，难道可以抵挡吗？"

第三节　倾听由余　遂霸西戎

一心想东进争霸的秦穆公在崤之战中遭到全军覆没的惨败结局，事与愿违，这是他万万没有想到的，也是绝不甘心的。于是，他一面痛悔自责，一面寻机报复。

12. 东进受阻

崤之战二年后的周襄王二十八年春，秦穆公再命孟明视领兵攻晋，以雪崤战之耻。晋襄公率军迎战。两军遇于秦西部的彭衙。双方列阵后，被先轸罢免的车右将军狼瞫率部下二百余人出其不意地冲入秦军阵地，杀得秦军惊慌失措，乱了阵脚。晋军主力随之发起猛烈攻击。秦军大败。同年冬，为进一步遏制秦国势力东进，以巩固晋之霸主地位，晋襄公命大夫先且居率军联合宋、陈、郑军再度攻秦，相继攻克秦邑汪（今陕西澄城西）及彭衙，然后撤兵。是为彭衙之战。

在城濮之战中，晋国击败楚国，已是中原霸主。周襄王二十六年，晋为遏制秦军东进中原，两败秦将孟明视所率秦军（参见崤之战、彭衙之战）。秦穆公力排众议，依然对孟明视予以信任和重用。二十九年四月，穆公命孟明视率军再度攻晋。秦军东渡黄河后，孟明视为激发将士斗志，采用的"济河焚舟"的战术，下令将乘船焚毁，以示与晋军决一死战。此即后来《孙子兵法》"投之亡地然后存，陷之死地然后生"的战术理论经典战例。二十九年（公元前624年）斗志旺盛的秦军攻占晋邑王官，继而挥师北上攻破郊邑（闻喜西）。晋军鉴于秦军来势凶猛，遂坚守城池，拒不出战。秦军求战不成，遂转而南下自茅津（又名陕津，大阳津，今山西平陆西南黄河渡口）南渡黄河，进抵崤山，掩埋掉三年前战死于该地的秦军士兵的遗骨，并树立标志，以志纪念。尔后，秦军班师回国。

　　秦伯伐晋，济河焚舟，取王官，及郊。晋人不出。遂自茅津济，封殽尸而还。遂霸西戎，用孟明也。

　　君子是以知"秦穆公之为君也，举人之周也，与人之壹也；孟明之臣也，其不解也，能惧思也；子桑之忠也，其知人也，能举善也。《诗》曰：'于以采蘩，于沼于沚，于以用之？公侯之事'，秦穆有焉。'夙夜匪解，以事一人，孟明有焉。'诒阙孙谋，以燕翼子'，子桑有焉。"（《左传》文公三年）

这是为了报复，秦伯攻打晋国，发动的王官之战。他率兵渡过黄河后烧掉船只，攻取了晋的王官和郊地，晋军不敢出战。于是秦军就从茅津渡过黄河，埋葬完前次殽之战秦军士兵的尸骨才回国。秦伯就此而成了西戎的霸主，这都是由于任用了孟明。君子因此而知道秦穆公作为国君，提拔人才考虑全面，任用人才专一不疑；孟明作为臣子，能够努力不懈，戒惧多思；子桑忠心耿耿，他了解别人，能够推举贤能。《诗》说："到哪里去采白蒿？到池塘里，到小洲上。在哪里使用它？在公侯的典礼上。"秦穆公就是这样的。"从早到晚不松懈，以侍奉天子一个人。"孟明做到了这些。"留给子孙好计谋，子孙安定受庇护。"子桑就是这样的。

彭衙、王官二役秦一负一胜，则是崤战之余波。

崤之战是春秋史上的一次重要战役。它的爆发不是偶然的，而是秦、晋两国根本战略利益矛盾冲突的结果。秦在崤之战中轻启兵端，孤军深入，千里远袭，拒不接受老臣的哭谏，遭到前所未有的失败。从此秦国东进中原之路被晋国扼制。穆公不得不向西用兵，"益国十二，开地千里，遂霸西戎"，崤之战标志晋、秦关系由友好转为世仇。此后秦采取联楚制晋之策，成为晋在西方的心腹大患。而晋国为保持霸主地位，也不得不在西、南二方对付秦、楚两大国的挑战。所以，楚虽未参加崤之战，却是崤之战的最大受益者。这是秦晋两国始料未及的。

13. 倾听由余

秦穆公雄心勃勃的东进步履在崤之战中着着实实踢到了铁板上。所谓识时务者为俊杰。于是，这位不世之君果断地调整战略方向，向西拓展。在此历史转折关头，西戎使臣由余的出现，以及他的一席话，让秦穆公振聋发聩，如梦初醒。由余，本为晋人，因逃避战乱而流落西戎，凭着高深的修养和治国的才干，深得戎王信任，得以辅佐戎王。秦穆公三十四年（前626年），戎王闻听秦国强盛，就遣由余赴秦，以修和睦，兼而察视虚实。

> 秦缪公示以宫室、积聚。由余曰："使鬼为之，则劳神矣。使人为之，亦苦民矣。"缪公怪之，问曰："中国以诗书礼乐法度为政，然尚时乱，今戎夷无此，何以为治，不亦难乎？"由余笑曰："此乃中国所以乱也。夫自上圣黄帝作为礼乐法度，身以先之，仅以小治。及其后世，日以骄淫。阻法度之威，以责督于下，下罢极则以仁义怨望于上，上下交争怨而相篡弑，至于灭宗，皆以此类也。夫戎夷不然。上含淳德以遇其下，下怀忠信以事其上，一国之政犹一身之治，不知所以治，此真圣人之治也。"（《史记·秦本纪》）

一席话，说得一心想强国称霸的秦穆公肃然起敬，敬而生畏，茅塞顿开，大有相见恨晚之感。由余来访之时，正是秦军多次败于晋军之后。现实的形势清楚地表明，晋文公虽亡，但晋势仍强，霸业甚固，秦再难与之争锋。秦穆公也已经意识到，秦国继续向东发展，不仅不会获得什么实质性的收益，反而会得不偿失，而向西发展却可能大有可为。所以，他决定将战略重点向西调整。可是，西戎方向情况复杂，习俗殊异，他需要有一个熟识西戎地形民情的贤士来辅佐他，以成大事。看来由余正是上天赐予的不二人选。秦穆公深知，邻国有圣人，敌国之忧也。可眼下由余却是戎王的心腹之臣，怎能为秦国所用呢？这让穆公一筹莫展，忧虑不已，寝食不安。

于是缪公退而问内史廖曰："孤闻邻国有圣人，敌国之忧也。今由余贤，寡人之害，将奈之何？"内史廖曰："戎王处辟匿，未闻中国之声。君试遗其女乐，以夺其志；为由余请，以疏其间；留而莫遣，以失其期。戎王怪之，必疑由余。君臣有间，乃可虏也。且戎王好乐，必怠于政。"缪公曰："善。"因与由余曲席而坐，传器而食，问其地形与其兵势尽察，而后令内史廖以女乐二八遗戎王。戎王受而说之，终年不还。于是秦乃归由余。由余数谏不听，缪公又数使人间要由余，由余遂去降秦。缪公以客礼礼之，问伐戎之形。（《史记·秦本纪》）

为了解决这个棘手的问题，穆公向内史廖请教："孤闻邻国有圣人，敌国之忧也。今由余贤能，将为寡人之害，如之奈何？"内史廖答道："戎王地处偏僻，未闻中原之乐，君不妨送其美女歌舞，以夺其志；再留由余不遣，延误其归国之期。如此，戎王必怪之，而疑由余。政事怠废，上下相疑，其国且可取，况其臣乎？"好一个离间计加上美人计。

穆公依此言而行，厚待由余，并趁机了解西戎的内部情况，又委派内史廖给戎王送去歌女十六名。戎王得到歌姬后，终日沉迷享乐，不理政事。由余留秦多时才得以回归，见戎王日益荒淫，多次劝谏，可戎王本不但不听，反而与他逐渐疏远。与此同时，秦穆公却几次三番派人邀请由余赴秦。最终，由余见规劝戎王无望，决定投秦。

14. 遂霸西戎

秦穆公的离间计加上美人计果然奏效。既让戎王沉迷声色不能自拔，又使其君臣疏离隔膜形同水火。由此看来，要想让人纵情享乐很容易，但要把他再从中拉出来，就不容易了。同样，要信任一个人，很难，而要破坏这种信任却并不困难。

> 三十七年，秦用由余谋伐戎王，益国十二，开地千里，遂霸西戎。天子使召公过贺缪公以金鼓。（《史记·秦本纪》）

由余投秦后，秦穆公待之甚厚。他深为秦穆公的诚意与胸襟所感动，倾力协助秦穆公成功收服西戎。秦穆公三十七年（前623年），见时机成熟，秦穆公遂发兵出征西戎，以迅雷不及掩耳之势，包围了其都邑，又在酒樽之下活捉了戎王。秦穆公乘胜前进，二十多个戎狄小国先后归服了秦国。秦穆公辟地千里，国界南至秦岭，西达狄道（今甘肃临洮），北至胸衍戎（今宁夏盐池），东到黄河，史称"秦穆公霸西戎"。周襄王派遣召公过带了金鼓送给秦穆公，以示祝贺。从此，僻居一隅，不为诸侯正视的西秦历史，翻开了新的一页。

周天子承认秦的西方霸主地位，大大提高秦国在诸侯中的影响和地位。在《左传》等史书中，秦国的历史自秦文公开始见于《春秋》，但多不书国君事迹，而自穆公称霸，"秦伯"之号开始频繁出现，这也可见是由余对秦的功绩。最关键的是，秦穆公向西扩张，给尚处在发展阶段的秦国一个比较广阔的战略纵深和发展空间，为四百年后秦国一统天下奠定坚实的基础。另外，一般认为"仁义"一词出现于孔子之后。然而据有关由余的史料记载，春秋前期由余就提出这一治国论说，早于孔子和孟子。公元前623年，由余病殁，秦穆公悲痛万分，辍朝一日以示哀悼，又为他建造坟墓四座。秦穆公的霸业，不能不归功于倾听由余之谋。

第四节　胜决于听　圣取于听

纵观秦穆公的三十九年执政经历，尤其是他争霸历程，成功与失败，大起与大落，坎坷与辉煌，莫不与听与不听，听谁与不听谁，听后怎么说怎办等息息相关。圣明者，即倾听之人也。兼听则明，偏信则暗。听贤任能，又有示范标榜作用。"献谋献策，则罔择人，偶然一见，一得一长，虽一卒徒，必亟上推，言有进而无退，虽不善而不诛，则英雄悉致。"（揭暄《兵经百篇·法篇·材》）"胜天下者用天下。"（揭暄《兵经百篇·法篇·恤》）用天下当然包括听天下。正如权威的德国社会学家、哲学家哈贝马斯教给我们的：理性而深思熟虑的持续对话，可以发展成文明政治的和谐乐章。你在说的时候学不到什么：只有机智顽皮的奥斯卡·王尔德才可以声称宁愿自言自语，理由是这节省时间，防止争论。①

　　当然，能不能倾听贤能，甚至听天下，这是有高下之分的。"上士闻道，勤而行之；中士闻道，若存若亡；下士闻道，大笑之。"（《老子》第四十一章）上中下三等人士闻道之后的反应层次分明，效果迥异。所以，圣人"六十而耳顺"。（《论语·为政》）你看，孔圣人尚且要到知天命的五十岁之后才能达致耳顺的境界，何况我们一般人呢。清焦循《论语补疏》曰："耳顺即舜之察迩言，所谓善与人同，乐取于人以为善也。顺者，不违也。舍己从人，故言入于耳，隐其恶，扬其善，无所违也。学者自是其学，闻他人之言，多违于耳。圣人之道，一以贯之，故耳顺也。"所谓善与人同，就是能以一己所持的正确意见而不排斥他人的正确意见，能以公认为正确的意见为标准，求取他人合理的部分。顺，就是通达不违碍，入耳即入心。不固执己见，而博采众长，那么无论什么话听来就不逆于耳、不违于心，能够从他人的意见中分辨出正确的看法予以表扬，又能从他人的意见中分辨出欠妥的看法，甚至十分错误的说法不予计较，不斤斤萦怀于心，这样就能顺利通达，入耳入心。② 中国著名历史学家钱穆对"耳顺"有精辟解说："耳顺者，一切听入于耳，不复感其于我有不顺，于道有不顺。当知外界一切相反相异，违逆不顺，亦莫不各有其所以然。能明得此一切所以然，则不仅明于已，亦复明于人。不仅明其何以而为是，亦复明其何由而为非。一反一正，一彼一

---

① 汤姆·普拉特．要有好的中美关系，美国人必须学会听，而中国人必须学会说［EB/OL］．香港《南华早报》网，2015－12－22.

② 金德万．六十而耳顺解［EB/OL］．豆瓣网，2009－07－24.

我，皆由天。"他还说："目视由我及外，耳闻由外及我，论其自主之分量，微有区别。又目视偏于形物，耳听深入心意。目见近而耳闻远，即古人前言往行，亦可归入耳闻一类。故举耳可以概目。学至于知天命，则远近正反，古今顺逆，所见皆道，皆在天命中。"① 钱穆先生的这一解说，由外之言论到内之感觉，由知之进阶到知之境界，由明于己复明于人，由知其所当然到明其所以然，层层解析，直达天之命，所谓知命而有以处之，知道了自己的人生使命而照此行事。这对我们解读"六十而耳顺"的命题颇有启迪。对于不同的、反对的、难听的意见，我们应当采取什么态度，做出什么反应，这既是人生修养的检阅，也是成败得失的关键。其基本原则在于，魏禧所言："或听于众，或听于贤，或听于能，或听于尊。"（魏禧《兵谋》）或听于敌，或听于古，或听于愚，或听于天下。同时也要警惕，"不听则败，听于私则败。"（魏禧《兵谋》）诚如莎士比亚名言："多听，少说，接受每一个人的责难，但是保留你的最后裁决。"

当然，在重大的战略决策阶段，务必兼听则明，集思广益；而在具体的战争行动之际，不可优柔寡断，莫衷一是。"将在外，君命有所不受。"（《孙子兵法·九变》）

听又与说密切相关。正如魏禧《兵谋》曰："何谓辞？辞令也。……故有以辞全，有以辞败。……阴饴甥有辞，晋人哭且悦，而秦穆公归夷吾，僖十五；……烛之武有辞而秦伯戍，僖三十"。辞与战，这又是另一话题了。

总之，秦穆公听于百里，取胜于韩，不听蹇叔，大败于崤，倾听由余，遂霸西戎。而秦国七百年兴盛强大的历史，也在更宽广的语境下验证了"胜天下者用天下""胜天下者听天下"的法则。

听于古，听于今；

听于远，听于近；

听于敌，听于我；

听于寡，听于众；

听于老，听于幼；

① 钱穆. 论语新解［M］. 北京：生活·读书·新知三联书店，2002.

听于己，听于人；

听于贤，听于愚；

听于言，听于行；

听于顺，听于逆；

听于天，听于地；

听于有，听于无；

……

诚如荀子所言："仁人用十里之国则将有百里之听，用百里之国则将有千里之听，用千里之国则将有四海之听。……故仁人用国日明，诸侯先顺者安，后顺者危，敌之者削，反之者亡。"（《资治通鉴·秦纪一》）纵横家固然重视计谋策略的作用，但同时绝不忽略听的特殊功能，"计者事之本也，听者存亡之机也"（《战国策·秦策二》），或者说："夫听者事之候也，计者存亡之机也。"（《史记·淮阴侯列传》所载蒯通语）他们认为得计而听从，便可建成"王"业。听者无敌。反之，如果固执己见，充耳不闻，排斥异己，那么，只能走向混沌衰亡。

胜决于听，圣（聖）取于听（聽）。

第二章　商鞅的谋而变

自古驱民在信诚，一言为重百金轻。

今人未可非商鞅，商鞅能令政必行。（王安石《咏商鞅诗》）

"三寸之舌，强于百万之师。""舌比剑锋利。""一言可以兴邦，一言可以丧邦。"年轻的公孙鞅为避免杀身之灾，从魏国投奔到求贤若渴的秦国，经过三番五次的建言献策，终于获得年轻有为的秦孝公信任，被隆重地委以相位，强力推行变法。面对已然霸主的魏国咄咄逼人的攻势，他挺身而出，建言施用借刀杀人计，挑唆魏国当头，去与齐国等强国争雄决战，使其招致马陵之战的惨败。再用擒贼擒王计，伐魏，虏公子卬。商鞅军事语言的威力与功绩，恐被其变法的伟业与杀身的遭遇所掩盖。其伐谋伐交与伐兵攻城，相得益彰，炉火纯青，叹为观止。这是我们全面认识和客观评价商鞅历史功绩所不可或缺的重要一环，也是强秦之言难得的精彩篇章。

商鞅（约前390年—前338年）卫国人，姓公孙，名鞅。系卫国君主的后裔，早年师从杂家尸佼，后专治"刑名之学"。公元前365年，他来到魏国，也可谓适逢其时。战国（前403年—前221年）初期的魏国，经过法家李悝的变法，已称霸中原。而西面的秦国，春秋时受制于晋，战国时又受制于魏，疲弱落后，濒临瓦解。此时，秦孝公发誓求贤图强以雪耻。于是商鞅就从魏国携李悝的《法经》，中国最早的一部封建法典，来到跃跃欲试的秦国。

我们知道，春秋末战国初的东周境内尚有十多个诸侯国，其中以齐晋楚越四国的实力最强，大有四分天下之势。从春秋五霸升级衍化到战国七雄，可以看出春秋时，中原的主要矛盾是南北矛盾，体现在晋楚两国的争霸当中，晋在北面，楚在南方，一直是南北对峙。而到了战国时，主要矛盾便是东西矛盾了，具体表现就是秦国跟关东六国的矛盾，以及齐国与中原诸国的争雄。关东六国位居崤山函谷关以东，对秦国形成一定威胁。尤其到了战国中后期，秦国通过彻底而成功的商鞅变法，一跃成为头等强国，并试图统一六国，这就进一步激化了它们之间的矛盾。

商鞅要在相对落后的秦国推行变法，困难阻碍，可想而知。但其出众的口才，超凡的说服力，甚至不择手段的舌战技巧，使秦国不仅内政上强力推行了变法，奠定了富国强兵的实力根基，而且外交上巧妙实施"借刀杀人"，避实就虚，不战而胜，于是不动声色地使不可一世的魏国，四面树敌，导致兵挫地削，沦落为不断割地求和的二等诸侯。商鞅的这种兵不血刃，胜于堂上的伐谋伐交策略，为稍后的杰出纵横家"神气六国"的苏秦奉为圭臬，而顶礼膜拜。下面我们就来看卫鞅是如何由魏入秦，说服孝公，推行变法，进而伐谋伐交，富国强兵的。

第一节　徒木立信　重赏之下必有勇夫

魏相公叔痤在病危之际力推卫鞅，为国大计可作继任相位的最佳人选，否则必须杀之，无令出境，以免后患无穷。但是，魏惠王不以为然。卫鞅也处之泰然。请看《史记》的精彩描述。

　　鞅少好刑名之学，事魏相公叔痤为中庶子。公叔痤知其贤，未及进。会痤病，魏惠王亲往问病，曰："公叔病有如不可讳，将奈社稷何？"公叔曰："痤之中庶子公孙鞅，年虽少，有奇才，愿王举国而听之。"王嘿然。王且去，痤屏人言曰："王即不听用鞅，必杀之，无令出境。"王许诺而去。公叔痤召鞅谢曰："今者王问可以为相者，我言若，王色不许我。我方先君后臣，因谓王即弗用鞅，当杀之。王许我。汝可疾去矣，且见禽。"鞅曰："彼王不能用君之言任臣，又安能用君之言杀

臣乎?"卒不去。惠王既去,而谓左右曰:"公叔病甚,悲乎,欲令寡人以国听公孙鞅也,岂不悖哉!"(《史记·商君列传》)

公叔痤死后不久,公孙鞅闻听秦孝公下令在天下寻访有才能的人,要重振秦穆公时代的霸业,向东收复失地。他就毅然西去秦国,依靠秦君的宠臣景监求见年轻而有为的秦孝公。

本来,卫鞅可以开门见山、开宗明义地直陈强国之术、变法之策。可他深谙孝公求贤若渴的心理,有意来了一个弯弯绕,逼得孝公团团转,最后才是卒章显志画龙点睛,抛出强国之术,终于说得雄心勃勃的孝公心里怦怦跳。

孝公既见卫鞅,语事良久,孝公时时睡,弗听。罢而孝公怒景监曰:"子之客妄人耳,安足用邪!"景监以让卫鞅。卫鞅曰:"吾说公以帝道,其志不开悟矣。"

后五日,复求见鞅。鞅复见孝公,益愈,然而未中旨。罢而孝公复让景监,景监亦让鞅。鞅曰:"吾说公以王道而未入也。请复见鞅。"

鞅复见孝公,孝公善之而未用也。罢而去。孝公谓景监曰:"汝客善,可与语矣。"鞅曰:"吾说公以霸道,其意欲用之矣。诚复见我,我知之矣。"

卫鞅复见孝公。公与语,不自知厀之前于席也。语数日不厌。景监曰:"子何以中吾君?吾君之欢甚也。"鞅曰:"吾说君以帝王之道比三代,而君曰:'久远,吾不能待。且贤君者,各及其身显名天下,安能邑邑待数十百年以成帝王乎?'故吾以强国之术说君,君大说之耳。然亦难以比德于殷周矣。"(《史记·商君列传》)

今天,我们一般的读者可能会为商鞅此番说服秦孝公的屡屡不得要领和险些错失良机而焦急,责怪他一而再再而三地惹得秦君不满、不理和不用。其实,这恐怕正是商鞅说服艺术的高明之处。考验秦君求贤的真心诚意,试探孝公意志的坚定不移,拿捏君臣关系的主导地位。卫鞅深知秦孝公求贤心切,所以,他一开始并不急于将强国之术和盘托出,而是来一个耐心测试。由帝道→王道→霸道→强国之术,层层深入,抽丝剥茧。古代治国讲"帝道"（上古圣君尧舜禹汤治理之道）、"王道"（德政）、"霸道"（以武力为后盾实现统治），而这些，都是远水解不了近渴，旷日持久，少则数十年，多则上百年，才能实现。而秦国处于列强虎视眈眈之下，危在旦夕。能解秦国燃眉之急者，只有立竿见影的强国之术！

拿捏对方的心理，是成功说服的前提和关键。卫鞅是从何而窥视孝公心理的呢？一是处境，一是心声。

其处境：秦献公薨，子孝公立。孝公生二十一年矣。是时河山以东强国六，淮泗之间小国十余，楚魏与秦接界。魏筑长城，自郑滨洛以北有上郡；楚自汉中，南有巴黔中；皆以夷翟遇秦，摈斥之，不得与中国之会盟。于是孝公发愤，布德修政，欲以强秦。（《资治通鉴·周纪二》）——知耻！

其心声：孝公即位次年（前361年，22岁），秉承献公遗志，追怀穆公霸业，奋励图强。发布求贤令曰：昔我穆公自岐雍之间，修德行武，东平晋乱，以河为界；西霸戎狄，广地千里，天子致伯，诸侯毕贺，为后世开业，甚光美。会往者厉、躁、简公、出子之不宁，国家内忧，未遑外事。三晋攻夺我先君河西地，诸侯卑秦，丑莫大焉。献公即位，镇抚边境，徙治栎阳，且欲东伐，复穆公之故地，修穆公之政令。寡人思念先君之意，常痛于心。宾客群臣有能出奇计强秦者，吾且尊官，与之分土。（《史记·秦本纪》）——后勇！

卫鞅深知，年轻气盛的秦孝公，志向远大，不达目的，绝不甘休。所以，他才直话弯说，舍近求远。完全是吃定了孝公的求贤图强心切火燎。

于是，孝公坚定了任用卫鞅推行变法的决心。正当准备甩开膀臂，大干一场之际，朝野出现了一股来势汹汹的反对声浪。于是，按照秦国的惯例，开展廷辩。一边是赞成变法的卫鞅和孝公，一边是反对变法的甘龙和杜挚。但是，作为君主，孝公不便发声，而是充当仲裁者，形成一对二的阵势。

　　孝公既用卫鞅，鞅欲变法，恐天下议己。卫鞅曰："疑行无名，疑事无功。且夫有高人之行者，固见非于世；有独知之虑者，必见敖（嘲笑）于民。愚者暗于成事，知者见于未萌。民不可与虑始而可与乐成。论至德者不和于俗，成大功者不谋于众。是以圣人苟可以强国，不法其故；苟可以利民，不循其礼。"孝公曰："善。"甘龙曰："不然。圣人不易民而教，知者不变法而治。因民而教，不劳而成功；缘法而治者，吏习而民安之。"卫鞅曰："龙之所言，世俗之言也。常人安于故俗，学者溺于所闻。以此两者居官守法可也，非所与论于法之外也。三代不同礼而王，五伯不同法而霸。智者作法，愚者制焉；贤者更礼，不肖者拘焉。"杜挚曰："利不百，不变法；功不十，不易器。法古无过，循礼无邪。"卫鞅曰："治世不一道，便国不法古。故汤武不循古而王，夏殷不易礼而亡。反古者不可非，而循礼者不足多。"孝公曰："善。"以卫鞅为左庶长，卒定变法之令。（《史记·商君列传》）

有论者对此精彩纷呈的论辩，大加赞赏。请参看鲍鹏山的精辟分析。

看商鞅的这番演讲，圣贤语录、民间俗语、名言警句喷涌而出，平心而论，他还真是一个大演说家。

我们稍微把他的这番演讲做一番整理，你会觉得他说的真是有理有据：

第一，做事不能犹豫不决，做人不能优柔寡断。

第二，智慧和道德高出常人的人，命中注定要被人非议和污蔑，不必在意。

第三，真理往往掌握在少数人手里，所以，人多不是力量，真理才是力量。敢于坚持真理的人才有力量。

第四，大多数人材质平平，德行一般，智不能料事，德不能担事；眼光不能看得远，胸襟不能容得多。所以，这些人不是我们事业依靠的力量，恰恰是我们需要抵制的阻力。

第五，做小事，可以和众人商量，做大事，只能自己决断。

第六，法也好，礼也好，其本质不在于一些条文和制度，而在于这些条文和制度背后的价值——治国和利民。价值永恒，条文和制度随时可变。

看了他这六层道理，我们不得不佩服：说得真好。并且，正如商鞅所说，它们来自"俗话所说"或古人的名言——也就是说，它们是社会事实的总结，是古老智慧对历史经验的概括。因此，他不仅说得有理，还说得有据，并且他这六层道理，环环相扣，层层推进，说得慷慨激昂，富有激情。①作为保守贵族或者既得利益者的甘龙和杜挚之流，在如此滔滔雄辩之下，只能作螳臂当车之状。因循守旧终于不敌变法革新。

上层的反对派被驳斥击败之后，如何让秦国下层的民众对变法新规家喻户晓，深入人心，使之成为人们的自觉行为风尚呢？

商鞅变法思想源于法家，也深受管仲、李悝等人的影响。变法的核心内容是重农重战重刑。首先是重农，商鞅认为，农者寡而游食者众，则其国贫危。凡治国者，患民散而不可抟也。其次是重战，战者民之所恶也，能使民乐于战者王。最后是重刑，以杀去杀，虽杀可也；以刑去刑，虽重刑可也。刑重者民不敢犯，则无刑矣。这些治国理政的方略当然能够富国强兵，但是一般百姓关心的都是切身利益。他们关注的是对自己当前有何好处。所谓"民不可与虑始而可与乐成"。必须先让百姓获得甜头实惠，取信于民，然后才能按部就班，强力推行。

> 孝公既用卫鞅，鞅欲变法，恐天下议己。令既具，未布，恐民之不信，已乃立三丈之木于国都市南门，募民有能徙置北门者予十金。民怪之，莫敢徙。复曰："能徙者予五十金。"有一人徙之，辄予五十金，以明不欺。卒下令。（《史记·商君列传》）

一次真金奖赏的举措，胜过了千言万语的宣鼓。凡是亲眼看见这一幕者，无不一传十，十传百，百传千，千传万。一时间，卫鞅变法，言而有信，百姓获利，有口皆碑，家喻户晓了。"妇女婴儿皆言商君之法。"（《战国策·秦一》）"法大用""秦人治"（《史记·秦本纪》）"孝公用商鞅之法，移风易俗，民以殷盛，国以富强，百姓乐用，诸侯亲服，获楚魏之师，举地千里，至今治强。"（《史记·李斯列传》）

商鞅变法，由徙木立信开始。故王安石赞叹道："自古驱民在信诚，一言为重百金轻。今人未可非商鞅，商鞅能令政必行。"这是在肯定商鞅的治国方略，有令必行。司马光则如此评价商鞅之"信"：臣光曰：夫信者，人

---

① 鲍鹏山.商鞅：谁的成败［J］.领导文萃，2013（19）：87－91.

君之大宝也。国保于民,民保于信。非信无以使民,非民无以守国。是故古之王者不欺四海,霸者不欺四邻,善为国者不欺其民,善为家者不欺其亲。不善者反之:欺其邻国,欺其百姓,甚者欺其兄弟,欺其父子。上不信下,下不信上,上下离心,以至于败。所利不能药其所伤,所获不能补其所亡,岂不哀哉!昔齐桓公不背曹沫之盟,晋文公不贪伐原之利,魏文侯不弃虞人之期,秦孝公不废徙木之赏。此四君者,道非粹白,而商君尤称刻薄,又处战攻之世,天下趋于诈力,犹且不敢忘信以畜其民,况为四海治平之政者哉!(《资治通鉴·周纪二》)是论以点带面,以小见大,一针见血。——以信得民心,得民心者得天下。

商鞅变法,是在诸侯变法稍后而且最为彻底的,是秦国历史,也是战国历史,更是中国历史上划时代的大事件。可参阅毛泽东获满分的中学作文《商鞅徙木立信论》等。而商鞅智激孝公,舌辩甘杜,徙木立信,则是变法大幕的非同凡响的前奏与引人入胜的序幕。

第二节 借刀杀人 马陵之战深层揭秘

富国强兵,乃战国时代立国之本,而兼并扩张,乃诸侯列国争雄之道。所以,"秦孝公一面采用商鞅之议施行变法,以奠其富强之基,一面并于变法期间乘机扩张土地,略定关中要域。"① 而已经侵夺秦河西要地,威霸中原的魏国,魏文侯是最早实行较彻底的变法,任贤使能,内修政治,外和赵韩,东制齐楚,西抑秦国,一跃成为当时第一强国,且维持五十余载。然而,至魏惠王不用商鞅,而秦孝公任用商君,遂使时移势易。然魏文侯所奠定的基业雄厚,兵力尚强。秦欲收复河西失地,进而争雄中原,可谓心有余而力不足。商鞅深知,"以一秦而敌大魏,恐不如。"怎么办?

如果说商鞅变法,是得力于取信于民,那么,商鞅的对付强敌,便是让其失信于天下,四面树敌,然后再借刀杀人。于是,正如其后苏秦所言,

---

① 台湾三军大学. 中国历代战争史:第二册 [M]. 北京:中信出版社,2012:124.

"攻战之道非师者，虽有百万之军，比之堂上；虽有阖闾、吴起之将，禽之户内；千丈之城，拔之尊俎之间；百尺之冲，折之衽席之上。故钟鼓竽瑟之音不绝，地可广而欲可成；和乐倡优侏儒之笑不之，诸侯可同日而致也。故名配天地不为尊，利制海内不为厚。故夫善为王业者，在劳天下而自佚，乱天下而自安，诸侯无成谋，则其国无宿忧也。何以知其然？佚治在我，劳乱在天下，则王之道也。锐兵来则拒之，患至则趋之，使诸侯无成谋，则其国无宿忧矣。"（《战国策·齐五·苏秦说齐闵王》）伐谋伐交，不战而胜，善之善者也。请看在卫鞅的策动下大魏如何四面出击，以致兵挫地削的。

> （桂林之战）后十三岁，魏与赵攻韩，韩告急于齐。齐使田忌将而往，直走大梁。魏将庞涓闻之，去韩而归，齐军既已过而西矣。孙子谓田忌曰："彼三晋之兵素悍勇而轻齐，齐号为怯，善战者因其势而利导之。兵法，百里而趣利者蹶上将，五十里而趣利者军半至。使齐军入魏地为十万灶，明日为五万灶，又明日为三万灶。"庞涓行三日，大喜，曰："我固知齐军怯，入吾地三日，士卒亡者过半矣。"乃弃其步军，与其轻锐倍日并行逐之。孙子度其行，暮当至马陵。马陵道陕，而旁多阻隘，可伏兵，乃斫大树白而书之曰"庞涓死于此树之下"。于是令齐军善射者万弩，夹道而伏，期曰"暮见火举而俱发"。庞涓果夜至斫木下，见白书，乃钻火烛之。读其书未毕，齐军万弩俱发，魏军大乱相失。庞涓自知智穷兵败，乃自刭，曰："遂成竖子之名！"齐因乘胜尽破其军，虏魏太子申以归。（《史记·孙子吴起列传》）

魏国由四面出击，咄咄逼人，经此马陵之战的惨败，逆转为四面受敌，屈膝求和。

众所周知，马陵之战的主角是齐魏，具体说是齐国的主将田忌，副将田婴、田盼，军师孙膑，魏国的上将军太子申，将军庞涓。然而，兵者诡道也。马陵之战真正的主角，是隐藏于背后的商君和秦孝公。① 请听苏秦说齐闵王曰：

---

① 吴如嵩，黄朴民，任力，柳玲. 战国军事史［M］. 北京：军事科学出版社，1998：189－193.

昔者魏王拥土千里，带甲三十六万，其强而拔邯郸，西围定阳，又从十二诸侯朝天子，以西谋秦。秦王恐之，寝不安席，食不甘味，令于境内，尽堞中为战具，竟为守备，为死士置将，以待魏氏。卫鞅谋于秦王曰："夫魏氏其功大，而令行于天下，有从十二诸侯而朝天子，其与必众。故以一秦而敌大魏，恐不如。王何不使臣见魏王，则臣请必北魏矣。"秦王许诺。

卫鞅见魏王曰："大王之功大矣，令行于天下矣。今大王之所从十二诸侯，非宋、卫也，则邹、鲁、陈、蔡，此固大王之所以鞭箠使也，不足以王天下。大王不若北取燕，东伐齐，则赵必从矣；西取秦，南伐楚，则韩必从矣。大王有伐齐、楚之心，而从天下之志，则王业见矣。大王不如先行王服，然后图齐、楚。"

魏王说于卫鞅之言也，故身广公宫，制丹衣柱，建九斿，从七星之旗。此天子之位也，而魏王处之。于是齐、楚怒，诸侯奔齐，齐人伐魏，杀其太子，覆其十万之军。魏王大恐，跣行按兵于国，而东次于齐，然后天下乃舍之。

当是时，秦王垂拱受西河之外，而不以德魏王。故曰卫鞅之始与秦王计也，谋约不下席，言于尊俎之间，谋成于堂上，而魏将以禽于齐矣；冲橹未施，而西河之外入于秦矣。此臣之所谓比之堂上，禽将户内，拔城于尊俎之间，折冲席上者也。（《战国策·齐五·苏秦说齐闵王》）

这里，苏秦的战例分析是对马陵之战幕后策划的揭秘。可谓鞭辟入里，入木三分，发人所未发。

过去魏惠王拥有领土上千里，甲士三十六万，倚仗自己实力强大，攻取邯郸，西围定阳，又率领十二家诸侯朝拜周天子，为图谋西边的秦国，做种种的准备。秦孝公闻报，忧心忡忡，寝不安席，食不甘味，乃动员全国，修缮战守的器具，境内严加防守，同时招募死士，任命将领，以待魏兵。

卫鞅向秦孝公献计说："魏王有匡扶周室之大功，他的号令得以施行天下，既能招集十二家诸侯朝见天子，从者甚众，势力巨大。那么，以区区一个秦国，恐怕还不能与之争锋竞胜。大王何不以臣为使去见魏王呢？臣有把握挫败魏国。"秦王答应了他的请求。

卫鞅往见惠王，首先对他大加称颂："我听说大王劳苦功高，而且能号令天下。可是，如今大王率领的十二家诸侯，不是宋、卫，就是邹、鲁、陈、蔡这样的小国，大王固然可以对它们随意加以驱使，然而就凭这还远不足以称王天下。大王不如向北联结燕人，东伐齐国，那么，赵国自会臣服；再联合西方的秦国，南伐楚国，那么，韩国自会望风而从。大王有讨伐齐、楚强国的心愿，而且行事合于道义，那么，实现王业的日子便不远了。大王自可顺从天下之志，服天子衣冠，然后图谋齐楚。"

惠王听了卫鞅建言，十分高兴，便依天子体制，大建宫室，制作丹衣和九斿、七星之旗。对魏惠王的僭越天子之位，妄自尊大、越礼不轨的行径，齐、楚两国君主大为愤怒，而各路诸侯也都投奔到齐国伐魏的旗帜下面。齐人率众大举伐魏，于马陵决战，杀掉了魏太子申，歼师十万。惠王震恐，急忙下令收兵，又向东臣服于齐。诸侯们这才停止武力制裁。

就在那个时刻，秦孝公乘机在西边轻轻松松地取得了魏国的河西地区，而且对惠王毫无感激之情。所以说，卫鞅当初与秦孝公商议对策的时候，谋约于座席之上，策划于酒宴之间，定计于庙堂之上，而魏国大将庞涓已为齐所擒，刀兵不动，而西河以外的土地已被秦国收入囊中。这就是苏秦所讲的较量于庙堂之上，擒将于帷幄之中，夺城于酒宴之席，毁车于高枕之上的道理呀！

魏国连续遭受重创，尤其是马陵之战的惨败，从此一蹶不振，由中原霸主一下沦为二流诸侯，齐国则声威大震，秦国更是扭转被动，开始了复兴，不仅收复河西失地，甚至进而开辟一统天下的新征程。故太史公称"秦所以强六世（孝公、惠文王、武王、昭襄王、庄襄王、始皇）而并诸侯，皆商鞅之谋也。"（《史记·商君列传》）诚为精当之论。

第三节 擒贼擒王 谲公子卬而没其军

魏国一败再败，秦齐赵等纷纷乘机侵占魏地。尤其秦国乘魏赵韩混战互伤之际，东出中原，意图伸展拳脚。加之商鞅变法已经二十年，国力日益强盛。商鞅见机会难得，建议乘机伐魏，夺取中原战略制高点。

（马陵之战）其明年，卫鞅说孝公曰："秦之与魏，譬若人之有腹心疾，非魏并秦，秦即并魏。何者？魏居领阨之西，都安邑，与秦界河而独擅山东之利。利则西侵秦，病则东收地。今以君之贤圣，国赖以盛。而魏往年大破于齐，诸侯畔之，可因此时伐魏。魏不支秦，必东徙。东徙，秦据河山之固，东乡以制诸侯，此帝王之业也。"孝公以为然，使卫鞅将而伐魏。（《史记·商君列传》）

唆使魏国出头，招致魏在马陵之战中的惨败，好一个借刀杀人计。此计成功之后，待魏国还未缓过神来，商鞅又力劝孝公旋即实施趁火打劫之计，孝公果断采纳其议。卫鞅于是率大军攻魏。魏国愤然抵抗，一场恶战，即将爆发。且看卫鞅又如何像莎士比亚所说的，"手不用尖刀，口要出利剑"，伐谋伐交，不战而胜的。

魏使公子卬（áng）将而击之。军既相距，卫鞅遗魏将公子卬书曰："吾始与公子欢，今俱为两国将，不忍相攻，可与公子面相见，盟，乐饮而罢兵，以安秦魏。"魏公子卬以为然。会盟已，饮，而卫鞅伏甲士而袭虏魏公子卬，因攻其军，尽破之以归秦。魏惠王兵数破于齐秦，国内空，日以削，恐，乃使使割河西之地献于秦以和。而魏遂去安邑，徙都大梁。梁惠王曰："寡人恨不用公叔痤之言也。"卫鞅既破魏还，秦封之於、商十五邑，号为商君。（《史记·商君列传》）

卫鞅深知公子卬的禀性，尤其当时的处境和心理，即屡战屡败的魏国，渴望能有一个不战而和的局面。现在作为昔日故交的卫鞅和公子，各为其主，相遇于战场，和则两利，战则俱伤，这是显而易见的道理。双方都有不战而和的愿望，何乐而不为呢？于是，公子卬原以为必定兵戎相见的，现在乐得赶去赴宴言欢。他喜出望外，来不及细想，更不知是计，便一头栽进故交卫鞅设计的陷阱里了。于是，魏军将领被俘，失去主帅，突遭猛攻，陷入混乱，自然一触即溃了。

于是，惠王数被于军旅，卑礼厚币以招贤者。邹衍、淳于髡、孟轲皆至梁。梁惠王曰："寡人不佞，兵三折于外，太子虏，上将死，国以空虚，以羞先君宗庙社稷，寡人甚丑之，叟不远千里，辱幸至弊邑之廷，将何利吾国？"（《史记·魏世家》）后来，他甚至在卫鞅欺公子卬大败魏兵时，捶胸顿足后悔不已呼天抢地道："寡人恨不用公叔痤之言也。"

我们不知，魏惠王所谓"恨不用公叔痤之言"，是指用之，还是杀之。审视他的胸襟与此刻的窘境，大概应是后者，即杀之吧。可是，世间哪有后悔药呢？

随后秦国轮番施用伐谋伐交和伐兵之策，攻魏，欺魏，略魏，直至迫使魏惠王将河西上郡十五县全部拱手献给了秦国。

> 楚魏战于陉山。魏许秦以上洛，以绝秦于楚。魏战胜，楚败于南阳。秦责赂于魏，魏不与。营浅谓秦王曰："王何不谓楚王曰，魏许寡人以地，今战胜，魏王倍寡人也。王何不与寡人遇。魏畏秦楚之合，必与秦地矣。是魏胜楚而亡地于秦也；是王以魏地德寡人，秦之楚者多资矣。魏弱，若不出地，则王攻其南，寡人绝其西，魏必危。"秦王曰："善。"以是告楚。楚王扬言与秦遇，魏王闻之恐，效上洛于秦。（《战国策·秦四·楚魏战于陉山》）

正如苏辙所言，"昔者范雎用于秦而收韩，商鞅用于秦而收魏。"[①] 商鞅力劝孝公伐魏，曰："秦之与魏，譬若人之有腹心疾，非魏并秦，即秦并魏"。……孝公以为然。使卫鞅将而伐魏……尽破之以归秦。魏惠王恐，乃使使割河西之地献于秦以和。因此有云"商鞅用于秦而收魏"。秦用商鞅，而坐收渔利。轻松地收复获得了河西和上郡之地，秦国数世梦寐以求的复兴

---

① 苏辙. 六国论［M］//苏辙. 栾城集（九），栾城应诏集卷一.

之梦的战略目标得以奠基。由此可以据殽函之利，大河之险，东向以瞰中原。这样，就获得了进可攻，退可守的战略优势。

秦因商鞅，“兵动而地广，兵休而国富。”（《战国策·秦三·蔡泽见逐于赵》）“国治而兵强，地广而主尊。”（《韩非子·奸劫弑臣》）汉代王充也提到“商鞅相孝公，为秦开帝业”。（《论衡·书解》）尤其是荀子曾记录他游历秦国时的见闻，盛赞秦国在商鞅变法之后百余年间几乎达到了古圣先贤治下的理想状态：“入境，观其风俗，其百姓朴，其声乐不流污，其服不挑，甚畏有司而顺，古之民也。及都邑官府，其百吏肃然莫不恭俭、敦敬、忠信而不楛，古之吏也。入其国，观其士大夫，出于其门，入于公门，出于公门，归于其家，无有私事也，不比周，不朋党，倜然莫不明通而公也，古之士大夫也。观其朝廷，其闲听决百事不留，恬然如无治者，古之朝也。”① 荀子此行的时间与商鞅之世相隔不远，对于秦国在商鞅变法之后所形成的民风民俗，其亲眼目睹的事实显然比后世儒者的空洞批判更具说服力。② 刘歆《新序论》曰：“秦孝公保崤、函之固，以广雍州之地，东并河西，北收上郡，国富兵强，长雄诸侯；周室归籍，四方来贺，为战国霸君。秦遂以强，六世而并诸侯，亦皆商君之谋也。”（《史记·商君传赞》集解引《新序论》）总之，当时之秦国犹如荀子笔下的图画、史诗、乐章，“古之民也，古之吏也，古之士大夫也，古之朝也”，令人耳目一新，刮目相看。

总之，商鞅徙木立信以变法，于是，“今秦妇人婴儿皆言商君之法”（《战国策·秦一·卫鞅亡魏入秦》）。

商鞅借刀杀人以诓魏，便鼓惑魏惠王，欲使灭亡，先让猖狂，于是魏惠王横行天下，四面树敌，遭致兵挫地削。

商鞅趁火打劫以削魏，欲夺回河西失地，进而俯瞰中原，于是两军对垒之际，致书魏公子卬，兵不血刃，擒贼擒王。

为什么他都能言必获信，行必有果？内政外交，相得益彰？言行配合，强行果断？他的出言呈辞，屡屡收到奇效异果。其奥秘就在于审时度势，洞

① 荀子．荀子集解·强国［M］//新编诸子集成本．北京：中华书局，1988：303.

② 徐莹．张九成孟子传中的商鞅［J］．史学月刊，2013（11）：124－127.

察"必然之理"和"必为之时势"。其《商君书·画策》篇说:"圣人知必然之理、必为之时势,故为必治之政,战必勇之民,行必听之令,是以兵出而无敌,令行而天下服。黄鹄之飞,一举千里,有必飞之备也。丽丽巨巨(良马名),日走千里,有必走之势也。虎豹熊罴,鸷而无敌,有必胜之理也。圣人见本然之政,知必然之理,故其制民也,加以高下制水,加以燥湿制火……圣人者不贵义而贵法,法必明、令必行则已矣。"这段话一连用了十多个"必"字,充分体现了商鞅学派对人类社会以及自然界运动规律的必然性的认识,这在同时期的文化典籍中是鲜见的。商鞅学派正是把历史的进化和历史发展的必然性作为其变法、任法的哲学基础。① 由审知必然之理,到把握必为之势,进而一言制敌。王安石也赞叹曰"商鞅能令政必行",还在于善言,能言,在于"辞深人天,致远方寸",在于能入耳入心,夺心夺志。"无所不出,无所不入,无所不可。可以说人,可以说家,可以说国,可以说天下。"(《鬼谷子·捭阖第一》)

总之,商鞅及秦国的成功,从语言运用的角度来说,主要就在于洞察必然之理,捕造必为时势,发出必服之言,达致必成之效。

附录

商鞅年表
商鞅（约公元前 395 年—前 338 年）

岁	公元前	事迹
1	395	出身于卫国贵族后裔。
30	365	由卫国到魏国。
33	362	秦孝公21岁继位。齐威王、楚宣王、魏惠王、燕文公、韩昭侯、赵成侯并立。
34	361	孝公于元年求贤。卫鞅闻令下,西入秦,因景监求见孝公。
36	359	商鞅在朝廷辩论会上驳斥反对变法的旧贵族代表甘龙、杜挚。颁布《垦草令》。

---

① 赖长洪. 商鞅成败说［M］. 北京:金城出版社,2001:2,36.

续表

岁	前	事迹
39	356	卒用鞅法，百姓苦之；居三年，百姓便之。任为左庶长。第一次变法。
41	354	赵攻魏的盟国卫，取漆及富丘（均在河南长垣县），魏围赵都邯郸。秦以鞅为主将攻魏河西长城据点元里（陕西澄城县南），大败魏军，歼敌七千并占少梁（陕西韩城西南），此为秦孝公收复失地的序幕，亦为战国时大国间战争的大爆发。
42	353	齐魏桂陵之战，魏败。
43	352	卫鞅为大良造，将兵围魏旧都安邑，降之。
44	351	秦筑关塞于商，围魏固阳，攻赵蔺。
45	350	因变法，国都从栎阳迁至咸阳。第二次变法。废井田制，统一度量衡，设县置。
49	346	太傅公子虔复犯法，商鞅施以割鼻之刑。
51	344	卫鞅为秦说魏惠王先行王服，然后图齐楚。齐楚怒，诸侯奔齐。
52	343	天子赐秦霸主称号。
53	342	诸侯来贺。魏攻韩，韩求救于齐。
54	341	齐人伐魏，虏其太子，覆其十万之军，齐败魏马陵。
55	340	卫鞅击魏，虏魏公子卬。魏割河西地求和，鞅获封于商十五邑，号商君。
57	338	孝公逝世，惠文王继位。因被诬陷谋反，而遭车裂。后历六世117年后完成统一。
	337	秦惠文王，前337—前311年在位27年。
	310	秦武王，前310—前307年在位4年。
	306	秦昭襄王，前306—前251年在位56年。
	250	秦孝文王，前250—前250年在位1年。
	249	秦庄襄王，前249—前247年在位3年。
	246	秦始皇帝，前246—前210年在位37年，前221年统一，国号仍用秦，称始皇帝。

第三章　张仪的伐与交

荆楚南来又北归，分明舌在不应违。

怀王本是无心者，笼得苍蝇却放飞。（徐夤《张仪》）

再攻再相梁不悟，六百六里楚云何。

苏秦反覆何须道，反覆如君事更多。（徐钧《张仪》）

苏秦为纵，张仪为横，

横则秦帝，纵则楚王，

所在国重，所去国轻。

转危为安，运亡为存。（刘向《战国策序》）

四海齐锋，一口所敌。（左思《魏都赋》）

　　战国杰出的纵横家张仪主要活动与苏秦同时而稍后，也是战国时期著名的政治家、外交家和谋略家。顽强的意志，灵活的手段，巧妙的代言，是张仪制胜的法宝。恢宏的气势，崇高的激励，明晰的条理，情理的交融，加之密集的修辞，使得张仪的说辞精彩纷呈，引人入胜。借助强秦的国力军威，他的外交话语往往配以强大武力的后盾，甚至无所不用其极的欺诈、恫吓、诱骗。所以，他的话语功效与外交成就，无可匹敌。"四海齐锋，一口所敌"，非他莫属。在战国的军事外交舞台上，张仪纵横捭阖，所向无敌，尤其对秦国兼并战争形势的演变产生了积极的推进和重大的影响。

　　胡塞尔认为语言是使认识成为可能的先验性条件，海德格尔认为语言是存在的住所，伽达默尔认为语言是人类拥有世界的唯一方式。这些论述讲的都是一个意思，语言是文化的基础和前提。① 其实，语言也是军事、外交的后盾和利器。"三寸之舌，强于百万之师"，"一言兴邦，一言丧邦"，这有秦国的惨痛教训，也是它的宝贵经验，更是人类历史的客观规律。那么，如何做到一言以"兴邦"，而避免"丧邦"，这就需要我们用科学有效的社会历史、军事文化话语分析、评判的理论和方法来解读梳理总结归纳。如果用冰山或利剑做比喻的话，转折历史的兴邦之一言犹如冰山之峰，犹如剑锋之芒。我们在呈现这峰与芒的时候，必须展现其根基与依托。服人之言的背后，乃在于知势、知言、知人。在此知势—知言—知人—服人链条中的关联与运化，实在见仁见智，神妙莫测。我们也只得一言以蔽之，言不尽意。所以，这里只将搜罗的这些嘉言（懿行）置于其恢宏历史的转折点来阅览，以供关心中国话语（包括中国国防话语）建设者评鉴。

张仪（前366？—前309），魏国大梁（今河南开封）人，魏国贵族的后裔，曾与苏秦一道随鬼谷子学习纵横之术。其主要活动约与苏秦同时而稍后，也是战国时期著名的政治家、外交家和谋略家。当时战国七雄在外交和军事上的较量日益激化，各国为了兼并图存，不得不采取"合纵连横"的策略。或"合纵"，苏秦主导的"合众弱以攻一强"，防止强国的兼并，或"连横"，张仪主持的"事一强以攻众弱"，达到兼并他国的目的。他们"一怒而诸侯惧，安居而天下熄。"（《孟子·滕文公下》）当时，"苏秦为纵，张仪为横，横则秦帝，纵则楚王，所在国重，所去国轻。"（刘向《战国策序》）他的雄辩，不在苏秦之下，他的外交功绩，无与伦比，"四海齐锋，一口所敌"。张仪正是作为与苏秦齐名的杰出纵横家，而出现在战国的军事外交舞台上，对秦国兼并战争形势的演变产生了积极的推进和重大的影响。

---

① 李海林. 关于语言与文学关系的理论思考［J］. 语文建设，2006（1）：4 - 5.

第一节　舌在否　忍辱负重

与师兄苏秦一样，在成名之前，张仪也历经坎坷，备尝艰辛与屈辱。但是，一个又一个谋臣策士与说客，他们"朝为布衣，暮为卿相"的传说，激励着士人，他们"入楚楚重，出齐齐轻，为赵赵完，叛魏魏丧。"（王充《论衡·效力篇》）的尊显，召唤着张仪。所以，暂时的屈辱在意志坚定如张子的面前，完全可以一笑置之。

《史记·张仪列传》开篇即讲述了这样的故事："张仪者，魏人也。始尝与苏秦俱事鬼谷先生，学术，苏秦自以不及张仪。"

> 张仪已学而游说诸侯。尝从楚相饮，已而楚相亡璧，门下意张仪，曰："仪贫无行，必此盗相君之璧。"共执张仪，掠笞数百，不服，释之。其妻曰："嘻！子毋读书游说，安得此辱乎？"张仪谓其妻曰："视吾舌尚在不？"其妻笑曰："舌在也。"仪曰："足矣。"（《史记·张仪列传》）

张仪完成学业，就去游说诸侯。他先回到魏国，因为家境贫寒，求事于魏惠王而不得，便远去南方的楚国，欲投奔楚相国昭阳门下。昭阳率兵大败魏国，楚威王大喜，把国宝"和氏之璧"奖赏给了昭阳。一日，昭阳与其众多门客游聚，饮酒作乐之余，昭阳得意地拿出"和氏之璧"给大家观赏，传来接去，最后竟不翼而飞了。众人认为，张仪贫困而无行，肯定是他藏匿了"和氏璧"。他们怀疑说："张仪贫穷，品行鄙劣，一定是他偷藏了宰相的玉璧。"于是，众人不分青红皂白一起把张仪拘捕起来，严加拷打。遍体鳞伤的张仪始终没有承认，昭阳怕闹出人命来，最后只好释放了。张仪被抬回家，他的妻子又悲又恨地说："唉！您要是不读书出去游说，又怎么能受到这样的屈辱呢？"张仪忍痛对他的妻子说："你看看我的舌舌头，还在在不在？"他的妻子苦笑着说："舌头还在呀！"张仪说："这……就……够……了！"

天下之大，却始终没有人信任张仪。但是，这时有一个红得发紫的人不仅关注张仪，而且要极力资助扶持他出人头地，并且要设法让他去执掌秦柄。前提是，先让张仪再受一点点儿委屈。

  苏秦已说赵王而得相约从亲，然恐秦之攻诸侯，败约后负，念莫可使用于秦者，乃使人微感张仪曰："子始与苏秦善，今秦已当路，子何不往游，以求通子之愿？"张仪于是之赵，上谒求见苏秦。苏秦乃诫门下人不为通，又使不得去者数日。已而见之，坐之堂下，赐仆妾之食。因而数让之曰："以子之材能，乃自令困辱至此。吾宁不能言而富贵子，子不足收也。"谢去之。张仪之来也，自以为故人，求益，反见辱，怒，念诸侯莫可事，独秦能苦赵，乃遂入秦。

  苏秦已而告其舍人曰："张仪，天下贤士，吾殆弗如也。今吾幸先用，而能用秦柄者，独张仪可耳。然贫，无因以进。吾恐其乐小利而不遂，故召辱之，以激其意。子为我阴奉之。"乃言赵王，发金币车马，使人微随张仪，与同宿舍，稍稍近就之，奉以车马金钱，所欲用，为取给，而弗告。张仪遂得以见秦惠王。惠王以为客卿，与谋伐诸侯。

  苏秦之舍人乃辞去。张仪曰："赖子得显，方且报德，何故去也？"舍人曰："臣非知君，知君乃苏君。苏君忧秦伐赵败从约，以为非君莫能得秦柄，故感怒君，使臣阴奉给君资，尽苏君之计谋。今君已用，请归报。"张仪曰："嗟乎，此在吾术中而不悟，吾不及苏君明矣！吾又新用，安能谋赵乎？为吾谢苏君，苏君之时，仪何敢言。且苏君在，仪宁渠能乎！"（《史记·张仪列传》）

当时，苏秦已经说服了赵王而得以去各国结缔合纵相亲的联盟，可是他害怕秦国趁机攻打各诸侯国，盟约还没结缔就胎死腹中，遭到破坏。又考虑到没有合适的人选可以安插到秦国去，于是派人暗中鼓动张仪说："您当初和苏秦同学，感情甚好，现在苏秦已经当权，您为什么不去结交他，借以实现功名的愿望呢？"于是张仪前往赵国，呈上名帖，请求会见苏秦。苏秦就告诫门下的人不给通报，又让他好几天不能离去。待他等不及时苏秦才接见了他。却让他坐在堂下，赐给他奴仆侍妾的饭食，还屡次责备他："凭着您的才能，却让自己穷困潦倒到这样的地步。难道我不能推荐您，让您立刻富贵吗？只是您不值得录用罢了。"说完就把张仪打发走了。张仪满怀期望来投奔苏秦，自认为都是老朋友了，能够获得引荐，不料反而遭到这等羞辱，怨愤填膺，又考虑到诸侯中没有谁值得侍奉，只有秦国能威逼赵国，于是就直奔秦国去了。

苏秦对他手下的人吩咐道："张仪是天下最有才能的人，我大概比不上他呀。如今，幸亏我比他先受重用。而能够掌握秦国权力的，只有张仪才行。然而，他很贫穷，没有进身之阶。我担心他以小的利益为满足而不能成就大的功业，所以把他招来羞辱他，用来激发他的意志，您替我暗中侍奉他，资助他。"苏秦拨发金钱、财物和车马，派人暗中跟随张仪，和他投宿同一客栈，逐渐地接近他，还以车马金钱奉送他，凡是他需要的，都供给他，却不说明是谁给的。借助这些资助，张仪才有机会拜见了秦惠王。惠王任用他做客卿，和他策划攻打诸侯的计划。

这时，苏秦暗中派来随行的门客要告辞离去，张仪说："依靠您鼎力相助，我才得到显贵的位子，正要报答您的恩德，为什么要走开呢？"门客说："其实，我并不了解您，真正了解您的是苏秦先生。苏先生担心秦国攻打赵国，破坏他的合纵联盟，认为除了您没有谁能掌握秦国的大权，所以明里激怒先生，暗中派我供您钱财，这都是苏先生谋划的策略。如今先生已被秦王重用，请让我回去复命吧！"张仪说："哎呀，这些权谋本来都是我研习过的范围，而我却没有察觉到，我没有苏先生高明啊！况且我刚刚被任用，又怎么能图谋攻打赵国呢？请替我感谢苏先生，苏先生当权之时，我张仪怎么敢奢谈攻赵呢？"

师兄弟俩如演双簧，一纵一横，一唱一和，天衣无缝。原先受到的闭门羹和种种委屈，早已经烟消云散，只剩下感激不尽。这就是自信者如何面对委屈与耻辱的心态与境界。

第二节　谋纵横　相秦封侯

　　张仪真是幸运，他不仅有师兄的默默资助，而且有师长的明确指引——到秦国去，把握权柄。

　　因为，苏秦的合纵政策发生效用之后，引起胸怀大志积极有为的秦惠王的不满与愤怒，秦国开始谋划对策来应对六国合纵战略。于是作为连横派的核心人物张仪进入秦国决策层的视线，张仪有机会开始登上历史舞台，大显身手。

　　　　秦惠王谓寒泉子曰："苏秦欺寡人，欲以一人之智，反覆东山之君，从以欺秦。赵固负其众，故先使苏秦以币帛约乎诸侯。诸侯之不可一，犹连鸡之不能俱止于栖之明矣。寡人忿然，含怒日久，吾欲使武安子起往喻意焉。"

　　　　寒泉子曰："不可。夫攻城堕邑，请使武安子。善我国家使诸侯，请使客卿张仪。"秦惠王曰："受命。"（《战国策·秦一·秦惠王谓寒泉子曰》）

　　秦惠王对名士寒泉子说："苏秦欺负我们太甚，他企图凭一个人的雄辩之术，来左右山东六国君主的头脑，更改他们的政策，企图连结合纵之盟来抗拒和欺扰我秦国。赵国原来就自负兵力雄厚，所以就首先派苏秦用重礼来联合诸侯订立合纵盟约。然而，诸侯各怀心思，他们的企图和步调的不可一致性，就像把很多鸡绑起来而不能栖息在一处，合纵不能成功，这是显而易见的道理。寡人为苏秦合纵欺秦的事痛恨已久，因此想派武安君白起去会见崤山以东的各诸侯，让他们明白天下的大势。"

　　寒泉子说："不可以这样。攻城略地，可以派武安君率军前往。然而，假如出使诸侯，为我们秦国争取利益，那么，大王就应该派客卿张仪才行！"秦惠王说："我完全接受你的意见。"

　　听取各方意见，确立了战略方针，便是选择适合的人才，委以重任了。

圣（聖）者，耳听八方之言，然后委以重任也。所以，我们做事时遇到强大的阻力，应该分析出阻力的系统性和战略性，应该制定出与敌对战略相对的反击战略和一揽子计划来。战略制胜者一定要眼观全局和长远的未来，正像《孙子兵法》开篇中写道的："夫未战而庙算胜者，得算多也；未战而庙算不胜者，得算少也。"有了战略指导才不会出现用人的失误，针对敌方的手段和人才，应该相应推出己方的手段和人才；人的专业和精力是有限的，能征善战的武将不一定能胜任和担当穿梭各国的游说重任。

针对苏秦的合纵战略，秦国确立实施连横战略，那么，启用与之相应的人才，就非能言善辩的张仪莫属，而不是能攻善战的白起。

所以，现在的问题不是张仪要怎样寻找自己的用武之地，而是秦国的君臣何时聆听张子的高明见解，何时对他委以重任。

那么，我们就来听听张仪是怎样向秦惠王陈述自己的主张，秦国的强国方略，从而一举获得重用的。

我们知道，张仪这位战国时代与苏秦齐名的说客、谋士，是纵横家中连横派的领军人物和最高首脑。张仪也擅长于战略谋划、长篇游说和辩论，张仪在运用具体技巧和策略时也毫不逊色。我们又知道，合纵派与连横派的斗争最终以张仪为首的连横派的胜利而告终。这里，张仪的辩论条分缕析、层次分明、由浅入深、层层剥笋，强大的逻辑力量与宏大的气势互相配合，他在语言的文采方面也很注重和讲究，旁征博引、引经据典、对偶排比、对比夸张等修辞手法运用得十分自如。让人一听就知道是大家风范。

张仪说秦王曰：

臣闻之，弗知而言为不智，知而不言为不忠。为人臣不忠当死，言不审亦当死。虽然，臣愿悉言所闻，大王裁其罪。臣闻，天下阴燕阳魏，连荆固齐，收余韩成从，将西南以与秦为难。臣窃笑之。世有三亡，而天下得之，其此之谓乎！臣闻之曰：以乱攻治者亡，以邪攻正者亡，以逆攻顺者亡。今天下之府库不盈，囷仓空虚，悉其士民，张军数千百万，白刃在前，斧质在后，而皆去走，不能死，罪其百姓不能死也，其上不能杀也。言赏则不与，言罚则不行，赏罚不行，故民不死

也。(《战国策·秦一·张仪说秦王曰》)

张仪对秦王说道:"我常听人说,弗知而言为不智,知而不言为不忠。作为臣子,对君王不忠诚就该死;说话不审慎也该死。尽管事情的出路如此,但我仍然愿意把所有见闻都说出来给大王听,请大王裁决定罪。我听说四海之内,北方的燕国和南方的魏国又在联结荆楚,巩固同齐国的联盟,收罗韩国的残余势力,形成合纵的联合阵线,面向西方,来与秦国对抗。对此我私下不禁失笑。

"天下有三种亡国的情况,而天下终会有人来收拾残局,可能说的就是今天的世道吧!我听说:'以乱攻治者亡,以邪攻正者亡,以逆攻顺者亡。'如今天下诸侯国储藏财货的宝库很不充实,囤积米粮的仓库也很空虚,他们征召所有人民,发动成千上万的军队,虽然是白刃在前,利斧在后,军士仍然都退却逃跑,不能拼死一战。其实并不是他们的兵民不肯死战,而是由于统治者拿不出好办法来进行教育和垂范。说奖赏而不兑现,说处罚却不执行,所以人民才不肯为国效命。"

这是第一段,用大义凛然的语气,亘古不变的格言,力陈天下诸侯结盟伐秦,只不过是以卵击石,自取灭亡。此言一出,立刻将畏首畏尾、一筹莫展的秦惠王的满腹狐疑一扫而空,并且信心大增,热血沸腾。

今秦出号令而行赏罚,不攻无攻相事也。出其父母怀衽之中,生未尝见寇也,闻战顿足徒裼,犯白刃,蹈煨炭,断死于前者比是也。夫断死与断生也不同,而民为之者是贵奋也。一可以胜十,十可以胜百,百可以胜千,千可以胜万,万可以胜天下矣。今秦地形,断长续短,方数千里,名师数百万,秦之号令赏罚,地形利害,天下莫如也。以此与天下,天下不足兼而有也。是知秦战未尝不胜,攻未尝不取,所当未尝不破也。开地数千里,此甚大功也。然而甲兵顿,士民病,蓄积索,田畴荒,囷仓虚,四邻诸侯不服,伯王之名不成,此无异故,谋臣皆不尽其忠也。(《战国策·秦一·张仪说秦王曰》)

张仪继续说:"现在秦国号令严峻,赏罚分明,有功无过都按照实际情形进行奖惩。虽然,每个人离开父母怀抱之初,从来就没有见过敌人,但是现在，一听说作战就踩脚、袒胸，决心死战，迎着敌人的刀枪，勇往直前，赴汤蹈火，在所不惜，几乎全都决心要为国家拼死在战场上。大王知道：一个人决心要去战死，和决心要逃生是截然不同的，但秦国人仍然愿意去战死，就是由于激扬奋战视死如归精神的缘故。这样的话，一人敌十人，十人敌百人，百人敌千人，千人敌万人，万人敌天下。如今秦国的地势，截长补短方圆有数千里，强大的军队有数百万。而秦国的号令和赏罚，险峻有利的地形，天下诸侯都望尘莫及。凭借这种优越条件与天下诸侯争雄，全天下也不够秦国吞并的。由此可知，只要秦国发动征战，绝对是战无不胜，攻无不取，所向无敌，完全可以开拓疆土数千里，那将是伟大的功业。然而如今，秦国军队疲惫，人民穷困，积蓄用绝，田园荒废，府库空虚，四邻诸侯不肯臣服，霸业不能建立。出现这种令人痛惜的状况并没有其他原因，主要就是秦国谋臣不能尽忠的缘故啊！"

这是第二段，承上启下，极言秦国理应赏罚分明，地势优越，兵强士勇，天下无敌，然而现实却是兵疲民困，田荒库虚，四邻不服，霸业不成，究其原因，无非谋臣不忠。言下之意，我来尽忠献计，大王你是听还是不听！

> 臣敢言往昔。昔者齐南破荆，中破宋，西服秦，北破燕，中使韩、魏之君，地广而兵强；战胜攻取，诏令天下；济清河浊，足以为限；长城钜坊，足以为塞。齐五战之国也，一战不胜而无齐。故由此观之，夫战者，万乘之存亡也。（《战国策·秦一·张仪说秦王曰》）

"我愿用史实为例加以说明。从前齐国向南击破荆楚，往中战败宋国，朝西征服秦国，北方更打败燕国，在中原地带又指使韩魏两国的君主。土地辽阔，兵强马壮，攻城略地，战无不胜，号令天下。清澈的济水和混浊的黄河都是它的天然屏障，巍峨的长城足可以作它的防守掩体。齐国是一连五次战胜的强国，可是只战败一次，齐国就几乎灭亡了。由此可见，唯有用兵作战，方可决定万乘大国的生死存亡。"

这是例一，用齐国的兴亡为例，说明战争决定生死存亡的作用。

> 且臣闻之曰：削株掘根，无与祸邻，祸乃不存。秦与荆人战，大破

荆，袭郢，取洞庭、五都、江南。荆王亡奔走，东伏于陈。当是之时，随荆以兵，则荆可举。举荆，则其民足贪也，地足利也。东以强齐、燕，中陵三晋。然则是一举而伯王之名可成也，四邻诸侯可朝也。而谋臣不为，引军而退，与荆人和。今荆人收亡国，聚散民，立社主，置宗庙，令帅天下西面以与秦为难，此固已无伯王之道一矣。天下有比志而军华下，大王以诈破之，兵至梁郭，围梁数旬，则梁可拔。拔梁，则魏可举。举魏，则荆、赵之志绝。荆、赵之志绝，则赵危。赵危而荆孤。东以强齐、燕，中陵三晋。然则是一举而伯王之名可成也，四邻诸侯可朝也。而谋臣不为，引军而退，与魏氏和，令魏氏收亡国，聚散民，立社主，置宗庙，此固已无伯王之道二矣。前者穰侯之治秦也，用一国之兵，而欲以成两国之功。是故兵终身暴灵于外，士民潞病于内，伯王之名不成，此固已无伯王之道三矣。（《战国策·秦一·张仪说秦王曰》）

我还听说："斩草要除根，不给祸患留下残根，祸害才不会存留。从前秦国和楚国作战，秦兵大败楚军，占领了楚国首都郢城，同时又占领了洞庭湖、五都、江南等地，楚王向东逃窜，躲藏在陈地。在那个时候，只要把握时机攻击楚国，就可以占领楚国的全境。而占领了楚国，那里的民众就尽可役使，那里的物产就可补充军需，东面对抗齐燕两国，中原可以凌驾三晋（指韩、赵、魏三国）。如果这样，就可以一举而完成霸业，使天下诸侯都来秦廷称臣。然而当时的谋臣不但不肯这样做，反而撤兵与楚人讲和。现在楚已收复失地，重新集合逃散的人们，再度建立起社稷之主，重新竖立宗庙举行祭祀，他们得以率领天下诸侯往西面来跟秦国对抗。这样，秦国就又一次失去了建立霸业的机会。此其一。后来其他诸侯国同心一致，兵临华阳城下。幸亏大王用诈术击溃了他们，一直进兵到魏都大梁外。当时只要继续围困几十天，就可以占领大梁城。占领大梁，就可以攻下魏国；攻下了魏国，赵、楚的联盟就拆散了，赵国就会处于危难之地。赵国陷入危难之地，楚国就孤立无援。这样秦国东可以威胁齐、燕，中间可以驾驭三晋，如此也可以一举建立霸王功业，使天下诸侯都来朝贺。然而谋臣不但不肯这样做，反而引兵撤退，与魏讲和，使魏国收复失地，重新集合逃散的民众，再度建立起社稷之主，重新竖立宗庙举行祭祀，如此秦国就再次失去了建立霸业的机会。此其二。前不久，穰侯为相，治理秦国，他用一国的军队，却想建立两国的功业，以中饱私囊。即使军队在边境外风吹日晒雨淋，人民在国内劳苦疲惫困顿，霸王的功业却始终不能建立，这也就是秦国又一次失去了建立霸业的机会。此其三。"

这是例二，用秦国自身的例子，虽然胜楚败魏，但都纵虎归山，未能斩草除根，致使死灰复燃，贻害无穷。还有穰侯，他独揽大权，疲惫军民，总想中饱私囊，使秦国再三失去霸王的功业。

赵氏，中央之国也，杂民之所居也。其民轻而难用，号令不治，赏罚不信，地形不便，上非能尽其民力。彼固亡国之形也，而不忧其民氓，悉其士民，军于长平之下，以争韩之上党，大王以诈破之，拔武安。当是时，赵氏上下不相亲也，贵贱不相信，然则是邯郸不守，拔邯郸，完河间，引军而去，西攻修武，踰羊肠，降代、上党。代三十六县，上党十七县，不用一领甲，不苦一民，皆秦之有也。代、上党不战而已为秦矣，东阳河外不战而已反为齐矣，中呼池以北不战而已为燕矣。然则是举赵则韩必亡，韩亡则荆、魏不能独立。荆、魏不能独立，则是一举而坏韩，蠹魏，挟荆，以东弱齐、燕，决白马之口，以流魏氏。一举而三晋亡，从者败。大王拱手以须，天下遍随而伏，伯王之名可成也。而谋臣不为，引军而退，与赵氏为和。以大王之明，秦兵之强，伯王之业，地尊不可得，乃取欺于亡国，是谋臣之拙也。且夫赵当亡不亡，秦当伯不伯，天下固量秦之谋臣一矣。乃复悉卒以攻邯郸，不能拔也，弃甲兵怒，战栗而却，天下固量秦力二矣。军乃引退，并于李下，大王又并军而致与战，非能厚胜之也，又交罢却，天下固量秦力三矣。内者量吾谋臣，外者极吾兵力。由是观之，臣以天下之从，岂其难矣。内者吾甲兵顿，士民病，蓄积索，田畴荒，囷仓虚；外者天下比志甚固。愿大王有以虑之也。（《战国策·秦一·张仪说秦王曰》）

"赵国在诸侯中位居中央地带，人民五方杂居。赵国民众轻浮而难治理，致使国家号令难以贯彻，赏罚不讲信用，赵国的地理位置不利于防守，统治者又不能使人民的潜力全部发挥出来。这一切已是一种亡国的征兆了。再加上不体恤民间疾苦，几乎把全国的老百姓都征发到长平战场上，去跟秦国争韩国的上党。大王以巧妙的计谋战胜赵国，继而攻克武安。当时赵国君臣彼此不和，官民也互不信赖，这样邯郸就无法固守，如果秦军攻下邯郸，在河间休整军队，再率领军队往西攻打修武，经过羊肠险塞，降服代和上党。代有 36 县，上党有 17 县，不用一副盔甲，不费一兵一卒，就都为秦国所有了。代和上党不经过战争皆为秦国土地，赵国的东阳和河外等地不经过战争将返归齐国，中呼池以北之地不经过战争将属于燕国。既然如此，攻下赵国之后，韩国就必然破亡，韩国破亡以后，楚、魏就不能独立；楚、魏既然不能独立就可一举摧毁韩国；韩国既毁，就伤害到魏国，然后再挟持楚国，往东去削弱齐、燕，挖开白马津的河口来淹没魏国。如此一举就可以灭三晋，而六国的合纵联盟也势将瓦解，大王只要拱手在那里等着，天下诸侯就会一个跟着一个来投降，霸王之名号即刻就可以建立。只可惜功亏一篑，因为谋臣不但不这样做，反而自动退兵，跟赵国讲和了。

　　"凭大王的贤明和秦兵的强盛，竟然建立不起天下霸主的基业，而且被即将灭亡的各诸侯国欺凌，这一切都是由于谋臣的愚昧笨拙所导致的。赵国当亡不亡，秦国该称霸又不能称霸，天下人已经看透了秦国谋臣的本领高低，此其一。随后，秦国曾用全国之兵，去攻打赵国的邯郸，不但没有攻下反而被敌人打得丢盔卸甲，将士们又气又怕败下阵来，天下人已经看透了秦国将士的全无斗志，此其二。军队退下来以后，都聚集在李下（地名），大王又重新编整努力督促将士们作战，可是并没有取得大胜，就纷纷罢兵撤退，天下人又都看透了秦国军队的战斗力，此其三。在内看透了秦国的谋臣，在外看透了秦国的将士。由此观之，臣认为天下的合纵力量，难道不是更难对付了吗？秦国的军队疲劳不堪，人民极端困顿，再加上积蓄用尽、田园荒芜、仓库空虚；而国外诸侯合纵，团结一致，甚为坚固，但愿大王能多加考虑这深重危机！"

　　这是例三，以秦赵长平之战大胜及其后诸战的大败为例，阐明谋臣不忠、未能乘胜灭国、反而使敌人更加联合壮大的教训。

　　最后是指示夺取天下的出路。

且臣闻之，战战栗栗，日慎一日。苟慎其道，天下可有也。何以知其然也？昔者纣为天子，帅天下将甲百万，左饮于淇谷，右饮于洹水，淇水竭而洹水不流，以与周武为难。武王将素甲三千领，战一日，破纣之国，禽其身，据其地，而有其民，天下莫伤。智伯帅三国之众，以攻赵襄主于晋阳，决水灌之。三年，城且拔矣。襄主错龟，数策占兆，以视利害，何国可降，而使张孟谈。于是潜行而出，反智伯之约，得两国之众，以攻智伯之国，禽其身，以成襄子之功。今秦地断长续短，方数千里，名师数百万，秦国号令赏罚，地形利害，天下莫如也。以此与天下，天下可兼而有也。

臣昧死望见大王，言所以举破天下之从，举赵，亡韩，臣荆魏，亲齐燕，以成伯王之名，朝四邻诸侯之道。大王试听其说，一举而天下之从不破，赵不举，韩不亡，荆魏不臣，齐燕不亲，伯王之名不成，四邻诸侯不朝，大王斩臣以徇于国，以主为谋不忠者。（《战国策·秦一·张仪说秦王曰》）

"臣闻，战战兢兢，日慎一日。假如谨慎得法，便可以占有全天下。怎么知道是这样的呢？古代殷纣王做天子，率领天下百万雄师，左边的军队还在淇谷饮马，右边军队已到洹水喝水了，竟把淇水和洹水都喝干了。例如，殷纣王是用这么雄壮庞大的军队跟周武王作战，可是武王只率领他的3000名披着简陋盔甲的士卒，仅仅经过一天战斗，就打败了纣王的大军和庞大的国家，擒获了纣王，占据了殷的土地，拥有了殷的全部臣民，天下竟没有一个人同情纣王的。再如，以前智伯率领韩、魏等国的兵众，前往晋阳去攻打赵襄子，经过三年之久的攻打，智伯掘引晋河水采取水攻。当晋阳城快被攻下时，赵襄子慌忙用乌龟进行占卜，测看自己国家命运的吉凶，预测双方到底谁会败降。绝望之际，赵襄子不得不试用反间计，派大臣张孟谈，悄悄出城，破坏韩、魏与智伯的盟约，结果争取到韩魏两国的暗中合作，然后合力来攻打智伯，终于大败智伯的军队，俘虏了智伯本人。张孟谈于是成为赵襄子的一大功臣。如今，秦国方圆数千里，强兵数百万，号令森严，赏罚分明，再加上地形的优势，天下诸侯没有能比得上的。如果凭这种优势，而与天下诸侯争胜，整个天下都可以被秦征服。

"臣冒死罪，希望拜访大王，谈论秦国的战略以及怎样能够破坏天下的合纵战略及其力量，灭赵，亡韩，迫使楚魏称臣，联合齐燕加盟，建立霸王之业，让天下诸侯都来朝贡。请大王姑且采用我的策略，假如不能一举而瓦解天下合纵，攻不下赵，灭不了韩，臣服不了魏楚，加盟不了齐燕，霸王之业不能建立，天下诸侯不来朝贡，那就请大王砍下我的头，在全国各地轮流示众，以惩戒那些为君主谋划而不尽忠的臣子。"

张仪这篇说辞，最后再以武王伐纣的以弱胜强和晋阳之战的败中取胜为例，阐述具有极大优势的秦国必定能够兼并天下，这就是张仪所献的必胜计策，否则唯他是问。

这篇说辞主要阐述远交近攻、连横破纵、乘胜追击、兼并天下的远大战略，同时屡次三番地旁敲侧击那些不忠不为的谋臣，激发秦王启用张子的决心。可谓一箭双雕。于是，"张仪相秦前后达十九年，而此制御六国之术，均一一付之实施。秦益以强，而诸侯益以弱矣。"①

世有非常之人，才有非常之功。像苏秦、张仪这样的人原本也就是平民出身，但在贵为一国之主的君王面前没有一丝的恐惧和畏缩，他们心中的自信和心灵力量让我们想起来也是十分折服的。人们游说的对象一般都是高于自己或者自己有求于人家的重要人物，有时候甚至要叫你去游说举世闻名的要人和名人。此时的心理和气势非常重要，它几乎决定了游说的效果。因此，我们在游说时要讲"势"和"气"，有充沛和沉稳的底气，有不卑不亢的气势，方能展开思路，大开言路，主动把握话语权。如果你在作为名人和权势者的受众前面唯唯诺诺、低声下气，听者就没有心思听你的话了。所以我们游说上级或者重要人物时，一定要心底里与他平起平坐，绝不能抬高对方、小看自己。

张仪充沛盛大的气势来自高屋建瓴、新颖独特的视角。他超越了远古至春秋，至战国以来的战争道德藩篱，摒弃胜而不灭的桎梏，打开灭他国的闸门。

---

① 台湾三军大学．中国历代战争史：第二册［M］．北京：中信出版社，2012：136.

　　本篇说辞献策的核心是灭人之国。我们知道，春秋以来不少小国已被吞灭，但这种赶尽杀绝不免遭人诟病。不灭宗祀，是诸侯国征战中古已有之的道德标准和行为准则。进入战国时期，这种心理仍在。但是到了战国后期，那种你来我往，旷日持久的拉锯战已经到走了尽头。而且，秦国的实力遥遥领先，鹤立鸡群，兼并他国，一统天下已经成为大势所趋，人心所向。当然，"由分封分治天下近八百年所积淀的文化心理是不可能一下子改变的，张仪适时提出兼并灭国之策，定下了秦国的新国策，改变了诸侯国交往的传统原则，其影响十分深远。兼并战国的序幕由此真正拉开。"① 可见，视角的转换带来了战争观念的更新，才有了见解精辟、气势不凡的呈辞。

　　在对显贵说话时一定要以崇高伟论来打动他。《鬼谷子》中说道："捭阖之道，以阴阳试之。故与阳言者，依崇高；与阴言者，依卑下。以下求小，以高求大。"因此与那些处于阳势、内心优越和积极的人说话，就要从大处入手，选择崇高的内容道理来谈论，这样才能说服他，征服他。

　　与重要的人物谈重要的事还要准备充分，要想着如何安排内容才能打动受众，谋局排篇、分段总结，先讲什么后讲什么，一定要事先仔细筹划。张仪的长篇大论层层相扣、循序渐进，显得非常有条理。其实有条理是说话的基本要求，条理清楚、层次分明，受众就不会感到你在杂乱无章地胡说。受众接受、记忆起来也就比较容易。尤其是长篇大论，一定要分几个要点来讲。

　　张仪的游说气势恢宏、气度非凡，排山倒海之势与反复论证、不证自明的理性力量相融合，产生了令人折服的感染力和说服力。有了不凡的气势和心态，言说时的说服力就会加强。我们的气势加上我们的理性推论、论证能力，就会产生无可辩驳的信服力。在论说时也要融入感情，更容易打动人，张仪的游说包含感情，通篇充满了对秦国平庸的谋臣们的鄙视憎恶之情，也

---

　　① 　田兆元，孟祥荣. 战国策选评［M］. 上海：上海古籍出版社，2005：65－73.《战国策选评》：此文（《战国策·秦一·张仪说秦王曰》）亦收入《韩子·初见秦》，故其说者为谁，尚多疑问。郭沫若以为此乃吕不韦之说秦昭王。说详缪文远《战国策考辨》。亦有谓乃韩非说秦王者。文中乐毅破齐、赵，破长平诸事，皆在张仪死后，他人所托名可能性很大。

充满了对秦王有实力却无法实现霸业的惋惜之情,如果有更动情之处,张仪或许还要落泪。因为,他发誓,要誓死效忠秦王的大业。

恢宏的气势、崇高的激励、明晰的条理、情理的交融,加之密集的修辞,使得通篇一千八百字的说辞精彩纷呈,引人入胜。例如最后一节:"臣昧死望见大王,言所以举破天下之从,举赵,亡韩,臣荆,亲齐燕,以成伯王之名,朝四邻诸侯之道。大王试听其说,一举而天下之从不破,赵不举,韩不亡,荆魏不臣,齐燕不亲,伯王之名不成,四邻诸侯不朝,大王斩臣以徇于国,以主为谋不忠者。"既总结全篇,又呼应开头:"臣闻之,弗知而言为不智,知而不言为不忠。为人臣不忠当死,言不审亦当死。虽然,臣愿悉言所闻,大王裁其罪。"主旨即尽忠竭智。具体结果就是破纵、称王、朝诸侯,否则,就请"大王斩臣以徇于国,以主为谋不忠者"。这里又用了排比兼对比的修辞,既气势充沛,又对比鲜明。同时总括全篇,呼应开头。总之,张仪这篇说秦王的长篇说辞,可与苏秦说赵篇(《战国策·赵二·苏秦从燕之赵始合从》)媲美。而其大量修辞如排比、层递、反复、对偶、顶针、呼应、警句、引用、总分、对比等的错综使用,大大增强了演说语言的艺术性、感染力。从语言艺术的角度看,堪称不可多得的传世精品。

就这样,张仪于秦惠文君九年(前329年)由赵国西入秦国,凭借超群出众的才智,尤其是势如破竹的口才,被秦王任为客卿,筹划连横兼并战略。次年,秦国开始设置相位,称相邦或相国,张仪出任此职,为秦国首任相国,位居百官之首,参与军政要务及外交活动。从此开始了他的政治、外交和军事生涯。

第三节 兵诡道 诈魏降将

张仪拜相后,积极为秦国出谋划策。他推出远交近攻方略,即以东方的三晋尤其魏国为主攻方向,同时伺机攻击东南方的楚国。秦惠王深以为然。

于是张仪先采用连横术迫使韩、魏太子来秦朝拜,并与公子华(桑)攻取魏国蒲阳(山西隰县)。他略施小惠,又游说魏惠王,不用一兵一卒,使得魏国把上郡十五县，包括少梁（今陕西韩城南）一起献给秦国。秦惠文君十三年（前325年），张仪又率军攻取魏国的陕县（河南陕县）。这样，黄河天险为秦所占有。随着秦国威势的不断增长，张仪辅佐秦惠文君于同年称王，秦国国势日益强盛。

握有权柄的纵横家张仪，以强秦为后盾，尽情挥洒其舌辩口才，所向披靡，无坚不摧。请看他如何在秦国的威力下，拿捏强盛的近邻魏国的。

首先，张仪毕竟是具有远见、富有智慧的人，他预测事情的未来发展几乎都能与事实吻合。这些都建立在他对事理的正确认知和判断上。

楚攻魏。张仪谓秦王曰："不如与魏以劲之，魏战胜，复听于秦，必入西河之外；不胜，魏不能守，王必取之。"

王用仪言，取皮氏卒万人，车百乘，以与魏。犀首战胜威王，魏兵罢弊，恐畏秦，果献西河之外。（《战国策·秦一·楚攻魏张仪谓秦王》）

楚威王攻打魏国，张仪对秦惠王说："您不如帮助魏国，以便强化魏国的势力。假如魏国能战胜，从此就会更加听命于秦，一定送来西河之外的土地；假如魏战败，那魏国就不能守住边塞，大王就可以将魏国河西之地夺取过来。"

于是秦王就采纳张仪的献策，调派皮氏之军一万人和战车一百辆，支援给魏将公孙衍。结果魏国战胜了楚威王的军队。果然，得胜的魏军已是疲惫不堪，害怕秦国，就果真把西河之外的地方献给了秦国。

说服他人的根本还在于打消对方的各种疑虑。要将事情的各种可能性都讲出来，如果各种可能性都是有利于你的观点，那么对方就不得不对你心悦诚服。魏国是张仪破解六国合纵战略的重要一环。在张仪说秦王的战略构想中，他对六国是区别对待的，"举破天下之从，举赵，亡韩，臣荆魏，亲齐燕，以成伯王之业，朝四邻诸侯"，简言之，即在远交近攻中臣服各国。即对不远不近的魏国和楚国，采取或打或亲威逼屈服的策略。他与秦王想方设法"相魏以为秦，欲令魏先事秦而诸侯效之"（《史记·张仪列传》）。所以，正如苏秦合纵以赵为关键，张仪连横以魏为突破口。

为秦国相魏连横破纵，当然引起其他诸侯的警觉与反制，请看张仪是如何化险为夷的。机警过人的张仪时常处于风口浪尖，便也经常有危在旦夕的时候。这次幸得富有谋略、能言善辩的雍沮的举手之劳，才化解了危机。外交家不便亲自言说时，借用他人的口舌，为自己舌辩克敌，不失为高明之举。

> 张子仪以秦相魏，齐、楚怒而欲攻魏。雍沮谓张子曰："魏之所以相公者，以公相则国家安，而百姓无患。今公相而魏受兵，是魏计过也。齐、楚攻魏，公必危矣。"张子曰："然则奈何？"雍沮曰："请令齐、楚解攻。"
>
> 雍沮谓齐、楚之君曰："王亦闻张仪之约秦王乎？曰：'王若相仪于魏，齐、楚恶仪，必攻魏。魏战而胜，是齐、楚之兵折，而仪固得魏矣；若不胜，魏必事秦以持其国，必割地以赂王。若欲复攻，其敝不足以应秦。'此仪之所以与秦王阴相结也。今仪相魏而攻之，是使仪之计当与秦也，非所以穷仪之道也。"齐、楚之王曰："善。"乃遽解攻于魏。

（《战国策·魏一·张子仪以秦相魏》）

张仪凭借秦国的强大势力在魏国任相国，齐、楚两国当然很气愤，就想攻打魏国，以示反对。魏人雍沮对张仪说："魏国之所以让您做相国，是以为您做相国魏国可以安宁，百姓免除战争的患难。如今您身为相国，魏国却遭受兵祸，这说明魏国的想法错了。倘若齐楚进攻魏国，您的处境就危险了。"张仪说："既然这样，那该怎么办呢？"雍沮说："请让我去劝说齐楚两国放弃攻魏。"

于是雍沮去对齐楚的君主说："大王可曾听说张仪和秦惠王订密约的事吗？张仪说：'大王如果能让我到魏国做国相，齐楚恨我，必定攻打魏国。若是魏国战胜了，齐楚两国的兵力就会遭受损失，我就可顺理成章稳坐魏相；若是魏国战败，魏国一定死心塌地地投靠秦国来保全自己的国家，必然割地献给大王。齐楚两国如果再想进攻魏国，它们已十分疲惫，怎么能与强秦周旋呢。'这就是张仪和秦王暗中密谋的计策。现在你们去攻打魏国，会促使张仪的计谋实现，而不是困厄张仪的办法。"齐楚两国的君主都说："对啊！"于是立即停止进攻魏国。

　　这一次，张仪利用雍沮解救了自己，雍沮充分利用了齐楚两国对张仪和秦国的仇恨，让它们误以为行使计谋会陷进圈套，又告知对方这样的计划非但达成不了目的，反而会帮倒忙，于是齐楚就会放弃攻魏迫仪的计划，从而挫败了敌方的原来有害于己方的谋划。这就是"将计就计"的谋略。谋略家们想得深、看得远，料事如神，经常指出各种事情的错综关系和隐藏的结果。你如果能经常在事情之初就判断它的结果的多种可能性，那么你的预见能力和说服能力就会大大加强。

　　当然，张仪相魏的目的就是为了最终说服魏王事秦，这里我们可以将此前苏秦劝魏王的说辞拿来对照。张仪与苏秦面对同一个游说对象魏襄王，针锋相对，指斥对方的卑污，渲染自己主张的好处。这实际上是战国时代另一个刀光剑影的战场，一些兵戈战争其实早已在论辩中决出了胜负。

　　这是秦惠王三年（前322年），针对魏齐的联合抗秦，为了秦国的利益，张仪去魏国担任国相，打算使魏国首先臣事秦国而让其他诸侯效法，从而打破合纵战略联盟。秦惠王七年（前318年），受到张仪排挤而由秦入魏的新任魏相公孙衍，排挤张仪，发动韩国、赵国、魏国、燕国、齐国等，率领匈奴人一起"合纵"进攻秦国，以楚怀王为纵约长。秦国予以还击，打败了韩国申差的部队，杀死了八万官兵，诸侯震惊慌恐。

　　而张仪复说魏王。

　　　张仪为秦连横，说魏王曰：魏地方不至千里，卒不过三十万人。地四平，诸侯四通，条达辐凑，无有名山大川之阻。从郑至梁，不过百里；从陈至梁，二百余里。马驰人趋，不待倦而至梁。南与楚境，西与韩境，北与赵境，东与齐境，卒戍四方，守亭障者参列。粟粮漕庾，不下十万。魏之地势，故战场也。魏南与楚而不与齐，则齐攻其东；东与齐而不与赵，则赵攻其北；不合于韩，则韩攻其西；不亲于楚，则楚攻其南。此所谓四分五裂之道也。（《战国策·魏一·张仪为秦连横说魏王》）

　　张仪为秦国连横之事，去游说魏襄王说："魏国的领土方圆不足千里，士兵不超过三十万人。四周地势平坦，与四方诸侯交通畅通无阻，犹如车轮辐条都集聚在车轴上一般，更没有高山深川的阻隔。从郑国到魏国，不过百余里；从陈国到魏国，也只有二百余里。人奔马跑，等不到疲倦就到达魏国了。南边与楚国接壤，西边是韩国，北边是赵国，东边与齐国相邻，魏国士兵要守卫四方边界。守境的亭侯和屏障接连排列。经营运粮的河道和储米的粮仓，就不少于十万之众。魏国的地势，原本就是无险可守的战地。如果魏国向南亲近楚国而不亲近齐国，那齐国就会进攻你们的东面；向东亲附齐国而不亲附赵国，那赵国就会进攻你们北面；不与韩国联合，那么韩国就会攻打你们西面；不和楚国亲善，那南面就会危险了。这就是人们所说的四分五裂的地理位置。"

这是第一段，用危言耸听的语言，阐述魏国险恶的地势，处于东西南北齐韩楚赵诸强包围之中，"魏之地势，故战场也"。那么，出路何在呢？合纵？

　　　　且夫诸侯之为从者，以安社稷、尊主、强兵、显名也。合从者，一
　　　　天下，约为兄弟，刑白马以盟于洹水之上，以相坚也。夫亲昆弟，同父
　　　　母，尚有争钱财。而欲恃诈伪反覆苏秦之余谋，其不可以成亦明矣。
（《战国策·魏一·张仪为秦连横说魏王》）

"再说诸侯组织合纵阵线，说是为了使社稷安定，君主尊贵，兵力强大，名声显赫。现在合纵的国家想要联合诸侯，结为兄弟，在洹水之滨宰杀白马，歃血为盟，以示坚守信约。然而同一父母所生的亲兄弟，尚且还有争夺钱财的。而您却想依靠欺诈虚伪、反复无常、已被车裂处死的苏秦所残留的计策，这显然绝不可能成功。"

这是第二段，言合纵只是天方夜谭。将一盘散沙，怎么能够攥成一个拳头？亲兄弟，同父母，尚要争夺财产。那么，魏国到底该怎么办呢？

　　　　大王不事秦，秦下兵攻河外，拔卷、衍、燕、酸枣，劫卫取晋阳，
　　　　则赵不南；赵不南，则魏不北；魏不北，则从道绝；从道绝，则大王之
　　　　国欲求无危，不可得也。秦挟韩而攻魏，韩劫于秦，不敢不听。秦韩为
　　　　一国，魏之亡可立而须也，此臣之所以为大王患也。为大王计，莫如事
　　　　秦，事秦则楚韩必不敢动；无楚韩之患，则大王高枕而卧，国必无

忧矣。

  且夫秦之所欲弱莫如楚，而能弱楚者莫若魏。楚虽有富大之名，其实空虚；其卒虽众，多言而轻走，易北，不敢坚战。魏之兵南面而伐，胜楚必矣。夫亏楚而益魏，攻楚而适秦，内嫁祸安国，此善事也。大王不听臣，秦甲出而东，虽欲事秦而不可得也。（《战国策·魏一·张仪为秦连横说魏王》）

"如果大王不臣服于秦国，秦国将发兵进攻河外，占领卷、衍、南燕、酸枣等地，胁迫卫国夺取晋阳，那么赵国就不能南下支援魏国；赵国不能南下，那么魏国也就不能北上联合赵国；魏国不能联络赵国，那么合纵的通道就断绝了。合纵的通道一断，那么大王的国家再想不危险就不可能了。再有，秦国若是挟制韩国来攻打魏国，韩国迫于秦国的压力，一定不敢不从。秦韩结为一体，那魏国灭亡之期就不远了。这就是我为大王担心的原因。替大王考虑，不如归顺秦国，归顺了秦国，那么楚韩必定不敢轻举妄动；没了楚韩的侵扰，大王就可以高枕无忧了，国家也一定不会有忧患了。

"再说，秦国想要削弱的莫过于楚国，而能抑制楚国的又莫不过魏国。楚国虽然有富足强大的名声，但实际上空虚得很；它的士兵虽然众多，但大多容易逃跑败退，不敢打硬仗；如果出动魏国军队向南讨伐，必定能战胜楚国。这样看来，让楚国吃亏而魏国得到好处，攻打楚国取悦秦国，把灾祸转嫁给别人，安定自己的国家，这可是件大好事啊。大王如果不听我的意见，秦兵向东出击，您即使想归顺秦国也为时已晚了。"

第三段，魏国事秦与否，利弊分明。秦国的主攻方向在于貌似强大的楚国，魏秦联手，胜楚亲秦益魏，大可高枕而卧。否则后悔不及。

  且夫从人多奋辞而寡可信，说一诸侯之王，出而乘其车；约一国而反，成而封侯之基。是故天下之游士，莫不日夜搤腕瞋目切齿以言从之便，以说人主。人主览其辞，牵其说，恶得无眩哉？臣闻积羽沉舟，群轻折轴，众口铄金，故愿大王之熟计之也。（《战国策·魏一·张仪为秦连横说魏王》）

"而且主张合纵的人都夸大其词、不可信赖，他们游说了一个君主，出

68

来就乘坐那个君主赏赐给他的车子，联合一个诸侯成功返回故国，他就有了封侯的资本。所以天下游说之士，没有不每天都捏着手腕，瞪着眼睛，咬牙切齿地高谈阔论合纵的好处，以博得君王的欢心和丰厚的赏赐。君王们接受他们的巧辩，被他们的空话牵动，怎能不头昏目眩呢？我听说羽毛多了也可以压沉船只，毫毛多了也可以压断车轴，众口一词也足以熔化金属，所以请大王仔细考虑这个问题。"

第四段，补充说明那些鼓惑合纵的游士说客，唯利是图，夸大其词，绝不可信。积羽沉舟，群轻折轴，众口铄金。请大王明辨审视，择善而从。

总之，这篇对魏王的说辞，由魏国地势的平坦难守，到合纵的不可能成立，到事秦与否的利弊，再到言合纵者的不诚不信，指示了魏国的出路，就是摒弃合纵，一心事秦。合情合理，威逼利诱，于是魏王恭恭敬敬地接受计策。

魏王曰："寡人蠢愚，前计失之。请称东藩，筑帝宫，受冠带，祠春秋，效河外。"（《战国策·魏一·张仪为秦连横说魏王》）

魏王说："我太愚蠢，以前的策略错了。我愿意做秦国东方的藩臣，给秦王修建行宫，接受秦国的封赏，春秋两季贡献祭品，并献上河外的土地。"

合纵的核心堡垒，就这样被张仪一口瓦解了。

张仪的连横游说向来以武力威胁为后盾，大肆渲染秦国武力威胁的严重后果，让弱国的国君胆战心惊，俯首称臣。如果说苏秦是在进行鼓舞六国斗志的工作，那么张仪就在从事瓦解斗志的工作。这次张仪相魏，同时配合他的游说，秦国当然也少不了不时敲打魏国，软硬兼施，终于迫其就范。

同是一个魏国，在苏秦看来既有地缘优势，又实力雄厚，足以与秦国抗衡；而在张仪口中却变得势单力薄，地理上也处于四分五裂的位置，唯有侍奉秦国，别无出路。语言对事实的改变、颠倒作用如此巨大，以致魏王左右摇摆、无所适从。同是合纵，在苏秦看来必能形成抗衡秦国的联盟和战略，在张仪看来由于利益不同、人心不合，终究会成为一盘散沙。历史的发展似乎证明了张仪的洞见，但无论胜败，苏秦和张仪的雄辩都值得千古传诵、仔细研读。

就这样，处于中原要冲的魏国忽而合纵，忽而连横，在苏秦、张仪的合纵连横战略的夹击下，不得不左右摇摆，最终在强秦的威逼攻击和张仪的恐吓讹诈下，屈服秦国。《史记》的记载是这样的，"哀王于是乃倍（背）从（纵）约而因仪请成于秦。张仪归，复相秦。三岁而魏复背秦为从。秦攻魏，取曲沃。明年，魏复事秦。"（《史记·张仪列传》）合纵阵线，在轴心国魏国的左右摇摆之下，渐渐显现裂隙和破解之迹。

第四节　借代言　欺楚弱楚

楚国自春秋以来一直雄踞南方，世为强国。楚悼王任用吴起变法，国力跃升，与秦、齐鼎足而立。五国合纵攻秦，楚为纵长。秦欲东进，吞并三晋，进而与齐争霸中原，侧背的楚国是其腹心之患。这时，韩魏已经屈服于秦，齐楚也建立联盟，展开全面出击。更元十二年（前313年）秦惠王想攻伐实力雄厚而又处处为对的强齐，但忧虑齐楚已结成咄咄逼人的联盟，便派张仪入楚游说楚怀王，实施欺楚、弱楚、解盟的计谋。① 张仪利诱楚怀王说："楚诚能绝齐，秦愿献商於之地六百里。"楚怀王听信此言，与齐断绝关系，并派人入秦受地，张仪却对楚使说："仪与王约六里，不闻六百里。"楚国的使臣回报怀王，楚怀王一怒之下，兴兵伐秦。秦惠文王更元十三年（前312年）秦兵大败楚军于丹阳（今豫西南丹水之北），虏楚将屈匄等，攻占了楚国的汉中，取地六百里，置汉中郡（今陕西汉中东）。这样秦国的巴蜀与汉中连成一片，既排除了楚国对秦国本土的威胁，也使秦国的疆土更加扩大，国力更加强盛。于此，张仪功不可没。

那他是如何做到的呢？

禅宗有言："以手指月，指并非月。"手指头是认识月亮的手段而非月亮，而人的语言等媒介当然也不是事实本身。但在一个信息不畅、媒介有限

_____

① 吴如嵩，黄朴民，任力，等. 中国军事通史·战国军事史［M］. 北京：军事科学出版社，1998：212－216.

的世界里，媒介就垄断性地决定了事实真相，以致手指即月了。张仪便是秦国的手指，秦惠王的手指。

反观楚国，"计失而听过"，一错再错。"计者，事之本也；听者，存亡之机也。计失而听过，能有国者寡也。"（《战国策·秦二·楚绝齐齐举兵伐楚》）有关国家和个人的重大决策是十分重要和关键的，一步走错，谬以千里。如果没有采纳有关国家存亡的关键大计而导致重大决策失误，那么国破家亡也就难以避免了。楚怀王是战国有名的昏君，正是他，使本可以与秦国分庭抗礼的楚国一步步走向了衰落乃至灭亡。

> 齐助楚攻秦，取曲沃。其后，秦欲伐齐，齐楚之交善，惠王患之，谓张仪曰："吾欲伐齐，齐楚方欢，子为寡人虑之，奈何？"张仪曰："王其为臣约车并币，臣请试之。"
>
> 张仪南见楚王，曰："弊邑之王所说甚者，无大大王；唯仪之所甚愿为臣者，亦无大大王。弊邑之王所甚憎者，无先齐王；唯仪甚憎者，亦无大齐王。今齐王之罪，其于弊邑之王甚厚，弊邑欲伐之，而大国与之欢，是以弊邑之王不得事令，而仪不得为臣也。大王苟能闭关绝齐，臣请使秦王献商於之地，方六百里。若此，齐必弱，齐弱则必为王役矣。则是北弱齐，西德于秦，而私商於之地以为利也，则此一计而三利俱至。"（《战国策·秦二·齐助楚攻秦》）

于是张仪去南方楚国拜见楚怀王，说："敝国的国王最敬重的人莫过于大王了，我做臣子的，也莫过于希望给大王您做臣子；敝国的国王所最痛恨的君主莫过于齐国国王，而臣张仪最憎恨的君主也莫过于齐王。现在齐国的罪恶，对秦王来说是最严重的，不共戴天。因此秦国才准备发兵征讨齐国，无奈贵国跟齐国缔结有军事攻守同盟，以致使敝国的国王无法好好侍奉大王，同时也不能使臣张仪做大王的忠臣。然而，如果大王能对齐国关起国门，跟它断绝邦交，那么，臣请求让秦王献上方圆六百里的商於之地。如此一来，齐就丧失了后援，而必定走向衰弱；齐走向衰弱以后，就必然听从大王的号令与调遣。由此看来，大王如果能这样做，楚国不但在北面削弱了齐国的势力，而又在西南对秦国施有恩惠，同时还获得了商於六百里的土地，这真是一举三得的上策。"

楚王大悦，宣言之于朝廷，曰："不谷得商於之田，方六百里。"群臣闻见者毕贺，陈轸后见，独不贺。商於之地紧靠秦楚战略要隘武关，秦国不请而送，楚国是求之不得，故楚怀王一听，大为高兴，就得意扬扬地赶紧在朝廷上宣布："寡人已经从秦国得到商於六百里土地！"群臣听了怀王的宣布，都争先恐后一致道贺，唯独客卿陈轸最后晋见，而且根本不向怀王道贺，反而哭丧起来。这时怀王就很诧异地问："寡人不发一卒，不伤一人，就得到商於六百里地，寡人认为这是一次外交上的重大胜利，朝中文武百官都向寡人道贺，偏只有贤卿一人不道贺，请问，这是为什么呢？"陈轸不慌不忙地回答说："因为我认为，大王不但得不到商於六百里的土地，反而会招来祸患，所以臣不敢向大王道贺。"怀王问："什么道理呢？"陈轸沉稳地回答说："秦王所以重视大王的原因，是因为大王你有齐国这样一个强大的盟邦。可是，如今秦国还没把地割给大王，大王就急急忙忙先跟齐国断绝邦交，如此就会使我们楚国陷于孤立无援的境地，秦国又怎会重视一个孤立无援的国家呢？何况如果先让秦国割让土地，楚国再来跟齐断绝邦交，秦国必不肯这样做；要是楚国先跟齐国断交，然后再向秦要求割让土地，那么必然遭到张仪欺骗而得不到土地。受了张仪的欺骗，那么，大王必然懊悔万分；结果是西面惹出秦国的祸患，北面切断了齐国的后援，这样秦齐两国的大军都将进攻楚国来了。"楚王还是不听从，一意孤行地说："我的事已经办妥当了，你就闭口，不要再多嘴，你就等待寡人的好消息吧！"于是怀王就派使者前往齐国，宣布跟齐断绝邦交，还没等派出绝交的使者回来，楚王竟急着第二次派人去与齐国绝交。

> 张仪反，秦使人使齐，齐秦之交阴合。楚因使一将军受地于秦。张仪至，称病不朝。楚王曰："张子以寡人不绝齐乎？"乃使勇士往詈齐王。张仪知楚绝齐也，乃出见使者曰："从某至某，广从六里。"使者曰："臣闻六百里，不闻六里。"仪曰："仪固以小人，安得六百里？"使者反报楚王，楚王大怒，欲兴师伐秦。陈轸曰："臣可以言乎？"王曰："可矣。"轸曰："伐秦非计也，王不如因而赂之一名都，与之伐齐，是

我亡于秦而取偿于齐也。楚国不尚全事。王今已绝齐，而责欺于秦，是吾合齐秦之交也，固必大伤。"

楚王不听，遂举兵伐秦。秦与齐合，韩氏从之。楚兵大败于杜陵。故楚之土壤士民非削弱，仅以救亡者，计失于陈轸，过听于张仪。（《战国策·秦二·齐助楚攻秦》）

张仪回到秦国之后，秦王就赶紧暗中秘密派使者前往齐国进行游说疏通关系，不久，秦齐的盟约暗中缔结成功。果然不出陈轸所料，当楚国一名将军去秦国接收土地时，张仪为了躲避楚国的索土使臣，竟然装病不朝。楚怀王费解地说："张仪以为寡人不愿真心跟齐国断交吗？"于是楚怀王就派了一名勇士辗转前去齐国，痛骂齐王。张仪在证实楚齐确实彻底断交以后，才勉强出来接见楚国的索地使臣，说："敝人准备赠送本人的属地，是从这里到那里，方圆总共是六里。"楚国使者很惊讶地说："臣只听说是六百里，却没有听说是六里。"张仪赶紧郑重其事地巧辩说："我张仪在秦国只不过是一个微不足道的小官，哪里有六百里奉送呢？"

楚国使节回国报告楚怀王，怀王勃然大怒，就准备立刻发兵去攻打秦国。这时陈轸走到楚王面前表示："请问大王，我现在可以说话了吗？"怀王很不情愿地说："可以。"于是陈轸就很激动地说："楚国急匆匆发兵去攻打秦国，绝对不是一个好办法。大王实在不如趁此机会，不但不向秦国要求商於六百里土地，反而再送给秦国一个大都市，目的是跟秦联兵伐齐，这样一来，或许可以把损失在秦国手里的再从齐国夺回来，这不就等于楚国安然无恙，没有什么损失了吗？大王既然已经跟齐国绝交，现在又去责备秦国的失信，岂不是等于在加强秦齐两国的邦交吗，这样的话，楚国必将遭受大害！"

可惜楚怀王仍然没有采纳陈轸的忠谏，而是照自己愤怒的计划，发兵北上攻打秦国。秦齐两国组成联合阵线，同时韩国也加入了这一军事同盟，结果楚军被三国联军在杜陵打得惨败。这就是公元前 312 年的秦楚丹阳（今河南丹水北）之战。秦俘楚将屈匄及副将等七十余人，斩首八万，占取楚战略要地汉中郡。秦汉中与巴蜀得以连成一片，为以后沿汉水攻楚创造了有利条件。于是，老羞成怒的楚怀王一不做二不休，举全国之力，又发动秦楚蓝田

（今陕西蓝田县）之战，一直攻入秦国境内的纵深之地。秦军发动决战，楚军大败。韩国、魏国趁楚失败的机会，出兵攻楚，至邓（今湖北襄樊北）。楚军腹背受敌，不得已割让两城与秦讲和。张仪的连横，以拆散齐楚联盟，夺取汉中之地，重创楚军而大告成功。不仅如此，楚国还丧失了在秦、齐、楚三角格局中的有利位置，后来陷入秦、齐两强之间，东西受敌，遭受轮番打击的被动屈辱地步。① 可见，楚国的土地并非不辽阔，而人民也并非比其他诸侯国软弱，但是之所以会弄得几乎要亡国的惨境，就是由于怀王没有采纳陈轸的忠实良言，而是听信了张仪诡诈游说的缘故。

你看，张仪这次充当了一次"国际"骗子，把楚怀王骗得既失去了友邦，又丢失了土地，更丧失了颜面。然而国家之间往往是非道德的，绝不像人与人之间温良恭谨让，国家之间暴力、诡诈经常使用，一切践踏道德的举动在国家利益这个大前提下获得了正当性和正义性。像意大利政治学者马基亚维利，他最先将政治从世俗道德中脱离出来，第一次让世人明白：政治中自有道德，但绝不是人与人之间的日常情理。我们不能指责张仪，只能怪楚怀王政治上的幼稚和愚昧。齐楚本为联盟，并且一起攻打过秦国。这时，秦欲伐齐，遂派张仪去离间齐楚的联盟关系。而楚怀王是一位目光短浅、见利忘义和昏庸愚蠢的国君。张仪是一位游说技巧高超的策士。陈轸则是一位有先见之明、洞察各国之间政治形势，并识破了张仪政治阴谋的大臣，但他提出的赂秦损齐的计策，对齐国又是很不道义的。所以，这几位人物，从传统上和整体上看都无道义和正义性可言。这是战国时代诸侯之间相互倾轧，统治阶级相互出卖的真实写照。②

从另一角度来反观张仪之所以能将楚怀王玩弄于股掌之间，说服一国之君就像哄小孩一样，关键在于他已经揣摩到楚怀王的欲望、眼光、意志及智力的多寡和大小了。楚怀王不知道张仪分化瓦解之计，图谋几句空口的承诺，就自剪羽翼和自弃依靠，而且不听智者的存亡忠告，其智力的低下让人

---

① 吴如嵩，黄朴民，任力，等. 中国军事通史·战国军事史［M］. 北京：军事科学出版社，1998：212－216.

② 刘向. 历代名著精选集·战国策［M］. 李德山，石磊，评注. 南京：凤凰出版社，2009.

吃惊，但是想想巧舌如簧的张仪对他的利诱，就知道原来是利令智昏！愚昧的根源在于心贪，小小的利益就可以把他诱惑得连盟友都出卖了。因此，要想说服对方，先要做好揣摩对方的功夫，然后对症下药、以明显的利益诱惑之，如此就能在说服他人的过程中始终占主动、控制的地位。反之，在他人打算给你明显的利益时，你也一定要好好地分析一下，对方到底要得到什么，其后果意味着什么？

却说秦王派张仪使计欺骗怀王，楚王怒而起兵攻秦，却落得兵败地失。一年后，秦惠王十四年（前311年），秦欲与楚讲和，想使刚占有的巴蜀与楚国的黔中郡连成一片，进而可以由西南方包围楚国，便提出用商於之地换取楚国黔中之地。黔中郡是楚国腹地的一片广阔地域，辖境包括今湖南沅水流域、澧水流域，湖北清江流域，四川黔江流域和贵州东北部地区。战略地位极为重要。而楚王对张仪早已恨之入骨，他的答复是："不愿易地，愿得张仪而献黔中地。"只要得到张仪并亲自诛之，愿将黔中之地奉送。于是有了这段楚怀王拘张仪的惊险一幕。

> 秦要楚欲得黔中地，欲以武关外易之。楚王曰："不愿易地，愿得张仪而献黔中地。"秦王欲遣之，口弗忍言。张仪乃请行。惠王曰："彼楚王怒子之负以商於之地，是且甘心于子。"张仪曰："秦强楚弱，臣善靳尚，尚得事楚夫人郑袖，袖所言皆从。且臣奉王之节使楚，楚何敢加诛。假令诛臣而为秦得黔中之地，臣之上愿。"遂使楚。楚怀王至则囚张仪，将杀之。（《史记·张仪列传》）

秦国又要挟楚国，一心想得到黔中一带的地方，说是要用武关以外的土地来交换。楚王咬牙切齿地说："我不愿意交换土地，只要得到张仪，愿献出黔中地区。"秦王很想遣送张仪公关，又不忍开口说出来。张仪却主动请求前往。惠王说："那楚王恼恨先生背弃奉送商於土地的承诺，他存心要报复您。"张仪说："秦国强大，楚国弱小，我和楚国大夫靳尚关系亲善，靳尚能够去奉承楚国夫人郑袖，而郑袖的话楚王是全部听从的。况且我是奉大王的命令出使楚国的，楚王怎么敢杀我。假如杀死我而替秦国取得黔中的土地，这也是我的最高愿望。"于是，他出使楚国。楚怀王等张仪一到就把他囚禁起来，要杀掉他。眼看张仪凶多吉少，有去无回了。

其实，张仪对楚国君臣的个性特征早有洞察入微的把握。他自有深入虎穴，虎口拔牙的锦囊妙计。

却说，在张仪早年游说楚怀王不得志时，他就曾利用楚国宫中大王与宠妃的微妙关系而两边获利，从而一举摆脱了当时资金匮乏，人才流失的窘境。

你看，纵横家也有缺钱的时候，但他们挣钱的方式不像我们这样辛苦，他们仅仅凭着一张利嘴，就可以拿到足够多的资金，犹如探囊取物，唾手可得。

> 张仪之楚，贫。舍人怒而归。张仪曰："子必以衣冠之敝，故欲归。子待我为子见楚王。"当是之时，南后、郑袖贵于楚。
>
> 张子见楚王，楚王不说。张子曰："王无所用臣，臣请北见晋君。"楚王曰："诺。"张子曰："王无求于晋国乎？"王曰："黄金珠玑犀象出于楚，寡人无求于晋国。"张子曰："王徒不好色耳？"王曰："何也？"张子曰："彼郑、周之女，粉白墨黑，立于衢间，非知而见之者，以为神。"楚王曰："楚，僻陋之国也，未尝见中国之女如此其美也。寡人之独何为不好色也？"乃资之以珠玉。
>
> 南后、郑袖闻之大恐。令人谓张子曰："妾闻将军之晋国，偶有金千斤，进之左右，以供刍秣。"郑袖亦以金五百斤。
>
> 张子辞楚王曰："天下关闭不通，未知见日也，愿王赐之觞。"王曰："诺。"乃觞之。张子中饮，再拜而请曰："非有他人于此也，愿王召所便习而觞之。"王曰："诺。"乃召南后、郑袖而觞之。张子再拜而请曰："仪有死罪于大王。"王曰："何也？"曰："仪行天下遍矣，未尝见人如此其美也。而仪言得美人，是欺王也。"王曰："子释之。吾固以为天下莫若是两人也。"（《战国策·楚三·张仪之楚贫》）

张仪来到楚国游说不得志，处境贫困，他的随从快快不乐，想要离去。张仪说："你们一定是因为衣冠破烂，才要回去吧。你等着，让我替你去拜见楚王。"在这时，南后和郑袖很受楚王宠爱，在楚国地位尊贵。

　　张仪前去拜见楚怀王，楚王不高兴。张仪说："大王不用我，我就到北方去见晋君。"楚王说："好吧！"张仪说："难道大王对晋国没有什么要求吗？"楚王说："黄金、珍珠、玑珠、犀革、象牙都出自楚国，我对晋国没有什么要求。"张仪说："大王不好女色吗？"楚王说："什么意思？"张仪说："那郑国和周国（韩国属国）的女子，打扮得十分漂亮，站在大街巷口，如果不知道，初次碰见她的还以为是仙女下凡。"楚王说："楚国是一个偏僻的国家，从来没有见过中原的女子这样美丽的，我怎么就不好美色了呢？"于是慷慨赠送给张仪珍珠、玉器。

　　南后和郑袖闻听此事，大为惊恐，就急急忙忙派人对张仪说："我们听说将军要到晋国去，我这里有金千斤，送给您作为饲马的草料费吧。"郑袖也给了张仪金五百斤。

　　张仪辞别楚王，说："诸侯相互阻隔，道路不通，不知何时能再见到大王，希望能与大王饮酒作别。"楚王说："很好。"于是设宴与张仪对饮。酒至半酣，张仪一拜再拜，请求说："这里没有外人，希望大王邀集左右亲近一块畅饮。"楚王说："好。"于是找来南后和郑袖，一起饮酒，载歌载舞。张仪一见两个美人，就再拜请罪，说："我对大王犯有死罪。"楚王说："这是为什么？"张仪说："我走遍天下，从来没有见过像南后、郑袖二位这样的美人，我却说要为您找美人，这简直是欺骗大王啊！"楚王说："您就不必挂心了。我本来就认为天下的美女谁也比不上这两人。"

　　像张仪这样聪明的人实际上早就掌握了楚怀王的特性与嗜好，所以抛下钓语"王徒不好色耳"，以此打动楚王贪婪的心，使其对自己有所求也，最后又以"实在没有见到过像南后、郑袖般的美人"的话，既满足了楚王的虚荣心、打消了其寻美的念头，又实现了南后、郑袖所要求的结果，没有欺骗，又白得了金钱，这样一个完满的大结局何乐而不为呢？

　　三言两语，解决资金匮乏，而且是国王、王后相送，这在叱咤风云的纵横家张仪的游说生涯中，可谓小菜一碟。但是，我们完全可以以小见大，管中窥豹。泱泱大国的楚国，本也是人才济济。可是，楚王对美人的兴趣，大大超过了对贤才的渴望。这个国家的人才不得其用，许多策士来到楚国都无功而返，张仪是这样，陈轸也差不多，惠施到楚国，也是怏怏而去。楚王重色思倾国，宫中愈加争风吃醋。张仪看准了这样的国君气量，这样的宫闱内情，所以，他能够拿捏人的心理，堪称一流。他是在"色"字上做足了文章。楚王因其好色，故而动求色之念，有赐金之举；南后、郑袖是"色"而惧色。因其惧色，故而阻挠求色之事，亦有赐金之举。由于楚王之愚与美人之私，张仪纤力不举，获金无限；觞咏之间，去祸无形，也足称大智之人了。①

张仪得罪了不少国家，所以经常有生命危险，但是他能够施用计谋、化险为夷。这次欺骗了楚王与齐绝交，致使楚国兵挫地削，恼羞成怒的楚怀王发誓，不惜一切，非亲手杀死不能解除心头之恨。明知山有虎，偏向虎山行。这一次，张仪只利用楚王宠妃郑袖的女性心理又一次轻易达到了化险为夷的目的。

> 楚怀王拘张仪，将欲杀之。靳尚为仪谓楚王曰："拘张仪，秦王必怒。天下见楚之无秦也，楚必轻矣。"又谓王之幸夫人郑袖曰："子亦自知且贱于王乎？"郑袖曰："何也？"尚曰："张仪者，秦王之忠信有功臣也。今楚拘之，秦王欲出之。秦王有爱女而美，又简择宫中佳丽好玩习音者，以欢从之；资之金玉宝器，奉以上庸六县为汤沐邑，欲因张仪内之楚王。楚王必爱，秦女依强秦以为重，挟宝地以为资，势为王妻以临于楚。王惑于虞乐，必厚尊敬亲爱之而忘子，子益贱而日疏矣。"郑袖曰："愿委之于公，为之奈何？"曰："子何不急言王，出张子。张子得出，德子无已时，秦女必不来，而秦必重子。子内擅楚之贵，外结秦之交，畜张子以为用，子之子孙必为楚太子矣，此非布衣之利也。"郑袖遽说楚王出张子。（《战国策·楚二·楚怀王拘张仪》）

楚怀王囚禁张仪，准备杀了他。这时怀王的佞臣靳尚对怀王说："君王把张仪拘禁下狱，秦王必定愤怒。天下诸侯一看楚国失去了盟邦秦国，楚国的地位就会低落。"接着靳尚又对怀王的宠妃郑袖说："你可知道，你马上要在君王面前失宠啦！"郑袖本是郑国能歌善舞的美女，为怀王的幸姬，她闻

---

①　田兆元，孟祥荣.战国策选评［M］.上海：上海古籍出版社，2005：46－50.

听威胁，忙警惕地说："为什么？"靳尚说："张仪是秦王有功的忠臣，现在楚国把他囚禁下狱了，秦国肯定不惜代价要楚国释放张仪。秦王有一个美丽的公主，同时又选择美貌机巧且懂音乐的宫女作陪嫁，为了使她高兴，秦王还要陪嫁各种金玉宝器，用上庸六县送给她作为享乐的费用，这次正想让张仪献给楚王为妻。君王必定很爱怜秦国公主，而秦国公主也仰仗强秦来抬高自己身价，同时更以珠宝土地为资本，四下活动，她势必会立为君王的妻子，到那时秦国公主就等于君临楚国，而君王每天都沉迷于享乐，必然忘记你，你被忘掉以后，那你被轻视疏远的日子就不远了。"

郑袖说："一切拜托您办理，我真不知道该怎么才好。"靳尚说："您为什么不赶快建议君王释放张仪。张仪如果能够获得释放，必然对您感激不尽，秦国的公主也就不会来了，那秦国必定会尊重您。您在国内有楚国的崇高地位，在国外结交秦国，并且留张仪供您驱使。您的子孙必然成为楚国太子，这绝对不是一般平民百姓的利益。"郑袖立刻就去说服楚怀王放了张仪。张仪既出，未去，闻苏秦死，乃说楚王曰：

秦地半天下，兵敌四国，被险带河，四塞以为固。虎贲之士百余万，车千乘，骑万匹，积粟如丘山。法令既明，士卒安难乐死，主明以严，将智以武，虽无出甲，席卷常山之险，必折天下之脊，天下有后服者先亡。且夫为从者，无以异于驱群羊而攻猛虎，虎之与羊不格明矣。今王不与猛虎而与群羊，臣窃以为大王之计过也。

凡天下强国，非秦而楚，非楚而秦，两国交争，其势不两立。大王不与秦，秦下甲据宜阳，韩之上地不通。下河东，取城皋，韩必入臣，梁则从风而动。秦攻楚之西，韩、梁攻其北，社稷安得无危？

且夫从者聚群弱而攻至强，不料敌而轻战，国贫而数举兵，危亡之术也。臣闻之，兵不如者勿与挑战，粟不如者勿与持久。夫从人饰辩虚辞，高主之节，言其利不言其害，卒有秦祸，无及为己，是故愿大王之孰计之。

秦西有巴蜀，大船积粟，起于汶山，浮江已下，至楚三千余里。舫船载卒，一舫载五十人与三月之食，下水而浮，一日行三百余里，里数虽多，然而不费牛马之力，不至十日而距扞关。扞关惊，则从境以东尽城守矣，黔中、巫郡非王之有。秦举甲出武关，南面而伐，则北地绝。秦兵之攻楚也，危难在三月之内，而楚待诸侯之救，在半岁之外，此其势不相及也。夫待弱国之救，忘强秦之祸，此臣所以为大王患也。

大王尝与吴人战，五战而三胜，阵卒尽矣；偏守新城，存民苦矣。臣闻功大者易危，而民敝者怨上。夫守易危之功而逆强秦之心，臣窃为大王危之。

且夫秦之所以不出兵函谷十五年以攻齐赵者，阴谋有合天下之心。楚尝与秦构难，战于汉中，楚人不胜，列侯执珪死者七十余人，遂亡汉中。楚王大怒，兴兵袭秦，战于蓝田。此所谓两虎相搏者也。夫秦楚相敝而韩魏以全制其后，计无危于此者矣。愿大王孰计之。

秦下甲攻卫阳晋，必大关天下之匈，大王悉起兵以攻宋，不至数月而宋可举，举宋而东指，则泗上十二诸侯尽王之有也。

凡天下而以信约从亲相坚者苏秦，封武安君，相燕，即阴与燕王谋伐破齐而分其地；乃详有罪出走入齐，齐王因受而相之；居二年而觉，齐王大怒，车裂苏秦于市。夫以一诈伪之苏秦，而欲经营天下，混一诸侯，其不可成亦明矣。

今秦与楚接境壤界，固形亲之国也。大王诚能听臣，臣请使秦太子入质于楚，楚太子入质于秦，请以秦女为大王箕帚之妾，效万室之都以为汤沐之邑，长为昆弟之国，终身无相攻伐。臣以为计无便于此者。

于是楚王已得张仪而难于让出黔中地与秦，又欲许之。屈原曰："前大王见欺于张仪，张仪至，臣以为大王烹之；今纵弗忍杀之，又听其邪说，不可。"怀王曰："许仪而得黔中，美利也。后而倍之，不可。"故卒许张仪，与秦亲。（《史记·张仪列传》）

就这样，楚怀王在张仪的威逼利诱之下，不得已屈从张仪，割让黔中地与秦。张子又一次达到了不战而胜的奇效。

随着张仪深入虎穴故事情节的展开我们可以发现，张仪之所以敢于只身赴楚，是因为他早已做了安排，局面都已经在他的掌控之中。张仪不仅能够度察天下大势，而且对楚国的后宫也了如指掌。他选取了两个颇有影响的人物，利用他们来保得自己的平安，如入无人之境。一个是在历史上与屈原争宠而心害其能的谗臣靳尚，一个是长袖善舞蛾眉善妒的宠妃郑袖。据《史记》记载张仪与靳尚私交已久，但张仪清楚以靳尚一己之力，很难消除楚怀王的愤恨。还要利用对楚怀王颇有影响力的宠妃郑袖。郑袖怎么肯为自己说话呢？利用她的忌妒心。靳尚无中生有地编造出一个秦国欲以美女换回张仪的情节，并且极力言说这个美女既善娱人又有强大的秦国做后盾。这位郑袖立刻感到了"情敌"的巨大威胁，于是本与张仪被拘之事没有任何瓜葛的郑袖被硬生生拉了进来，并迫不及待地为张仪做了说客。

这段文字较好地展示了战国策士临危不乱，善于"出奇策异智，转危为安"的风貌，细细品来令人拍案叫绝。这里，谋略、策略的根本在于采用迂回、拐弯抹角的形式来实施。拐弯抹角，就是通过转换角度、借助其他中介来说服对方的方法。靳尚如果直接请求郑袖为张仪在怀王面前说情，郑袖肯定不会答应。所以靳尚拐弯抹角地杜撰了张仪会送来漂亮的秦女，会使郑袖失宠这样的事实，郑袖为了不失宠于楚王，只得尽力搭救张仪。靳尚把释放张仪与郑袖的切身利益联系起来，使本来与张仪毫不相干的郑袖为解救张仪不遗余力，起了关键作用。这个计策从整体上看，也是借助郑袖这个中介拐弯抹角达成目的的。如果靳尚直接上书怀王要求释放张仪，那一定是缘木求鱼、劳而无功了。

张仪的弱楚、欺楚、解盟，就这样有惊无险，戏剧性地完成了。

第五节　四海锋　一口所敌

诈魏欺楚，使得连横破纵取得重大进展，下面就是乘势降伏其他弱小偏远的诸侯国了。请看张仪是如何各个击破的。

1. 说韩

张仪在做与苏秦相反的工作，泯灭诸侯的信心和意志、瓦解六国的斗志和独立精神，用武力威逼和利益诱惑使原来合纵的诸侯臣服强秦、归于连横阵线。

韩国是战国七雄中最弱小的一员，又紧邻强秦，时时以割地求饶为能事。所以，在张仪的战略规划中，考虑的是何时吞并而已。

张仪为秦连横说韩王曰：

> 韩地险恶，山居，五谷所生，非麦而豆；民之所食，大抵豆饭藿羹；一岁不收，民不厌糟糠；地方不满九百里，无二岁之所食。料大王之卒，悉之不过三十万，而厮徒负养在其中矣，为除守徼亭鄣塞，见卒不过二十万而已矣。秦带甲百余万，车千乘，骑万匹，虎挚之士，跿跔科头，贯颐奋戟者，至不可胜计也。秦马之良，戎兵之众，探前趹后，蹄间三寻者，不可称数也。山东之卒，被甲冒胄以会战，秦人捐甲徒裎以趋敌，左挈人头，右挟生虏。夫秦卒之与山东之卒也，犹孟贲之与怯夫也；以重力相压，犹乌获之与婴儿也。夫战孟贲、乌获之士，以攻不服之弱国，无以异于堕千钧之重，集于鸟卵之上，必无幸矣。诸侯不料兵之弱，食之寡，而听从人之甘言好辞，比周以相饰也，皆言曰：听吾计则可以强霸天下。夫不顾社稷之长利，而听须臾之说，诖误人主者，无过于此者矣。大王不事秦，秦下甲据宜阳，断绝韩之上地；东取成皋、宜阳，则鸿台之宫，桑林之苑，非王之有已。夫塞成皋，绝上地，则王之国分矣。先事秦则安矣，不事秦则危矣。夫造祸而求福，计浅而怨深，逆秦而顺楚，虽欲无亡，不可得也。故为大王计，莫如事秦。秦之所欲，莫如弱楚，而能弱楚者莫如韩。非以韩能强于楚也，其地势然也。今王西面而事秦以攻楚，为敝邑，秦王必喜。夫攻楚而私其地，转祸而说秦，计无便于此者也。是故秦王使使臣献书大王御史，须以决事。（《战国策·韩一·张仪为秦连横说韩王》）

张仪说："韩国地势险恶，处于山区，出产的粮食不是麦子就是豆子；老百姓吃的，大部分是豆做的饭和豆叶做的汤；如果哪一年收成不好，百姓就连酒糟和谷皮也吃不上。土地纵横不到九百里，粮食储备也不够吃两年。估计大王的兵力总共不到三十万，其中连杂役和苦力也算在内了，如果除去守卫边境哨所的人，现有的士兵不过二十万罢了。而秦国的军队有百余万，战车千辆，战马万匹。奔腾跳跃，高擎战戟，甚至不带铠甲冲入敌阵的战士不可胜数。秦国战马优良，士兵众多。战马探起前蹄蹬起后腿，两蹄之间一跃可达三寻，这样的战马不在少数。崤山以东的诸侯军队，披盔戴甲来会战，秦军却可以不穿铠甲赤身露体冲锋上阵，左手提着人头，右手抓着俘虏，便可凯旋。由此可见，秦国的士兵与山东六国的士兵相比，犹如勇士和懦夫的差别；用重兵压服六国，就像大力士乌获对付婴儿一般的容易。用孟贲和乌获这样的勇士去攻打不驯服的弱国，无异于把千钧重量压在鸟蛋上，肯定无一幸免。

"各国诸侯根本不考虑自己兵力弱、粮食少的现状，却听信鼓吹合纵者的花言巧语，合纵家们互相勾结，标榜欺骗，都说什么：'听从我的计谋就可以雄霸天下了。'却并不顾及国家的长远利益，只听信一时的空话，贻误君主，这也太严重了。大王如果不归顺秦国，秦必定发兵占领宜阳，断绝韩国上党的交通；东进夺取成皋和宜阳，那大王就将失去鸿台宫、桑林苑。秦军封锁成皋、截断上党，那大王的国土岂不是被分割开来了？先归顺秦国就能安全，否则就会招来祸患。

"那种正在制造灾祸却又想得到好报，计谋浅陋而结怨太深，违背秦国去顺从楚国的做法，哪能不灭亡呢？所以替大王您考虑，不如归顺秦国。秦国所希望的，不过是削弱楚国，而能使楚国削弱的，莫过于韩国了。不是因为韩国比楚国强大，而是韩国在地势上占有决定性的优势。如今大王向西方归服秦国，为敝国攻打楚国，秦王一定会很高兴。这样，攻打楚国而占有它的土地，不但转祸为福，而且取悦了秦王，没有比这更有利的计策了。因此秦王派使臣献书信一封给大王的御史，但愿大王能有明智的裁决。"

韩王被吓得魄不附体地说："幸承您的教诲，我愿意让韩国做秦国的一个郡县，修建秦王行宫，春秋助祭，做东方的藩臣，并将宜阳献给秦国以表心意。"

你看，同是一个韩国，由张仪来说简直一文不值，民贫国弱、军队废弛、毫无斗志，但是在苏秦说来却是兵强马壮、极富战斗力。这就是语言的魔力，语言完全可以改变对事实的看法。人们只生活在语言传播的世界中，传播决定了事实真相。语言作为一种传播方式，对事实真相会起到支配、改变和颠倒的作用。苏秦、张仪对事实的不同解释和渲染，改变和左右着韩王对自己国力、天下大势的看法。最后，张仪通过对秦国暴力的渲染和秦国武力的赤裸裸威胁，对韩王产生了强大的震慑作用，韩王由于内心的软弱，终于屈服在强秦面前。

2. 说齐

任何事物都有不可察觉的内在缺点和裂痕，有细小的缝隙，就可以像山涧一样发展成大裂隙、大峡谷。这是鬼谷子的著名观点。他的学生张仪利用齐国的裂隙，将尚在迟疑中的齐国拉入了连横的阵营。

齐国曾是春秋五霸之首，在战国七雄中一度与秦国并称东西二帝。但是，它由于地处东海，远离中原的征战兼并，在与秦国争雄中，一向是事不关己高高挂起，对秦国与其他诸侯的纷争搏杀，不闻不问。张仪针对这样的齐国，又是如何说服它的呢？

张仪为秦连横齐王曰：

> 天下强国无过齐者，大臣父兄殷众富乐，无过齐者。然而为大王计者，皆为一时说而不顾万世之利。从人说大王者，必谓齐西有强赵，南有韩、魏，负海之国也，地广人众，兵强士勇，虽有百秦，将无奈我何！大王览其说，而不察其实。
>
> 夫从人朋党比周，莫不以从为可。臣闻之，齐与鲁三战而鲁三胜，国以危，亡随其后，虽有胜名而有亡之实，是何故也？齐大而鲁小。今赵之与秦也，犹齐之与鲁也。秦、赵战于河漳之上，再战而再胜秦；战于番吾之下，再战而再胜秦。四战之后，赵亡卒数十万，邯郸仅存。虽有胜秦之名，而国破矣！是何故也？秦强而赵弱也。今秦、楚嫁子取妇，为昆弟之国；韩献宜阳，魏效河外，赵入朝黾池，割河间以事秦。大王不事秦，秦驱韩、魏攻齐之南地，悉赵兵涉河关，指搏关，临淄、即墨非王之有也。国一日被攻，虽欲事秦，不可得也。是故愿大王孰计之。（《战国策·齐一·张仪为秦连横齐王》）

张仪为秦国的连横政策而去游说齐宣王，说："天下的强国没有超过齐国的，朝野上下的大臣及家族都富足安乐，也没有哪个国家能比得上齐国的。可惜为大王谋划的人，都空谈一时的安乐，并不能谋划出万世长治久安的政策。那些主张合纵的人，必然向大王这样游说：齐国西面有强国赵国，南面有韩魏，东面濒临大海，土地广阔，人口众多，兵强马壮，即使有一百个秦国，也对齐国无可奈何。大王只接受了他们空虚的游说，却没有考虑到这些话是否实在？

"主张合纵的人都互相结党，认为合纵政策再好不过。然而，据臣所知：齐鲁交战三次，鲁国三战三胜，可是鲁国却因胜而衰，最后竟因此而亡国。徒有战胜的虚名，实际上却陷于危亡的命运，这是什么道理呢？因为齐国大而鲁国小。现在赵国跟秦国相比，就如同齐国跟鲁国。秦赵两次战于漳水之上，又两次在番吾山交战，都是赵国打败了秦军。但四次战争以后，赵国损失数十万大军，仅仅剩下一个首都邯郸残存。虽然有战胜秦国的虚名，可是赵国却因此而破落，这是什么缘故呢？还是秦国强大而赵国弱小啊。如今秦楚互通婚姻，两国结为兄弟之邦；韩国献宜阳给秦国，魏国献河外给秦国，而赵国更到秦邑渑池给秦国朝贡，并且割让河间地方给秦，它们都纷纷成为秦的附庸国。假如大王不臣事秦国，秦国就会驱使韩魏攻打齐国南部，然后还将全部征调赵国之兵渡过河关，长驱直入向博关进攻，临淄、即墨这样的齐国重镇转瞬之间就不是大王所有了。国家一旦被攻破，即使再想臣事秦国，已来不及了。因此希望大王慎重考虑！"

结果，齐宣王说："齐国地方偏僻鄙陋，而且东临大海，还没考虑过社稷的长远计划。所幸现在有贵客前来指教，寡人愿意以国家社稷事奉秦国。"于是齐国献给秦国出产鱼盐的土地三百里。

与说服其他国家不同，这次说齐，着重阐明一个道理，国与国之间的竞争完全是实力的较量，并不取决于一两次战争的输赢。张仪向齐王说明了这个道理。不仅如此，张仪又列举其他国家附庸、臣事秦国的例子，让其从众效尤。从实力的差距和从众心理出发，张仪终于说服齐国。

在张仪看来，齐国被苏秦说服进行合纵也不是定局，任何事情都不是铁板一块，都有缝隙可钻。所以经过他的谋划和游说，齐国反而听从了连横的主张。事在人为，我们在说服他人时不应该强调客观的障碍、受众一方的定见，只要我们抓住他内在弱点和裂隙，就可以找到突破口，进而改变他的思想和观点，来一个180度的大转弯。

3. 说赵

张仪对赵王游说连横时，苏秦已去世，张仪不仅没有了他的最大政敌和障碍，而且合纵联盟的灵魂和维系支柱也已消亡了。加上具有杰出口才的张仪的游说和外交工作，各国国君纷纷改弦更张了。

赵国为四战之地，处于众强包围之中，整天疲于应付。当初曾在苏秦的鼓动下，带头合纵抗秦。对此，秦国耿耿于怀。请看张仪是如何恫吓赵王的。

张仪为秦连横，说赵王曰：

> 弊邑秦王，使臣敢献书于大王御史。大王收率天下以傧秦，秦兵不敢出函谷关十五年矣。大王之威，行于天下山东。弊邑恐惧慑伏，缮甲厉兵，饰车骑，习驰射，力田积粟，守四封之内，愁居慑处，不敢动摇，唯大王有意督过之也。今秦以大王之力，西举巴蜀，并汉中，东收两周而西迁九鼎，守白马之津。秦虽辟远，然而心忿悁含怒之日久矣。今宣君有微甲钝兵，军于渑池，愿渡河逾漳，据番吾，迎战邯郸之下。愿以甲子之日合战，以正殷纣之事。敬使臣先以闻于左右。

> 凡大王之所信以为从者，恃苏秦之计。荧惑诸侯，以是为非，以非为是，欲反复齐国而不能，自令车裂于齐之市。夫天下之不可一亦明矣。今楚与秦为昆弟之国，而韩、魏称为东蕃之臣，齐献鱼盐之地，此断赵之右臂也。夫断右臂而求与人斗，失其党而孤居，求欲无危，岂可得哉？今秦发三将军，一军塞午道，告齐使兴师渡清河，军于邯郸之东；一军军于成皋，驱韩魏而军于河外；一军军于渑池。约曰：四国为一以攻赵，破赵而四分其地。是故不敢匿意隐情，先以闻于左右。臣切为大王计，莫如与秦遇于渑池，面相见而身相结也。臣请案兵无攻，愿大王之定计。（《战国策·赵二·张仪为秦连横说赵王》）

结果是，赵王割地称臣。

张仪为秦国推行连横主张，而又游说赵武王道："敝国君王派我通过御史给大王献上国书。大王率领天下诸侯对抗秦国，致使秦军不敢出函谷关已整整十五年了。大王的威信通行于天下和山东六国，我秦国对此非常恐惧，于是便修缮铠甲，磨砺兵器，整顿战车，苦练骑射，勤于耕作，聚积粮食，严守四疆，过着忧愁恐惧的日子，不敢轻举妄动，唯恐大王有意责备我们的过错。现在秦国仰仗大王的威力，西面收复巴蜀，兼并汉中，东面征服东西两周，把象征天子的九鼎运移到西方，镇守白马渡口。秦国虽然地处僻远，但是心怀愤恨已经很久了。如今敝国秦王虽然只有敝甲钝兵，驻扎在渑池，希望渡过黄河，越过漳水占领番吾，与赵军会战于邯郸城下。希望在甲子之日和赵军会战，以仿效武王伐纣的故事。秦王特派我将此事事先敬告大王陛下。

"大王听信合纵的原因，不过靠的是苏秦的计谋。苏秦惑乱诸侯，颠倒是非黑白，但是他阴谋颠覆齐国却没有成功，自己反而被车裂于齐国集市上。由此看来，天下各诸侯国是不可能联合为一的。现在楚国和秦国结为兄弟之邦，韩魏两国也自称是秦国的东方之臣，齐国献出鱼盐之地，这就切断了赵国的右臂。一个被割断了右臂的人去与人搏斗，失去了同盟而孤立无援，所以要想没有危险，这怎么可能？现在秦国派出三路大军：一路堵塞午道，并通知齐国让它派出大军渡过清河，驻扎在邯郸以东；一路驻扎在韩国成皋，指挥韩魏之军，列阵在魏国的河外；另一路军队驻扎在渑池。我们盟誓说：四国团结一致攻打赵国，灭掉赵后由四国来瓜分它的领土。所以，我不敢隐瞒实情，事先通报大王陛下。我私下为大王考虑，大王不如与秦王在渑池相会，见了面以后而使两国互结友好。我请求秦王停兵不进攻赵国，希望大王急速决定计划。"

赵武王说："先王在位的时候，奉阳君为宰相，他专权跋扈，蒙蔽先王，一人独断朝政，而我在深宫中读书，不能参与国政。当先王丢下群臣离开人间的时候，寡人年幼，亲政的时日不多，但内心却非常疑惑。与各诸侯订立合纵之盟抗拒秦国，根本不是治国安邦的长久之计。因此正想重新考虑，改变战略国策，向秦割地，对以前参加合纵的错误表示谢罪，希望与秦国友好。我正准备车马要到秦国去时，适逢您到来，使我能够领受教诲。"于是赵武王率领三百辆战车到渑池去朝见秦惠王，并把河间之地献给秦国。

我们知道，苏秦在世时，就是以赵国牵头成功地推行合纵策略，联合其他五国，有效扼制了秦国向东的扩张。苏秦死后，张仪失去了最大的政治敌手，开始游说各国，瓦解合纵联盟，建立连横体系。

张仪的说辞绵里藏针，以势压人，出招是非常狠毒的。首先，他恭维赵国势力强大，然后话锋一转，指责赵王以前带头的合纵大大损伤了秦国的利益，使秦国多年来委屈求全，秦国不仅怀恨已久，而且不惜与赵国一战。其次，表明秦国多年来也在积蓄力量，扩张势力。然后直接下战书，挑明秦国厉兵秣马，准备报仇。接着他不谈战事，指出合纵联盟解体已成定势，而连横已成各国的共识。最后，张仪再现锋芒，以强大的暴力胁迫赵王就范。他严正通告合纵势力几近瓦解，赵国可能有灭顶之灾。面对这样的威胁恐吓，赵王不得不屈服，割地求和。整个说辞实际上是最后通牒，是当时的强权和霸权者惯用的外交辞令。

这里，张仪将秦国的态度和赵国的处境进行了透彻的分析和详细的描绘，说辞有力，具有使人难以承受的压力和气势。张仪游说时虽以武力做后盾，但他的说话谋划得当、转折自然、软硬兼施，其中仍然有众多可取之处、可学之处。刘勰所云："一人之辩，重于九鼎之宝；三寸之舌，强于百万之师。"（《文心雕龙·论说》）似是对张仪这番论辩的精确概括。

4. 说燕

张仪明白，游说燕国的关键还在于改变燕王对赵国的态度。所以他极力诋毁赵国，并且又用武力威逼利诱，终于促使燕国臣服秦国。

张仪为秦破从连横，谓燕王曰："大王之所亲，莫如赵，昔赵王以其姊为代王妻，欲并代，约与代王遇于句注之塞。乃令工人作为金斗，长其尾，令之可以击人。与代王饮，而阴告厨人曰：'即酒酣乐，进热饮，即因反斗击之。'于是酒酣乐进取热饮。厨人进斟羹，因反斗而击之，代王脑涂地。其姊闻之，摩笄以自刺也。故至今有摩笄之山，天下莫不闻。

"夫赵王之狼戾无亲，大王之所明见知也。且以赵王为可亲邪？赵兴兵而攻燕，再围燕都而劫大王，大王割十城乃却以谢。今赵王已入朝渑池，效河间以事秦。大王不事秦，秦下甲云中、九原，驱赵而攻燕，则易水、长城非王之有也。且今时赵之于秦，犹郡县也，不敢妄兴师以征伐。今大王事秦，秦王必喜，而赵不敢妄动矣。是西有强秦之援，而南无齐、赵之患，是故愿大王之孰计之也。"

燕王曰："寡人蛮夷辟处，虽大男子，裁如婴儿，言不足以求正，谋不足以决事。今大客幸而教之，请奉社稷西面而事秦，献常山之尾五城。"（《战国策·燕一·张仪为秦破从连横》）

张仪为秦国破坏合纵推行连横政策，对燕王说："大王最亲近的诸侯莫过于赵国了。从前赵襄子把他的姐姐嫁给代君为妻，想要吞并代国，于是就跟代君约定在句注塞会晤。他命令工匠制作了一个铁斗，把斗柄做得很长，使其可以用来打人。赵襄子在和代君喝酒，预先暗中告诉厨夫说：'当酒喝得正高兴时，就送上热汤，那时就乘机掉过铁斗打死代君。'当时酒喝得正畅快，赵襄子要热汤，厨夫进来盛汤，趁机掉过铁斗打在代君的头上，代君脑浆流了一地。赵襄子的姐姐闻听，用磨尖的金簪自杀了。因此至今还有摩笄山，天下人没有不知道的。

"赵王凶狠暴戾，六亲不认，这是大王亲眼所见，明明知道的。难道您觉得这样的赵王是可以亲近的吗？赵国曾发兵攻打燕国，两次围困燕都，威逼大王，大王割让十座城邑去谢罪，赵国才肯退兵。现在赵王已经到渑池去朝见秦王，献出河间而归顺秦国。如果大王不归顺秦国，秦发兵云中、九原，驱使赵军进攻燕国，那么易水和长城，就江山易色，不再归大王所有了。况且当前赵国对于秦国来说，就如同郡县一般，是不敢妄自发兵，擅自征伐的。如果大王归顺秦国，秦王一定很高兴，赵国也不敢轻举妄动了。如若那样，燕国西面有强大的秦国援助，南边没有了齐赵的侵扰，所以希望大王能深思熟虑。"

燕王说："寡人身居野蛮僻远的地方，这里的人即使成年男子的智慧也仅像小孩一般，他们讲话不能有正确的看法，他们的智慧不能决断事情。如今有幸得到贵客的指教，我愿意献上燕国，归服秦国，并献出恒山西南的五个城邑。"

本来燕赵在强秦面前，是唇齿相依的邻邦关系。当时，苏秦就是紧扣此关目，来说服燕赵，结成合纵联盟的中坚。所以，张仪这次也只要离间燕赵两国的关系，促使燕国依靠秦国而不再信赖赵国，连横事秦的目的就能达到。张仪为了说明赵王的不值信任，列举了赵王刺杀姐夫这样一个例子，如此就将赵王凶狠暴戾、六亲不认的个性真实地刻画了出来。这样一种举一反三、简单枚举的方法，在论说中值得借鉴。燕王看到赵王不可信，而且非常暴戾，于是产生了厌恶和畏惧，只能用事奉秦国以换来自己国家的安宁。

第六节　臣天下　纵横大家

如果说苏秦的游说六国合纵抗秦是用扬长避短之法，先赞扬六国各自的优长，然后推出避免不利的计策，阐述一加一大于六的道理。那么，张仪为强秦而瓦解合纵，说服六国连横事秦，则主要采用了威逼利诱之法。即综合运用了言辞恐吓为先，武力作为后盾，人格诋毁加欺诈教训，迫使相对弱小的六国一个个相继臣服就范。

有时，张仪还使用收买亲近、小恩小惠、边打边谈、最后通牒等手段，配合唇枪舌剑，从而收到意想不到的功效。有时，他的三言两语甚至能够达到不亚于战场上的攻城略地的效果。诚如苏洵政论文的代表作《六国论》（苏洵《嘉祐集》卷三《权书》）所言，六国灭亡"弊在赂秦"：

> 六国破灭，非兵不利，战不善，弊在赂秦。赂秦而力亏，破灭之道也。或曰：六国互丧，率赂秦耶？曰：不赂者以赂者丧，盖失强援，不能独完。故曰，弊在赂秦也。
>
> 秦以攻取之外，小则获邑，大则得城。较秦之所得，与战胜而得者，其实百倍；诸侯之所亡，与战败而亡者，其实亦百倍。则秦之所大欲，诸侯之所大患，固不在战矣。

"秦之所大欲，诸侯之所大患，固不在战矣"，而在于说啊！你看，六国之所以情愿、不情愿地割地赂秦，秦国能够收获战场之外十倍百倍的效益，还不是要归功于秦王及其所重用的张仪这样的"权变之士""倾危之士"的口舌。

还是看后人对张仪的评价："仪未遭时，频被困辱。及相秦惠，先韩后蜀。连衡齐魏，倾危诳惑。"（《史记三家注》张仪列传索隐述赞）这真是"一怒而诸侯惧，安居而天下熄"（《孟子·滕文公下》）。对秦国而言，张子实在是莫大的功臣，故李斯称赞曰："惠王用张仪之计，拔三川之地，西并巴、蜀，北收上郡，南取汉中，包九夷，制鄢郢，东据成皋之险，割膏腴之壤，遂散六国之纵，使之西面事秦，功施到今。"（《史记·李斯列传》）"张仪相秦前后十九年，以其纵横捭阖之谋，定远交近攻之策；削弱三晋，击败楚国。使秦扩地东至黄河，中控函谷，北灭义渠之戎，南并汉中巴蜀之地，遂益张并吞中原之势。"① 外交家、谋略家张仪的口才，对于崛起之中，危机四伏的秦国来说，是实实在在的财富和力量。

当然，我们也必须看到，他在秦国还曾经极力排挤公孙衍、陈轸这样堪称一流的外交家，给秦国和他本人，也都造成不小的麻烦和困扰。其教训，也是值得吸取的。不过，这与其贡献，可以说是瑕不掩瑜。因为，他不仅破解了合纵抗秦联盟，而且开创的远交近攻之策，后继有人。"继张仪之后，又有秦相魏冉、范雎、吕不韦、李斯等，均师法张仪之遗策，日惟诡计诈谋是尚，卒以兼并诸侯统一中国。"②

张仪的外交功绩在我们今天看来，几乎是一个奇迹、一个传说、一个神话。但是，诚如施旭所言："话语是构成我们社会生活的主要部分，甚至是核心部分。"③ 张子的话语自信，奋发精神，舌战技艺，确有许多值得借鉴的。虽然战国兼并炽热之中的列强，在生死存亡关头，不免虎狼血腥，但是，张仪借重伐交，不战而胜，不失为上上之策。他寻租代言人，屡试不爽，所向披靡，也是他话语功力的高超所在。借助强秦的军威，他的外交话

---

① 台湾三军大学. 中国历代战争史：第二册［M］. 北京：中信出版社，2012：135.

② 台湾三军大学. 中国历代战争史：第二册［M］. 北京：中信出版社，2012：142.

③ 施旭. 话语分析的文化转向：试论建立当代中国话语研究范式的动因、目标和策略［J］. 浙江大学学报（人文社会科学版），2008（1）：131-140.

语往往配以强大国力、军力的后盾，甚至无所不用其极的欺诈、恫吓、诱骗。这是他伐交之中的灵活机动，游刃有余的奥秘所在。更为重要的是，张仪站在时代发展大潮审时度势，给秦惠王建言国策——兼并诸侯，一统天下！这既是秦国六百年浴血奋战的历史归结，也是春秋战国五百年纷乱争战的大势所趋。总之，把握大势，高度自信，利用代言，配以战力，精密修辞，是张仪伐交的显著特色，也是他话语的成功秘诀。

总之，张仪之舌，已然是话语制胜的历史丰碑。值得我们阅读与聆听。那么，在捍卫世界和平，推进和谐发展的当今，张仪之舌，也值得我们学习和借鉴。

"舌尚在不？"

附录：

张仪伐交年表

秦历	公元前	事迹
秦惠文君九	329	张仪在师兄苏秦暗中资助下由赵入秦。
惠文君十	328	任秦首任相，伐魏取蒲阳复还，使公子繇质于魏，魏献上郡十五县。
惠文君十三	325	又率军攻取魏国的陕县。筑上郡塞。
惠文君十四	324	继齐魏之后，立秦君称王。更为元年（惠文王元年）。
秦惠王二	323	为结好齐楚孤立韩魏，与齐楚之相会于啮桑，厚赂之，与齐楚交合。
秦惠王三	322	出为魏相，欲说魏先事秦，不听，使秦攻魏，取曲沃平周以威胁之。
秦惠王六	319	秦大良造魏国人公孙衍受张仪排挤由秦投魏，受齐、楚、韩、赵、燕等国的支持，出任魏相，张仪被逐回秦。
惠王七	318	公孙衍组织五国伐秦，楚怀王为纵约长，攻函谷关，联军败退。齐因啮桑之盟未参与。

续表

秦历	公元前	事迹
惠王八	317	秦大败韩军于修鱼，斩首八万，诸侯震恐。乘机威吓魏襄王，迫使背约请和。张仪归秦，复为相。再伐韩，败韩军于岸门，韩魏屈服于秦。
惠王九	316	惠王听司马错之策，遣张仪、司马错等率兵伐蜀，取得胜利，旋又灭巴、苴两国。
惠王十一	314	秦北并义渠。
惠王十二	313	自请至楚，欺楚弱楚。瓦解齐楚联盟。相楚。
惠王十三	312	楚怀王愤怒而伐秦，战于丹阳，秦斩敌八万，占汉中郡。楚悉发兵再袭秦，战于蓝田，又大败。韩魏乘机袭楚，怀王引兵归，割让汉中郡。
惠王十四	311	为得楚黔中郡，张仪再入楚，被囚。借楚王宠妃郑袖得脱，威逼利诱，怀王割黔中地与秦和。由楚至韩齐赵燕连横事秦。因功封得五邑，号武信君。秦惠王卒，子武王立，为太子时不悦张仪，群臣毁短之。诸侯闻仪与秦王有隙，皆叛横复合纵。
秦武王元	310	张仪被迫离秦入魏，相魏一岁（前309年）卒。

第四章　吕不韦的文攻

不韦钓奇，委质子楚。

华阳立嗣，邯郸献女。

及封河南，乃号仲父。

徙蜀惩谤，悬金作语。

筹策既成，富贵斯取。（司马贞《史记索隐述赞》）

商人吕不韦正是运用语言的优势，攻心夺势，无所不可。他以巧言而取富贵秉权势，拥立落拓的王孙，使其一举成为秦王，又以一字千金的文化炒作，而技压群雄，立言不朽，并为秦国谋求统一天下，实现长治久安，再以反间计，离间魏国君臣，除灭威信天下的信陵君从而扫清了一统天下的最后障碍。其伐谋伐交与伐兵攻城，相得益彰，炉火纯青，叹为观止。这是我们全面认识和客观评价吕不韦历史功过所不可或缺的重要一环，也是强秦之言难得的精彩篇章。

吕不韦（前292年—前235年），姜姓，吕氏，名不韦，卫国濮阳（河南安阳市滑县）人。战国末年秦国著名商人、政治家、思想家，官至秦国丞相。

他的传奇人生、言语功绩，主要是片言而拥立流落在赵国做人质的秦国落魄王孙，使其一举成为太子，随后即位，他的高超的炒作，还诞生了一字千金的典故，再施用离间计，除灭曾经联合五国攻秦而威名远扬的魏公子信陵君。这就是历任两朝秦相前后十三载，辅佐秦王一统天下的吕不韦。

第一节 奇货可居 拥立太子

官场如商场，商场如官场。请看那邯郸巨贾吕不韦是如何以商人的策略来经营官场买卖的。

吕不韦者，阳翟大贾人也。往来贩贱卖贵，家累千金。（《史记·吕不韦列传》）但是，大商人吕不韦还有着更高的追求。

1. 奇货可居

当时，吕不韦贾于邯郸，见秦质子异人（后名子楚），归而谓父曰："耕田之利几倍？"曰："十倍。""珠玉之赢几倍？"曰："百倍。""立国家之主赢几倍？"曰："无数。"曰："今力田疾作，不得暖衣余食；今建国立君，泽可以遗世。愿往事之。"（《战国策·秦五·濮阳人吕不韦贾于邯郸》）秦质子乃秦昭王之孙，在赵国做人质。因为他在秦国的地位低下，加之秦赵交恶，所以此质子之处境十分窘迫。但是，在此黎明前的黑暗中，吕不韦捕捉到一丝希望，"聪者听于无声，明者见于未形"，他认为时机到了，他说："此奇货也，不可失。"此所谓时势造英雄，英雄造时势。

秦昭襄王四十年（前267年），太子（悼）死于魏国。其四十二年，以其次子安国君为太子。安国君有子二十余人。安国君有所甚爱姬，立以为正夫人，号曰华阳夫人。华阳夫人无子。安国君中男名子楚，子楚母曰夏姬，毋爱。子楚为秦质子于赵。秦数攻赵，赵不甚礼子楚。（《史记·吕不韦列传》，以下略）而吕不韦看到的却是，在赵国做质子的秦国落魄王孙，可以让他在二十多个兄弟中脱颖而出，一举成为太子最宠爱的儿子。

吕不韦知道，秦昭襄王已是垂暮之年，其新立太子亦已年过半百。那么，这个太子的儿子，如何在二十个兄弟之中，更上层楼，成为未来的太子呢？完全有可能，因为，现在太子的爱姬已被立为正夫人的华阳夫人，无子。只要设法让华阳夫人认他为子，不就有戏了吗？

吕不韦按捺不住。曰："此奇货可居"。乃往见子楚，说曰："吾能大子之门。"子楚笑曰："且自大君之门，而乃大吾门！"吕不韦曰："子不知也，吾门待子门而大。"子楚心知所谓，乃引与坐，深语。吕不韦曰："秦王老矣，安国君得为太子。窃闻安国君爱幸华阳夫人，华阳夫人无子，能立嫡嗣者，独华阳夫人耳。今子兄弟二十余人，子又居中，不甚见幸，久质诸侯。即大王薨，安国君立为王，则子毋几得与长子及诸子旦暮在前者争为太子矣。"子楚曰："然。为之奈何？"吕不韦曰："子贫，客于此，非有以奉献于亲及结宾客也。不韦虽贫，请以千金为子西游，事安国君及华阳夫人，立子为嫡嗣。"子楚乃顿首曰："必如君策，请得分秦国与君共之。"未来的太子（即将为国君者）在艰困之中向他的合伙人许下了分享秦国的诺言，这正是吕不韦所期待的。

2. 扶立太子

美妙的设想，还需坚强的执行。吕不韦乃说秦王后弟阳泉君曰："君之罪至死，君知之乎？君之门下无不居高尊位，太子门下无贵者。君之府藏珍珠宝玉，君之骏马盈外厩，美女充后庭。王之春秋高，一日山陵崩，太子用事，君危于累卵，而不寿于朝生。说有可以一切而使君富贵千万岁，其宁于太山四维，必无危亡之患矣。"阳泉君避席，请闻其说。不韦曰："王年高矣，王后无子，子傒有承国之业，士仓又辅之。王一日山陵崩，子傒立，士仓用事，王后之门，必生蓬蒿。子异人贤材也，弃在于赵，无母于内，引领西望，而愿一得归。王后诚请而立之，是子异人无国而有国，王后无子而有子也。"阳泉君曰："然。"入说王后，王后乃请赵而归之。（《战国策·秦五·濮阳人吕不韦贾于邯郸》）吕不韦威逼利诱，利用代言，这一招果然奏效。

与此同时，吕不韦又求见华阳夫人姊，而皆以其物献华阳夫人。因言子楚贤智，结诸侯宾客遍天下，常曰："（子）楚也以夫人为天，日夜泣思太子及夫人"。夫人大喜。不韦因使其姊说夫人曰："吾闻之，以色事人者，色衰而爱弛。今夫人事太子，甚爱而无子，不以此时蚤自结于诸子中贤孝者，举立以为嫡而子之，夫在则重尊，夫百岁之后，所子者为王，终不失势，此所谓一言而万世之利也。不以繁华时树本，即色衰爱弛后，虽欲开一语，尚可得乎？今子楚贤，而自知中男也，次不得为嫡，其母又不得幸，自附夫人，夫人诚以此时拔以为嫡，夫人则竟世有宠于秦矣。"华阳夫人以为然，承太子间，从容言子楚质于赵者绝贤，来往者皆称誉之。乃因涕泣曰："妾幸得充后宫，不幸无子，愿得子楚立以为嫡嗣，以托妾身。"安国君许之，乃与夫人刻玉符，约以为嫡嗣。安国君及夫人因厚馈遗子楚，而请吕不韦傅之，子楚以此名誉益盛于诸侯。（《史记·吕不韦列传》）果然，枕边风真是袭人骨髓，沁人心扉，果然奏效。

当时，异人至，不韦使楚服而见。王后悦其状，高其知，曰："吾楚人也。"而自子之，乃变其名曰"楚"。王使子诵，子曰："少弃捐在外，尝无师傅传所教学，不习于诵。"王罢之。乃留止。间曰："陛下尝轫车于赵矣，赵之豪桀，得知名者不少。今大王反国，皆西面而望。大王无一介之使以存之，臣恐其皆有怨心。使边境早闭晚开。"王以为然，奇其计。王后劝立之。王乃召相，令之曰："寡人子莫如楚。"立以为太子。（《战国策·秦五》）——吕不韦终于如愿以偿，大功告成。

3. 为相封侯

秦昭王五十年（前257），使王齕围邯郸，情势紧急，赵欲杀子楚。子楚与吕不韦谋，行金六百斤予守者吏，得脱，亡赴秦军，遂以得归。赵欲杀子楚妻子，子楚夫人赵豪家女也，得匿，以故母子竟得活。秦昭王五十六年，薨，太子安国君立为王，华阳夫人为王后，子楚为太子。赵亦奉子楚夫人及子政归秦。（《史记·吕不韦列传》）

秦王立一年，薨，谥为孝文王。太子子楚代立，是为庄襄王。庄襄王元年，以吕不韦为丞相，封为文信侯，食河南雒阳十万户。

仅用十余年时间，吕不韦便由一个富商，摇身一变成为大国丞相。何以成为可能的呢？就因为他瞅准了在众多王孙之中，有可以奇货可居者。而这种一本万利的买卖，除了必要的投资之外，就主要是靠语言的运用来实施商讨与说服的。

吕不韦的游说，完全可以说是变不可能为可能。一般来说，游说是为（帮助）一方，说服另一方。而吕不韦的游说，则是要说服双方。一方是落魄为质，心灰意冷的王孙异人，他根本没有这样一种梦想，将来有朝一日能够回到秦国成为太子，甚至登基即位。另一方是当时太子的二弟安国君及其华阳夫人，他们过着养尊处优日复一日的王子生活，根本没有什么从长计议。但是，经过吕不韦的撮合与鼓动，竟让风马牛不相及的这两方一拍即合了。

你不能不佩服吕不韦说服艺术的高超。那么，他是如何绝处逢生，化腐朽为神奇的呢？首先是设身处地为对方着想，然后千方百计地为之出谋划策，甚至不惜血本，投其所好。例如，为了博取华阳夫人的好感与欢心，竟让异人在拜见夫人之时身着楚服。果然，楚国贵族出身的夫人悦其状，高其知，曰："吾楚人也。"而自子之，乃变其名曰"楚"。随着太子的溘然去世，孝文王即位三日而薨，异人子楚，便由王孙，一变而为太子，又由太子旋即登基即位了。这就是吕不韦运用所谓"奇货可居"的方法，导演的一出传奇。这也就验证了鬼谷子的名言，"无所不可"，亦验证了一句俗语，没有做不到，只有想不到。

第二节　一字千金　编撰巨著

吕不韦于秦王政六年（前238年），即秦王政亲政前两年，召集天下名士，共同编纂了《吕氏春秋》。这是一部结构体系十分完备的著作，在先秦著作中是绝无仅有的。[①]　其思想又是包罗万象，可谓先秦诸子学说之集大成者。

4. 一字千金

当是时，魏有信陵君，楚有春申君，赵有平原君，齐有孟尝君，皆下士喜宾客以相倾。吕不韦以秦之强，羞不如，亦招致士，厚遇之，至食客三千人。是时诸侯多辩士，如荀卿之徒，著书布天下。吕不韦乃使

①　吕氏春秋［M］.张双棣，张万彬，殷国光，等译注.北京：中华书局，2007：4.

其客人人著所闻，集论以为八览、六论、十二纪、二十余万言。以为备天地万物古今之事，号曰《吕氏春秋》。布咸阳市门，悬千金其上，延诸侯游士宾客有能增损一字者予千金。(《史记·吕不韦列传》)

当时，魏国有信陵君，楚国有春申君，赵国有平原君，齐国有孟尝君，被称为"四公子"，他们都礼贤下士，结交宾客，名扬四海。各大诸侯其实也在人才争夺，智力凝聚方面争个高低上下。吕不韦认为秦国如此强大，而自己也是堂堂大国丞相、秦王仲父，不应该被他们比下去。所以他也招来了文人学士，给他们优厚的待遇，致使门下食客多达三千人。那时各诸侯国有许多才辩之士，像荀卿那班人，著书立说，流行天下。吕不韦就命他的食客各自将所见所闻记下，综合在一起成为八览、六论、十二纪，共二十多万字。"纪"按春夏秋冬十二个月为十二纪，如春分三季，孟春、仲春、季春。每纪包括五篇文章，共六十篇。"论"有六论，每论六篇，六六三十六篇。"览"有八览，每览八篇，八八六十四篇。总括起来《吕氏春秋》全书一百六十篇，结构完整，自成体系。体现了主编吕不韦的思想。他认为其中包括了天地万物古往今来的事理，所以号称《吕氏春秋》。吕不韦对此书十分看重，夸口说该书是包揽了"天地、万物、古今"的奇书。在全书总序的《序意篇》中就这样写道："凡十二纪者，所以纪治乱存亡也，所以知寿夭吉凶也，上揆之天、下验之地、中审之人，若此，则是非可不可无所遁矣。"为了广布天下，深入人心，他还把该书的内容写在布匹上，并将之刊布在咸阳的城墙上，还在上面悬挂着一千金赏金的布告，遍请诸侯各国的游士宾客，若有人能增删一字，就给予千金的重赏。但是，最后也没有一个人能够做到改字领赏。《吕氏春秋》的推出和发布，使得吕不韦及其门客，远远超出战国四公子的声望。

但是，如果仅认为，这是吕不韦在跟战国四公子暗中较量，那就未免太小看吕不韦，也小看《吕氏春秋》了。

5. 立言不朽

在先秦诸子著作中，《吕氏春秋》虽被列为杂家，但是这个"杂"并非杂乱无章的大杂烩，而是兼收并蓄，博采众长，用自己的主导思想将其贯穿起来的著作。这部书以黄老"法天地"思想为中心，"兼儒墨，合名法"，提倡在君主集权下实行无为而治，顺其自然，实现无为而无不为。用这一思想治理国家对于缓和社会矛盾，使百姓获得休养生息，恢复经济发展非常有利。因此，虚君实臣，民本德治，成为《吕氏春秋》政治思想的核心。

《吕氏春秋》强调天下之公，做事要无所私偏，就是以自然现象作为推理证据的。"天下，非一人之天下也，天下之天下也。阴阳之和，不长一类；甘露时雨，不私一物；万民之主，不阿一人。"（《贵公》）"天无私覆也，地无私载也，日月无私烛也，四时无私行也。行其德而万物得遂长焉。"（《去私》）这对缓和阶级矛盾，各诸侯之间的隔阂，实现长治久安，都是极其宝贵的政治哲学。

6. 用众借喻

要成就伟业，创造奇迹，就必须运用众人的智力。而要说服别人，就要首先能够入耳，然后才能入心。正如该书《用众》篇所说："天下无粹白之狐，而有粹白之裘，取之众白也。……故以众勇无畏乎孟贲矣，以众力无畏乎乌获矣，以众视无畏乎离娄矣，以众知无畏乎尧舜矣。夫以众者，此君人之大宝也。"《吕氏春秋》的编著目的显然也是为了集各家之精华，成一家之思想，那就是以道家思想为主干，融合各家学说，以便达致长治久安。据吕不韦说，此书对各家思想的去取完全是从客观出发，对各家都抱公正的态度，并一视同仁的。因为"私视使目盲，私听使耳聋，私虑使心狂。三者皆私设精，则智无由公。智不公，则福日衰，灾日隆。"（《吕氏春秋·序意》）去私至公才能汲取天下众智，才是"君人之大宝也"。《吕氏春秋》的编成，本身就是用众的极佳例证。

《吕氏春秋》的语言艺术特色——大量运用借喻。借用自然、人事、物理来阐述事理、人生、国策。具体形式上，就是创作和运用了丰富多彩的寓言故事。据初步统计，全书中的寓言故事共有二百多则。这些寓言大都是化用中国古代的神话传说和历史故事而来，当然也有些是作者自己的创造，所以，在中国寓言史上具有很重要的地位。其在寓言的创作和运用上，往往是先提出论点，然后引述一至几个寓言来进行论证和阐发。如《察今》篇为了说明"因时变法"的主张，后面连用"荆人涉雍""刻舟求剑"和"引婴儿投江"三个寓言。如《刻舟求剑》："楚人有涉江者，其剑自舟中坠于水，遽契其舟，曰：'是吾剑之所从坠。'舟止，从其所契者入水求之。舟已行矣，而剑不行。求剑若此，不亦惑乎？"再如，"有过于江上者，见人方引婴儿而欲投之江中，婴儿啼。人问其故，曰：'此其父善游。'其父虽善游，其子岂遽善游哉？"该书的寓言生动简练，中心突出，结尾处往往点明寓意，一语破的。运用寓言，说理深刻，能够深入浅出，耐人寻味。

值得一提的是，在总结说服艺术的规律时，《吕氏春秋》深有感慨地说："凡说者，兑（悦）之也，非说之也。今世之说者，多弗能兑，而反说之。夫弗能兑而反说，是拯溺而硾之以石也，是救病而饮之以堇（jìn 药名，即乌头，有毒。）也，使世益乱；不肖主重惑者，从此生矣。"（《吕氏春秋·孟夏纪·劝学》）这些有关话语艺术的经验之谈、不刊之论、成功之道，在书中可谓比比皆是。[①]

第三节　智除无忌　反间敌国

公元前 249 年，地位、势力范围都已日薄西山的东周君，竟想和别的诸侯联合起来攻打秦国，这正是给秦国实施兼并的天赐良机。所以吕不韦抓住这个机会，马上出兵，灭掉了这样最后一个东周的势力。这也是吕不韦当政以后指挥的第一场战争。这场战争其实规模很小，所以很快解决了。

虽然此战的规模不大，但其对东方诸侯的心理冲击却是不小。秦国不断向东用兵，并铲除了天下共主，引起了东方诸侯国的恐慌。公元前 247 年，秦国见魏国有机可乘，便连续发起攻击。当时的魏王非常惧怕，想办法如何能抵抗秦国，但他一筹莫展，想来想去，最后他想到了客居赵国已有十年之

---

① 曹波. 试论吕氏春秋的修辞观［J］. 辽宁医学院学报（社会科学版），2011（4）：109.

久的信陵君。而信陵君实非等闲之辈，曾经在秦赵邯郸之战中，挺身而出，窃符救赵。正是他使诸侯有了主心骨，使秦国害了软骨病。

7. 窃符救赵

公元前 257 年，秦国的军队包围了赵国的都城邯郸，赵国的形势非常危急。赵国丞相平原君的夫人是魏公子无忌的姐姐，平原君赵胜多次向魏安釐王和魏无忌送信，请求魏国救援，魏安釐王派将军晋鄙领兵十万前去救赵。但慑于秦国的淫威，表面答应赵国救援，实际是迟迟观望，止步不前。魏公子激于义愤，矫旨夺军，锤杀晋鄙，窃符救赵。退秦之后，信陵君畏罪寄居赵国，不觉已十载有余。忽然接到魏王的召命，秦攻魏国，大梁危急。

公子留赵十年不归。秦闻公子在赵，日夜出兵东伐魏。魏王患之，使使往请公子。公子恐其怒之，乃诫门下："有敢为魏王使通者，死。"宾客皆背魏之赵，莫敢劝公子归。毛公、薛公两人往见公子曰："公子所以重于赵，名闻诸侯者，徒以有魏也。今秦攻魏，魏急而公子不恤，使秦破大梁而夷先王之宗庙，公子当何面目立天下乎？"语未及卒，公子立变色，告车趣驾归救魏。（《史记·魏公子列传》）

在大是大非、大仁大义的考验面前，魏公子的贤能谋士直言进谏，又一次让他避免陷于不仁不义的狭隘偏私，而是不计前嫌，公而忘私，慷慨赴难。

8. 为魏却秦

魏王见公子，相与泣，而以上将军印授公子，公子遂将。

魏安釐三十年，公子使使遍告诸侯。诸侯闻公子将，各遣将将兵救魏。公子率五国之兵破秦军于河外，走蒙骜。遂乘胜逐秦军至函谷关，抑秦兵，秦兵不敢出。当是时，公子威振天下，诸侯之客进兵法，公子皆名之，故世俗称《魏公子兵法》。（《史记·魏公子列传》）

魏王见到公子，兄弟俩不禁相对落泪，魏王把上将军大印授给公子，公子便正式担任了上将军这个统率军队的最高职务。

魏安釐王三十年（前247年），公子派使臣把自己担任上将军职务一事通报给各个诸侯国。诸侯们得知公子担任了上将军，都闻风而动，各自调兵遣将救援魏国。公子率领五个诸侯国的军队在黄河以南地区把秦军打得大败，使秦将蒙骜败逃。进而乘胜追击直到函谷关，把秦军压在函谷关内，使他们不敢再出关。当时，公子的声威震动天下，各诸侯国来的宾客都进献兵法，公子把它们合在一起签上自己的名字，所以世上俗称《魏公子兵法》。

公子为人仁而下士，士无贤不肖皆谦而礼交之，不敢以其富贵骄士。士以此方数千里争往归之，致食客三千人。当是时，诸侯以公子贤，多客，不敢加兵谋魏十余年。（《史记·魏公子列传》）

就因为魏公子的贤能，不仅把咄咄逼人的秦军抑制在函谷关内，而且诸侯不敢加兵谋魏十余年。因此，魏公子成为秦国东进的心腹之患。

9. 离间君臣

对于魏公子这样强劲的对手，秦相吕不韦自有妙招。"凡救守者，太上以说，其次以兵。"（《吕氏春秋·孟秋·禁塞》）其实，不仅对"救守者"是这样，要攻城略地者，何尝不是如此，"太上以说，其次以兵"。因为，这是不战而屈人之兵，善之善者也的上上之策。你看他，曾鼓励十二岁的少年甘罗出使赵国，三言两语，竟使"赵王立自割五城以广（秦）河间"。（《史记·樗里子甘茂列传》）那么，面对魏公子这样的强敌，这次就看吕不韦如何出手了。

秦王患之，乃行金万斤于魏，求晋鄙客，令毁公子于魏王曰："公子亡在外十年矣，今为魏将，诸侯将皆属，诸侯徒闻魏公子，不闻魏王。公子亦欲因此时定南面而王，诸侯畏公子之威，方欲共立之。"秦数使反间，伪贺公子得立为魏王未也。魏王日闻其毁，不能不信，后果使人代公子将。公子自知再以毁废，乃谢病不朝，与宾客为长夜饮，饮醇酒，多近妇女。日夜为乐饮者四岁，竟病酒而卒。其岁，魏安釐王亦薨。

秦闻公子死，使蒙骜攻魏，拔二十城，初置东郡。其后秦稍蚕食

魏，十八岁而虏魏王，屠大梁。（《史记·魏公子列传》）

秦王和吕相担忧魏公子将进一步威胁秦国进军步伐，就使用了万金到魏行贿，寻找晋鄙将军原来的那些部下和门客，让他们在魏王面前进谗言说："公子流亡在外十年了，现在担任魏国大将，诸侯国的将领都归他指挥，诸侯们只知道魏国有个魏公子，不知道还有个魏王。公子也要乘这个时机决定称王。诸侯们害怕公子的权势声威，正打算共同出面拥立他为王呢。"秦国又多次实行反间，利用在秦国的魏国间谍，假装不知情地向公子祝贺，问是否已经立为魏王了。魏王天天听到这些毁谤公子的话，不能不信以为真，后来果然派人代替公子担任上将军。公子自己明知这是又一次因毁谤而被废黜，于是就推托有病不上朝了，他在家里与宾客们通宵达旦地宴饮，沉湎酒色，麻醉自己，这样日日夜夜寻欢作乐度过了四年，终于因饮酒无度患病死亡。这一年，魏安釐王也去世了。

秦王得到公子已死的消息，就派蒙骜进攻魏国，攻占了二十座城邑，开始设立东郡。从此以后，秦国逐渐地蚕食侵占魏国领土，十八年之后便俘虏了魏王假，屠杀大梁军民，毁掉了这座都城。就这样，吕不韦利用反间计，离间其君臣，随着魏国栋梁魏公子的废毁，不久一个大国就毁灭了。

魏公子信陵君是司马迁倾注了高度热情而极力赞颂的理想人物。"传中两千五百余字中直称'公子'一百四十七处，太史公仰慕之意溢于言表，无限唱叹，无限低回，慕公子之行系乎天下安危，叹公子终被废弃不用。"（茅坤《史记钞》）他虽是"战国四公子"，但名冠诸侯，声震天下，其才德远远超过齐之孟尝、赵之平原、楚之春申，甚至秦之吕相。信陵君从保存魏国的目的出发，屈尊求贤，不耻下交的一系列活动，如驾车虚左亲自迎接门役侯嬴于大庭广众之中，多次卑身拜访屠夫朱亥以及秘密结交赌徒毛公、卖浆者薛公等；他在这些"岩穴隐者"的鼎力相助下，不顾个人安危，不谋一己之利，挺身而出完成"窃符救赵"和"却秦存魏"的历史大业。以此，歌颂了信陵君心系魏国，礼贤下士，救人于危难之中的高贵品质。李白赞曰："大梁贵公子，气盖苍梧云。救赵复存魏，英威天下闻。"司空图："一掬信陵坟上土，便如碣石累千金。"钱维城评曰："信陵君发一介之使，而诸侯奔命，莫敢后者，仁义著于人心，而威信足以夺之也。且信陵君岂遂能救民伐暴，效汤武之所为哉？徒不急于功利，有救灾恤患不忍人之心而已，威震天下，功业无与并。"那么，将这样一位近乎完人的理想人物算计陷害致死的吕不韦，自然被置于道德的审判台上，加之司马迁《史记·吕不韦列传》一些不实之词的影响，于是，吕不韦的真实一面与历史功绩①，较之魏公子，难免相形失色。

但事实是，魏公子毕竟不是吕不韦的对手。"庄襄王时代，秦兵灭东周，伐韩魏，及离间魏安釐王罢免信陵君，皆为不韦谋略之施展。"② 王世贞："自古至今以术取富贵秉权势者，毋如吕不韦之秽且卑，然亦无有如不韦之巧者也。凡不韦之所筹筴，皆凿空至难期，而其应若响，彼故自天幸，亦其术有以摄之。"（王世贞《王弇州先生崇论》卷一）吕不韦的谋略与文攻，实在是空手套，无不可。

诚然，吕不韦的惊天谋略、骇人奇迹、传奇人生、不朽立言，是一笔不可多得的历史财富，亦为自强之资和强国之术的历史殷鉴。

附录

吕不韦年表

（公元前 292 年—公元前 235 年）

岁	年	事迹
0	昭襄王十五年（前 292）？	出生于卫国都城濮阳。原籍阳翟（今河南禹州）。
25	昭襄王四十年（前 267）	秦太子悼死于魏国。
27	昭襄王四十二年（前 265）	秦昭襄王立二子安国君为太子。

---

① 郭沫若. 吕不韦与秦王政的批判［M］//郭沫若全集·历史编第 2 卷. 北京：人民出版社，1982. 郭沫若："吕不韦在中国历史上应该是一位有数的大政治家，但他在生前不幸被迫害而自杀，在他死后又为一些莫须有的事迹所掩盖。"夏遇南，等. 先秦最后一位理想主义者的悲剧——读《吕氏春秋》［J］. 咸阳师范学院学报，2011（1）：1 - 8.

② 台湾三军大学. 中国历代战争史：第二册［M］. 北京：中信出版社，2012：221.

岁	年	事迹
34	昭襄王四十九年（前258）	吕在邯郸经商，见秦质子异人（改名楚）认为奇货可居。时秦赵邯郸之战爆发。
35	昭襄王五十年（前257）	秦王龁围赵邯郸，吕谋使子楚逃归。着楚服见华阳夫人。魏公子信陵君窃符救赵合纵抗秦，秦军溃败于邯郸城下。
41	昭襄王五十六年（前251）	秦王薨，太子安国君继位，子楚为太子。
42	孝文王元年（前250）	安国君秦孝文王即位三日去世，太子子楚继位，为庄襄王。
43	庄襄王元年（前249）	任吕不韦为丞相，封文信侯，封洛阳十万户为食邑。东周文公与诸侯密谋攻秦国，庄襄王命吕攻灭东周国。
44	庄襄王二年（前248）	王命蒙骜攻赵国，取太原等37城。又攻取魏高都和汲。
45	庄襄王三年（前247）	王命王龁攻韩上党郡，设太原郡。魏安釐王召回窃符救赵后滞留赵国的信陵君并拜上将，率燕赵韩魏楚五国联军在河外击败秦军，蒙骜败退。联军追击至函谷关，秦军闭关不出。信陵君名震天下。 秦王怒而患之，乃行金万斤于魏，求晋鄙客，令毁公子于魏王。秦数使反间，伪贺公子得立为魏王未也。魏王日闻其毁，后果使人代公子将。公子自知再以毁废，乃谢病不朝，与宾客为长夜饮，饮醇酒，多近妇女。 五月秦庄襄王去世，享年三十五岁。
46	始皇元年（前246）	秦太子政立，尊吕为相国，号仲父。
49	始皇四年（前243）	魏公子日夜为乐饮者四岁，竟病酒而卒。魏安釐王亦薨。合纵自行瓦解。秦闻公子死，使蒙骜攻魏，拔二十城，初置东郡。其后秦稍蚕食魏，十八岁（前225年）而虏魏王，屠大梁。

续表

岁	年	事迹
53	始皇八年（前239）	吕不韦以秦之强，羞不如战国四公子，亦招致士，厚遇之，至食客三千人。使其客人人著所闻，成《吕氏春秋》。书成之日，悬于国门，声称能改动一字者赏千金。此为"一字千金"。
54	始皇九年（前238）	秦王政加冕亲政。夷嫪毐三族，王不忍对吕不韦致法。
55	始皇十年（前237）	免相国吕不韦，其为相13年。任李斯为相。
57	始皇十二年（前235）	秦王政复命让其举家迁蜀，吕不韦担心被诛杀，于是饮鸩自尽。太史公曰：不韦及嫪毐贵，封号文信侯。孔子之所谓"闻"者，其吕子乎。

第二篇

02

文 攻

第五章 诸侯攻秦之言①

说时石汉皆开眼，道破泥人也点头。

红日朝升能夜出，黄河东逝可西流。（"烛之武"，冯梦龙《东周列国志》）

秦国在生存发展争霸兼并的艰巨历程中，也是经历了吃一堑长一智的过程。其他诸侯，尤其处于"四战之国"的中原诸国，文化发达，外交娴熟，它们的语言攻略得到较好的运用和发挥，让秦国屡屡受挫，不战而败。如郑《烛之武退秦师》、晋《吕相绝秦》和楚《黄歇上书秦昭王》等，只言片语，竟让秦国俯首称臣，不战而屈，或联盟瓦解，陷入孤立。这些，既让秦国吃了亏，也让它长了智。失败乃成功之母，诸侯攻秦之言，即使秦国蒙难，也教秦国益智了。

一般认为，秦国在兼并统一战争中，是一个十足的虎狼之国，战争机器，杀人魔王。其实也未必尽然。诚如苏洵《六国论》所言，六国灭亡"弊在赂秦"，而秦之所得也远非运用战争：

六国破灭，非兵不利，战不善，弊在赂秦。赂秦而力亏，破灭之道也。或曰：六国互丧，率赂秦耶？曰：不赂者以赂者丧，盖失强援，不能独完。故曰，弊在赂秦也。

秦以攻取之外，小则获邑，大则得城。较秦之所得，与战胜而得者，其实百倍；诸侯之所亡，与战败而亡者，其实亦百倍。则秦之所大

---

① 2016年6月获"新时期军事外交理论与实践"征文（《军事外交》编辑部）二等奖.

欲，诸侯之所大患，固不在战矣。（苏洵《嘉祐集》卷三《权书》）

"秦之所大欲，诸侯之所大患，固不在战矣。"不在战，而在不战而屈人之兵，在伐谋，在伐交。这本是历史的规律，也是六国不断给秦国的教训而使秦国获得的制胜之道。

所以，越是后来，秦国越是认识到不战而胜的重要。你看，当韩国韩非的著作不胫而走，人或传其书至秦。秦王见《孤愤》《五蠹》之书，曰："嗟乎，寡人得见此人与之游，死不恨矣！"李斯曰："此韩非之所著书也。"秦因急攻韩。（《史记·老子韩非列传》）于是，始皇十四年（公元前233），韩非使秦，秦用李斯谋，留非。（《史记·秦始皇本纪》）我们今天很难想象，一个强国之君，读到邻国人的著作，竟感慨说，我要是见到这位作者，死而无憾。并立即发兵索人。为什么呢？战争的历史规律告诫人们，舌比剑锋利。三寸之舌，强于百万之师。——这来自切身的经验，更来源于切肤的教训。

第一节　片言退敌　郑烛之武退秦师

1. 城濮之战

春秋时代，霸权迭兴。齐桓公首霸，盛极而衰之后，楚晋秦三强鼎立，虎视霸权。楚成王挟持与宋襄公泓水之战大胜的声威，将图霸锋芒径直指向中原。从而与刚刚结束内乱，多难兴邦，图霸中原的晋文公形成战略对峙。随着楚国对中原实际控制权的攫取，楚成王进而寻求对齐晋秦的各个击破，以最终铸就霸业。于是，公元前632年，晋楚城濮（在今河南陈留县）之战爆发。而出人意料的是，晋文公凭借政治、外交、军事等综合攻势，以弱胜强，不仅联合了齐秦，而且争取了中原诸侯中起先被逼而属附楚国的鲁曹卫陈郑等国，回归中原集体，听从晋国号令。为了进一步扩大战果，晋文公又迎周襄王于践土，作践土之盟，已然占居中原霸主之宝座。其间，秦穆公助兵城濮，却使邻邦晋国愈加盛强，自己东出受阻，遂怏怏不快，便谢绝参加会盟。晋文公察知中原诸侯中郑卫有携二向楚之迹，乃连续召集诸侯会盟，谋讨不服，又宽宏大量地促请秦穆公与会，以修补秦晋之好。

2. 晋秦围郑

却说那郑国处于中原的核心地带，历来是兵家必争之地。加之是资深圆滑的老牌诸侯，夹处列强之间，因而朝秦暮楚，见风使舵从来是其生存之道。所以，对于郑国的摇摆不定两面讨好，振兴之中的晋国必欲驯之而后快。而且，在这之前，郑国有两件事得罪了晋国，让文公耿耿于怀。一是晋文公当年作为流亡的公子，在逃亡路过郑国时，没有得到起码的礼遇；二是在刚刚发生的城濮之战中，郑国曾出兵助楚。（《左传·僖公二十八年》："役之三月，郑伯如楚致其师"。）而城濮之战的结果却是以强大的楚国失败而告终。郑国一见形势不妙，马上派人出使晋国，与晋结好。而实际上，仍与楚暗通款曲，以便给自己留有后路。所以，晋文公为了巩固霸权，还是要拿郑国来开刀。

晋国为什么还要联合秦国围攻郑国呢？这是因为，为了恢宏的霸业，晋文公气度非凡，目光远大，必须包容那些不满迟疑的旁观者。况且，秦国当时也要争夺霸权，亟须向外扩张。事实上城濮之战，便是两大军事集团之间的战争。一方是晋文公率晋宋齐秦四国联军，另一方则是以楚国为主的楚陈蔡郑四国联军。针对秦穆公不满于城濮之战的劳而无获，晋文公是想对秦有所安慰与补偿，所以，当它发动对郑国的讨伐时，自然要拉上秦国来。这样，既可壮大声势，又免后顾之忧，还能缓解盟友的愤懑不快，以便从长计议。

公元前 630 年，晋秦根据会约，晋文公和秦穆公联合起来围攻郑国，声讨郑国曾对文公无礼，并且同时依附于楚与晋两国。晋军驻在函陵（河南新郑市北十三里），从东、北方面围郑；秦军驻在氾南（河南中牟县南），从西面围郑。

于是引出郑《烛之武退秦师》的精彩说辞。

3. 《左传》原文

晋侯、秦伯围郑，以其无礼于晋，且贰于楚也。晋军函陵，秦军汜南。

佚之狐言于郑伯曰："国危矣，若使烛之武见秦君，师必退。"公从之。辞曰："臣之壮也，犹不如人；今老矣，无能为也已。"公曰："吾不能早用子，今急而求子，是寡人之过也。然郑亡，子亦有不利焉！"许之。

夜缒而出，见秦伯，曰："秦晋围郑，郑既知亡矣。若亡郑而有益于君，敢以烦执事。越国以鄙远，君知其难也，焉用亡郑以陪邻？邻之厚，君之薄也。若舍郑以为东道主，行李之往来，共其乏困，君亦无所害。且君尝为晋君赐矣，许君焦、瑕，朝济而夕设版焉，君之所知也。夫晋，何厌之有？既东封郑，又欲肆其西封，若不阙秦，将焉取之？阙秦以利晋，唯君图之。"秦伯说，与郑人盟。使杞子、逢孙、杨孙戍之，乃还。

子犯请击之。公曰："不可。微夫人之力不及此。因人之力而敝之，不仁；失其所与，不知；以乱易整，不武。吾其还也。"亦去之。

4. 说辞大意

烛之武的说辞，雄辩动听，果然"辞深人天，致远方寸"。其大意是：秦晋两国合力围攻郑国，郑国已经知道要灭亡了。假如灭掉郑国对您秦国有好处，在下敢冒昧地拿这件事情来麻烦您派人去执行实施。这是第一层，亡郑有益则请实施。越过邻国把远方的郑国作为你们秦国的东部边邑，您知道这是困难的，您为什么要灭掉郑国而给邻邦晋国增加土地呢？邻国的实力雄厚了，您秦国的势力也就相对削弱了。这是第二层，邻厚君薄实为有害。如果您放弃围攻郑国的想法，而把它当作东方道路上接待宾客的客栈，出使的人来来往往，郑国可以随时补充供给缺少的物资，对您也没有什么害处。这是第三层，舍郑作友有益无害。而且您曾经赐予晋惠公恩惠，惠公曾经答应给您焦、瑕两座城池作为报答。然而，惠公他早上渡过黄河回国，晚上就修筑防御工事来防备您，这是您知道的。这是第四层，晋曾许诺而后失信。晋国的贪欲，怎么会满足呢？现在它已经在东边欲使郑国成为其边境，又想要向西扩大边界。如果不使秦国土地亏损，那从哪里得到他所奢求的土地呢？削弱秦国则对晋国有利。希望您再三考虑这件事啊！这是第五层，阙秦利晋唯君图之。秦伯听了此番言论，大为感触，恍然大悟，就背着晋国与郑国签订了盟约。派遣杞子、逢孙、杨孙助守郑国，于是就撤军了。

晋大夫子犯请求出兵攻击秦军。晋文公说："不行！假如没有那个人（秦伯）力量的相助，我是不会走到今天这个地步的。依靠别人的力量而又反过来损害他，这是不仁义的；失掉自己的同盟者，这是不明智的；用散乱的局面来进攻整齐的阵线，这是不符合武德的。我们还是回去吧！"晋军也就撤离了郑国。

5. 片言退敌

该文载于《左传·僖公三十年》，题目为后人所加。说的是，公元前630年，秦晋借口郑国曾对晋文公无礼且与楚国亲近，而联合攻郑。在此家国危难之际，老臣烛之武受国君之托，毅然前往敌阵交涉，于强秦面前，其不卑不亢，能言善辩，区区一百二十五个字的几句话，便使秦军乖乖从郑国退兵，从而不动声色地瓦解了敌军联盟，消除了灭顶之灾。它的魅力究竟何在呢？

却说城濮之战的第二年，晋周鲁宋齐陈蔡秦在翟泉（今河南洛阳）会盟，盟主晋国在会上"谋伐郑"。次年，公元前630年（僖公三十年），晋国和秦国合兵围郑。其实，围郑对于遥远的西陲秦国来说并没有什么实际的利益。但是，一心想入主中原的秦穆公早已按捺不住，此举正中下怀。而郑国大夫烛之武看到实质所在，并且揣摩利用了秦穆公对晋文公独霸中原的不满，所以来向秦穆公说明利害关系，劝其退兵。但是晋秦结盟，已让秦国在郑境驻军。在烛之武一针见血的说服之下，秦穆公权衡利弊，觉得晋乃秦之大敌，与其围郑有利于晋，不如和郑有利于己。因此不顾盟约而退兵。于是，晋文公觉得，"因人之力而敝之，不仁；失其所与，不知；以乱易整，不武。"只得隐忍不发，也撤退了。一场迫在眉睫力量悬殊的战争就这样被三言两语瓦解了。

该篇记叙以对话彪炳史册。先有郑文公与烛之武的对话，后有烛之武与秦穆公的对话。烛之武对郑文公是话里有话，对秦穆公说的话，完全看到了秦晋间的根本矛盾，揭示围郑对秦晋的利害关系，所以能打动秦穆公。最后写子犯请击秦军，晋文公顾全大局而不同意。"此一晋秦间之微妙关系，遂为尔后晋秦殽函战之导因。"① 可谓一石激起千层浪。

这其实是围绕秦晋联合围攻郑国而开展的一场军事外交斗争。秦晋围郑，形势紧迫，在这千钧一发之际，郑臣烛之武仅凭口舌说服了秦伯，为什么会有这么大的突变呢？关键在于烛之武所说的两点，针对了秦的切身利益。首先，灭郑于秦有害无益。秦对郑鞭长莫及，若以郑为东道主，就为秦东进称霸提供了住食行等种种方便，更何况"亡郑以陪邻"，这对秦有什么好处呢？其次，也是更为重要的，晋有野心，对此秦本有戒心，烛之武列举了秦伯曾亲身领略过的教训，再进行科学的推理，使秦伯恍然大悟——晋是大敌，不可信赖。烛之武用语不多，对秦穆公动之以情，晓之以理，果然奏效了。

从军事角度看，这是非常著名的通过谈判说服、消弭战争、争取和平的成功范例。这类成功的实践都是在通过谈判消弭战端、争取和平的思想指导下进行的，而谈判说服的成功又强化了这些思想的影响力。因此，成为人们津津乐道的经典。

6. 文本分析

原文	层次	概括	转
秦晋围郑，郑既知亡矣。若亡郑而有益于君，敢以烦执事。	烛之武站在秦国的立场上说话，引起对方好感；	围郑亡郑有益？	启
越国以鄙远，君知其难也，焉用亡郑以陪邻？邻之厚，君之薄也。	说明亡郑只对晋有利，"亡郑""陪邻""舍郑"，皆对秦国有害无益；	邻之厚，君之薄，有害。	承

---

① 台湾三军大学. 中国历代战争史：第一册 [M]. 北京：中信出版社，2012：189.

原文	层次	概括	转
若舍郑以为东道主，行李之往来，共其乏困，君亦无所害。	陈述保存郑国，对秦国东西往来必将大有好处；	舍郑有益无害。	转
且君尝为晋君赐矣，许君焦、瑕，朝济而夕设版焉，君之所知也。	从两国历史关系旧事重提，触及恨处，揭露晋过河拆桥忘恩负义；	晋曾许诺失信。	合
夫晋，何厌之有？既东封郑，又欲肆其西封，若不阙秦，将焉取之？阙秦以利晋，唯君图之。	分析晋国贪得无厌，后必"阙秦"，希望秦君重新好好审视。	阙秦以利晋，唯君图之。	

原文	关键词
秦晋围郑，郑既知亡矣。若亡郑而有益于君，敢以烦执事。越国以鄙远，君知其难也，焉用亡郑以陪邻？邻之厚，君之薄也。若舍郑以为东道主，行李之往来，共其乏困，君亦无所害。且君尝为晋君赐矣，许君焦、瑕，朝济而夕设版焉，君之所知也。夫晋何厌之有？既东封郑，又欲肆其西封，若不阙秦，将焉取之？阙秦以利晋，唯君图之。	秦 君 君 君 君 君 君 君 秦 秦 君

秦（君）反复修辞表

这篇外交辞令，说理透辟，引人入胜，不愧是一篇非常精彩典范的外交说辞。语言的分寸，掌握得恰到好处。全部说辞只有短短的百余个字，却说了五层意思，委婉曲折，面面俱到，步步深入，层层逼紧，句句动人，具有很强的说服力、感染力。其语言艺术达到了很高的水平。

单就关键词的反复修辞格来看，"君"字（指秦穆公，不包括晋君）出现8次，己方的"郑"字出现5次，"秦"和"晋"各出现3次，反问句3次。这其中重复的多少是颇有讲究的。秦（君）8＋3＝11次，在此百余字的说辞中，每11个字就有1次说到（秦）君或秦，其对秦君秦国的关切，殷殷切切，溢于言表。

再看反问句的使用，先在第二层，"越国以鄙远，君知其难也，焉用亡郑以陪邻?"后在最后一层，"夫晋，何厌之有? 既东封郑，又欲肆其西封，若不阙秦，将焉取之?"连续两个反问句，具有不容置疑的力量。紧接着最后一句，"阙秦以利晋，唯君图之。"对比而兼双关，总缩全篇，令人警觉。

7. 影响深远

烛之武的说秦之辞，句句入情入理，具有撼人的逻辑力量，从而使秦穆公警觉，意识到郑亡晋强会弱秦危秦，这可是马虎不得的。于是私下与郑国订立了盟约，乃至协助郑国防守。

烛之武在说秦君的时候，一开头就指出亡郑于秦无益；但接着又退一步说："若舍郑以为东道主，行李之往来，共其乏困，君亦无所害。"以此作为缓冲；紧接下去就紧逼一步说明亡郑对秦不仅无益，而且有害。在层层紧逼之中，揭示秦晋势若水火的矛盾敌对关系。对晋有利，对秦为害，对秦有利，对晋为害。郑国近晋远秦，根据远交近攻的原则，宜交秦攻晋。实际上，从郑国的角度来说，大国之间的交恶，就是自己的交运。

后来的情势演变恰如郑国所愿，烛之武一言而退秦师，将秦晋之好的那层纸予以捅破，秦晋之间的猜忌敌视，遂演变为三年之后的秦晋崤之战（前627年），以及其后双方杀伐不止的长期争战。如：

殽函之战（前627年），晋胜秦败；

彭衙之战（前625年），晋胜秦败；

王官之战（前624年），晋守不战；

新城之战（前623年），晋攻不克；

令狐之战（前620年），晋胜秦败；

少梁之战（前617年），晋胜秦败；

北征之战（前617年），秦胜晋败；

羁马之战（前615年），秦胜晋败；

河曲之战（前615年），秦军先撤；

辅氏之聚（前594年），晋胜秦败；

麻隧之战（前 578 年），大胜秦师。①

华元弭兵（前 579 年），旋告破灭；

向戌弭兵（前 546 年），影响百年。

这不就是战争史上的蝴蝶效应吗？烛之武一席话，致使五十年中，秦晋交战凡十余次，互有胜负。一言退敌，而且，秦晋由联盟而分裂，进而势不两立，混战不休。不仅秦之东进止步不前，而且晋之霸业亦困于侧背受敌，徒然让第三方的楚国做大做强。所以说，从春秋战略格局的改观而言，"与秦国一样，晋国也是崤之战的输家，而最大的赢家当是楚国。"② 当然，处于夹缝中的郑国也就获得坐山观虎斗的喘息之机了。这可能已远远超出郑文公和烛之武酝酿和表达此番说辞的初衷了。

言不可不慎！

听亦不可不慎！！

第二节　檄文之祖　晋吕相绝秦

8. 联吴制楚

自郑烛之武退秦师，瓦解秦晋围郑，引发秦晋殽函之战，遂使秦晋之好演变为秦晋交恶。晋国虽全胜于殽函之战，但陷入东齐西秦南楚北狄多面受敌的不利境地，面对秦楚结盟，长期与秦交战，加之内政混乱，在此消彼长之间，让楚国重新抬头向北扩张。

公元前 597 年，晋楚邲之战晋败楚胜，楚国北进中原的势力达致鼎盛，一鸣惊人的楚庄王登上了霸主的宝座。

公元前 591 年，齐晋鞌之战晋胜齐败，双方体面议和，晋齐结盟。

------

① 详见下节，晋吕相绝秦。

② 黄朴民. 中国军事通史·春秋军事史［M］. 北京：军事科学出版社，1998：223.

公元前584年，投奔晋国的楚臣申公巫臣，向晋景公进献联吴制楚方略，并被指派通使吴国，予以实施。楚陷于两面作战、一岁七奔命的被动境地。晋则在与楚争霸的斗争中日趋主动，楚国走向衰落，在其后的吴楚争霸中，疲于奔命，自顾不暇。晋楚针锋相对的关系得以缓和，使晋居于主动地位，而发起并改善了两国关系。

9. 和解大势

在晋楚和解的大背景下，各大小诸侯国之间纷纷通使发聘，修好订盟。

这时，宋国大夫华元不但与晋国执政卿栾武子是好友，也和楚国令尹子重交好。他在获悉晋楚互派使臣之后，就在公元前580年的冬天，"如楚，遂如晋，合晋楚之成。"华元奔走于晋楚之间，以调解两国的关系，促成了晋楚两大国的和平相处。宋国也就能够在两强之中避免疲于奔命，暂享平安了。

> 宋华元善于令尹子重，又善于栾武子。闻楚人既许晋籴茷成，而使归复命矣。冬，华元如楚，遂如晋，合晋楚之成。（《左传·成公十一年》）

于是，次年即公元前579年，在华元的斡旋之下，晋国的卿士燮与楚国公子罢、许偃在宋国的西门外会盟，签订了合约。合约的内容是：凡是晋国、楚国的军队，禁绝以兵戎相加。同心同德，休戚与共，一旦有灾祸危难则相互抚恤，尽力救援灾荒和患难。若有敌国加害于楚，则晋伐之；在晋，楚亦如之。携带礼品的使者相互往来，道路保持畅通无阻；对于那些不能亲密协作的诸侯国，对于那些不来朝贡晋楚二国的背叛者，我们将齐心协力共同讨伐。有违背此盟约，明神诛杀之，使其军队陷入溃败，其国家神灵将不去保佑。《左传》是这样记载的：

> 宋华元克合晋、楚之成。夏五月，晋士燮会楚公子罢、许偃。癸亥，盟于宋西门之外，曰："凡晋、楚无相加戎，好恶同之，同恤菑危，备救凶患。若有害楚，则晋伐之；在晋，楚亦如之。交贽往来，道路无壅，谋其不协，而讨不庭。有渝此盟，明神殛之，俾队其师，无克胙国。"郑伯如晋听成，会于琐泽，成故也。（《左传·成公十二年》）

夹在晋楚两强之间的郑宋曹卫陈蔡等中小诸侯国对于这样的休战弭兵早

就求之不得，随后也加入其中，期望分享和平的益处。和平乃人心所向，时代潮流，处于劣势的晋国正是瞅准了的天下大势，发动了凶猛的和平攻势。

10. 令狐之会

和平是暂时的，而竞争是永恒的。但是，和平乃人类永恒的追求，不变的价值。

为了对付争霸的主要敌手楚国，刚刚即位的晋厉公接过景公复兴大业的旗帜，筹划主次，以各个击破。在联吴制楚，制齐服齐，晋楚和解的同时，向西秦发动锐不可当的和平攻势。

> 秦晋为成，将会于令狐。晋侯先至焉，秦伯不肯涉河，次于王城，使史颗盟晋侯于河东。晋郤犨盟秦伯于河西。范文子曰："是盟也何益？齐盟，所以质信也。会所，信之始也。始之不从，其何质乎？"秦伯归而背晋成。（《左传·成公十一年》）

晋秦两国也发起议和，双方约定，准备在黄河东岸的令狐（山西临猗南）会见盟誓。晋厉公早先到达，恭敬迎候，可是秦桓公却不肯渡过黄河来，而是驻扎在河西的王城，只派大夫史颗到河东与晋厉公会盟。晋国的郤犨在河西与秦桓公会盟。晋将领士燮愤愤道："这种结盟有什么用？斋戒会盟，是为了表示信用。会盟的地点，是信用的开始。在会盟地点上就不讲信用，难道这种结盟可以信任吗？"秦桓公回国后果然背叛了和晋国的盟约，并约楚国和狄族共同伐晋。

幸有狄楚来告。它们一致对秦的背信弃义，唯恐天下不乱，唯利是图，早已厌恶之至。所以，晋方这才最后发出请求与警告，"惠顾诸侯，矜哀寡人，而赐之盟！"否则，"寡人不佞，其不能以诸侯退矣。"

11. 吕相绝秦

公元前578年，晋厉公既于上年和楚败狄，遂决定与秦决战。所谓"震雷始于曜电，出师先乎威声"。（刘勰《文心雕龙·檄移》）夏四月五日，晋侯使吕相绝秦，曰：

原文	概意
昔逮我献公及穆公相好，戮力同心，申之以盟誓，重之以昏姻。天祸晋国，文公如齐，惠公如秦。无禄，献公即世。穆公不忘旧德，俾我惠公用能奉祀于晋，又不能成大勋，而为韩之师。亦悔于厥心，用集我文公，是穆之成也。（第一罪）	秦伐晋，发动韩原之战（第一罪）
文公躬擐甲胄，跋履山川，逾越险阻，征东之诸侯，虞、夏、商、周之胤而朝诸秦，则亦既报旧德矣。郑人怒君之疆场，我文公帅诸侯及秦围郑。秦大夫不询于我寡君，擅及郑盟。诸侯疾之，将致命于秦。文公恐惧，绥靖诸侯，秦师克还无害，则是我大有造于西也。（第二罪）	背弃晋，私下与郑结盟（第二罪）
无禄，文公即世，穆为不吊，蔑死我君，寡我襄公，迭我殽地，奸绝我好，伐我保城，殄灭我费滑，散离我兄弟，扰乱我同盟，倾覆我国家。我襄公未忘君之旧勋，而惧社稷之陨，是以有殽之师。（第三罪）	乘晋丧，发动殽函之战（第三罪）
犹愿赦罪于穆公，穆公弗听，而即楚谋我。天诱其衷，成王陨命，穆公是以不克逞志于我。（第四罪）	盟楚谋晋，幸未得逞（第四罪）
穆襄即世，康灵即位。康公，我之自出，又欲阙翦我公室，倾覆我社稷，帅我蟊贼，以来荡摇我边疆，我是以有令狐之役。（第五罪）	扶公子雍，引发令狐之战（第五罪）
康犹不悛，入我河曲，伐我涑川，俘我王官，翦我羁马，我是以有河曲之战。东道之不通，则是康公绝我好也。（第六罪）	伐涑川，取羁马，发动河曲之战（第六罪）
及君之嗣也，我君景公，引领西望曰："庶抚我乎！"君亦不惠称盟，利吾有狄难，入我河县，焚我箕郜，芟夷我农功，虔刘我边陲，我是以有辅氏之聚。（第七罪）	乘人危，屠边民，引发辅氏之战（第七罪）
君亦悔祸之延，而欲徼福于先君献穆，使伯车来命我景公曰："吾与女同好弃恶，复修旧德，以追念前勋。"言誓未就，景公即世，我寡君是以有令狐之会。君又不祥，背弃盟誓。白狄及君同州，君之仇雠，而我之昏姻也。君来赐命曰："吾与女伐狄。"寡君不敢顾昏姻，畏君之威，而受命于吏。君有二心于狄，曰："晋将伐女。"狄应且憎，是用告我。楚人恶君之二三其德也，亦来告我曰："秦背令狐之盟，而来求盟于我，昭告昊天上帝、秦三公、楚三王，曰：'余虽与晋出入，余唯利是视。'不谷恶其无成德，是用宣之，以惩不一。"诸侯备闻此言，斯是用痛心疾首，暱就寡人。寡人帅以听命，唯好是求。君若惠顾诸侯，矜哀寡人，而赐之盟，则寡人之愿也，其承宁诸侯以退，岂敢徼乱？君若不施大惠，寡人不佞，其不能以诸侯退矣。敢尽布之执事，俾执事实图利之。（《左传·成公十三年》）	令狐之会，秦背盟誓。狄楚告发，恶秦无德。最后请盟，否则奉陪到底。

12. 文书大意

过去献公与穆公互相友好，合力同心，用盟誓加以申明，再用婚姻加以巩固（晋献公之女嫁与秦穆公为夫人）。然而，上天降祸晋国，发生骊姬之乱，文公（公子重耳）当时作为逃难公子，流亡诸国，曾逃到了齐国，惠公（夷吾）也流亡在外，曾至梁，后逃到了秦国。不幸，献公去世，穆公不忘过去的恩德，使我们惠公能返回晋国主持祭祀。但又没能最终完成两国友好这一重大功勋，而有了韩地的交战。他后来也很后悔，因此成就了文公，穆公护送重耳入国，这是穆公成全的结果。

文公亲自身披甲胄，跋涉山川，逾越艰难险阻，征讨东方的诸侯，让虞、夏、商、周的后裔都来朝见秦国，这也就已经报答了过去的恩德了。郑国人侵犯君王的边境，文公率领诸侯和秦国一起包围郑国。可是，秦国大夫没有征询我寡君的意见，竟擅自和郑国订立了盟约，诸侯憎恨这事，打算和秦国拼死一战。文公为此忧惧，安抚诸侯，秦军得以安然回国而没有受到损害，这也算是我们对秦国有重大功劳了。

不幸，文公去世，穆公不来吊唁，蔑视我故去的国君，欺凌我襄公软弱，进犯我殽地，断绝我同盟友好国家，攻打我边境城堡，灭绝我滑国，离散我兄弟之邦，扰乱我同盟之国，颠覆我国家。我襄公没有忘记君王的功勋，而又害怕国家覆亡，所以就有了殽地这次战役。

但还是愿意在穆公那里解释罪过，求得和解。可是，穆公不答应，反而靠拢楚国打我们的主意。上天保佑我们，楚成王丧命，穆公因此没能在我国得逞。

穆公襄公去世，康公灵公即位。康公，是我晋室的外甥，但又想损害我们公室，颠覆我们国家，率领我国的内奸，前来动摇我们的边疆，于是我国才有了令狐这一战役。康公还是不肯悔改，进入我国河曲，攻打我国涑川，掳掠我国王官，切断我国羁马，于是我国才有了河曲这一次战役。东边的道路不通，那是由于康公同我们断绝了友好关系的缘故。

等到君王继承君位，我们的国君景公，伸长脖子望着西方说："大概要抚恤我们了吧!"但君王也不肯加恩与我们结盟,反而利用我国被狄人侵犯的机会,攻入我国的河县,焚烧我国的箕邑郜邑,盗割我们的庄稼,屠杀我国的边民,我国因此在辅氏聚众抵抗。

君王也后悔战祸的蔓延,而想求福于先君献公和穆公,派遣伯车前来命令我们景公说:"我和你同心同德,丢弃怨恶,重新修复过去的情谊,来追念以前的功勋。"盟誓还没有完成,景公就去世了,我寡君因此而有令狐的会见。君王又居心不善,背弃了盟约。白狄与君王同在一州,是君王的仇敌,但又是我们的姻亲。君王派人前来命令说:"我和你一起攻打狄国。"寡君不敢顾惜婚姻关系,畏惧君王的威严而接受了来使的命令。君王却又两面三刀讨好狄国,说:"晋国将要攻打你们。"狄人是表面上应承,心里却很憎恨你们,因此就告诉了我们。楚国人讨厌君王的反复无常,也来告诉我们说:"秦国背弃了令狐的盟约,而来向我国请求结盟,祝告皇天上帝、秦国的三位先公、楚国的三位先王,说:'我虽然与晋国有往来,我只不过是图谋利益而已。'我们讨厌他没有固有的道德,因此把这件事公布出来,用来惩戒言行不一的人。"诸侯全都听到了这些话,因此痛心疾首,来亲近寡人。寡人率领诸侯来听取君王的命令,只是为了寻求友好。君王如果加恩顾惜诸侯,怜悯寡人,而赐给我们盟约,那正是寡人的愿望,就可以安定诸侯而退军,怎么敢求取战乱?君王如果不肯施与大恩大惠,寡人不才,就不能率领诸侯退走了。谨把详情全部报告于您的左右,请您属下仔细权衡一下利害吧!

13. 文本赏析

绝秦书从秦晋相好说起,历数秦穆公、康公、桓公时代,两国由交好到引发争端的种种情况,表明晋国在"韩之师""殽之师""令狐之役""河曲之战""辅氏之聚"等双方争端中每次都是因秦挑衅滋事,晋是不得已而应战。最后切入正题,说明这次"令狐会盟"秦的失约与错处,而狄楚都已通报,我已有准备,是战是和由秦君定夺。这是一篇完整的战争檄文,也是经典的外交辞令,结构严整,句法变化错综,行文步步紧逼,不容辩驳,虽然言语中真假掺杂甚至强词夺理,但深意曲笔,文字铮铮,开战国纵横家游说之辞和后世檄文、论辩书信的先河。

书中，大致有三层意思，晋秦过往的友好，秦国的种种罪过，现在的背信弃义。但是，具体行文，以友好反衬罪过，以积怨衬托今非。从而形成一气呵成，一泻千里，一发千钧的气势。如，第三罪——挑起殽之战："无禄，文公即世，穆为不吊，蔑死我君，寡我襄公，迭我殽地，奸绝我好，伐我保城，殄灭我费滑，散离我兄弟，挠乱我同盟，倾覆我国家。我襄公未忘君之旧勋，而惧社稷之陨，是以有殽之师。"连用"蔑死我君，寡我襄公，迭我殽地……"等九个排比句，排山倒海，气势磅礴，无可辩驳。但是，这七宗罪的铺排，却又同中有异，风云变幻。"行文之妙，一波未平一波随起，前后相生，机神鼓荡。有顿挫处，有跌宕处，有关锁处，有收束处，有重复处，有变换处，长短错综，纵横排帛，无美不备，应是左氏得意之作。"（余诚《古文释义》）

其主次详略，更具匠心。"绝秦自作一首妙文读。绝秦以末段为主，但单责秦桓，殊苦寥落，远远从穆康说来，便有波澜，若只说他不是亦难醒豁，看着将自己好处相形，便有衬托。通篇段落顿挫，风调低回，只是工于抑扬，遂尔文情绝世。""前后大旨，只是称己之是而饰其过，责人之非而没其善。称己则用重笔，而文过则用轻笔；没善则用轻笔，而责过则用重笔。"（冯李骅《左绣》）先历数了秦国的七宗罪状，连篇累牍，罪大恶极，然后再切入当时令狐会盟的正题，声讨秦国背盟的不义，揭示狄楚以及诸侯的反感厌恶，简直神人公愤，天理难容。在指斥秦国背盟时，作者先用白狄告我，再用楚人告我，这样引用第三者的话语，来指称秦反复无常两面三刀的罪证。尤其是引楚王转述秦国之语："尔虽与晋出入，余唯利是视。"既暴露了秦国见利忘义的嘴脸，又刻画了秦国两面三刀的做法，使秦国无所遁形，丑态昭然若揭，暴露在阳光之下。令狐背盟是秦国言而无信、背信弃义、唯利是图的典型做派，故吕相抓住不放，大做文章。

何以百炼钢，化为绕指柔。该文的又一特色是刚柔相济。一方面声讨秦方得寸进尺，变本加厉，多行不义，另一方面申述晋方忍辱求全，退避三舍，忍无可忍。但是，一旦得理绝不饶人。你看，秦晋崤之战，作为胜方的晋，揪住秦方乘晋发丧而越境袭郑的理亏不放，穷追猛打，连珠发炮。

无禄，文公即世，穆为不吊，蔑死我君，寡我襄公，迭我殽地，奸绝我好，伐我保城，殄灭我费滑，散离我兄弟，扰乱我同盟，倾覆我国家。我襄公未忘君之旧勋，而惧社稷之陨，是以有殽之师。

9句组成气势磅礴的排比句，淋漓酣畅之至。71字的一小节，连用10个"我"字，如泣妇之诉冤，如泣如诉，呜呜咽咽，滔滔不绝。全文710字，"我"字43次出现，还不包括其同义形式"吾"等。也就是说，每16.5个字，就有一个"我"字。将"我"即"晋国"的形象突显无遗——忍无可忍，退无可退，以守为攻，正义凛然，岿然不动！

此为辞令别调，令人百读不厌。"通篇俱是造作出，语言最为工炼，叙事婉曲有条理，其字法细，其句法古，其章法整，其篇法密。诵之数十过不厌，在辞令中又别是一种格调。"（《左传杜林合注》孙月峰评）"秦晋权诈相倾，本无专直。但此文饰辞骂罪，不肯一句放松，不使一字置辨。深文曲笔，变化纵横，读千遍不厌也。"（吴调侯、吴楚材《古文观止》）这种别调，实际是用淋漓酣畅的笔调，百读不厌的文采，达到吸引天下注视，一传十，十传百，百传天下，引起神人共愤，千夫所指的效果。

总之，吕相这篇绝交书，历数秦穆、康、桓三王和晋献、惠、文、襄、景五君之事，上溯源流，下及当世，行文纵横捭阖，笔力阳刚雄健，也给后世以很大影响。吕相绝秦书开战国策士游说之辞的先河，也是后世檄文之祖。其后秦作《诅楚文》，即仿效此书。

14. 军事解读

所以，从战争史的角度看，这篇绝秦书，与其说是给秦国的挑战书，不如说是给诸侯发的征师令。

秦晋自殽之战以来，兵连祸结，征伐不断。但是，像这样还要先呈递长篇累牍的绝交书，然后再正式开战者，实属罕见。为什么会这样多此一举呢？"作深一层分析，连同令狐之会一起来观察，则实含有绝大的谋略意义在内。简言之，这两件事，其第一作用在诓骗楚国，使其不注意晋之伐秦。其第二作用则在博取诸侯之同情，借以助晋伐秦也。""晋之伐秦，本为对楚战略之一部分。"① 故需分化瓦解利用各方。

"晋在开战之前发表这份绝交书，其真实意图如有的论者所言，一是在于诓骗楚国，使其误以为晋伐秦之举不过是清算两国的旧恨宿怨，从而巧妙掩盖晋伐秦为对楚战略之一环的真相。二是在于博取诸侯同情，认为晋欲谋和而秦无诚意，晋用兵乃是迫不得已，从而赢得诸侯对晋伐秦军事行动的支持。从麻隧之战的战局演变及结果来看，应该说，晋的这番舆论攻势取得了极大的成功。"②

果然，该书直接的作用是促使诸侯纷纷倾向晋方。认为，晋国代表了和平，代表了友好，代表了公正。

> 秦桓公既与晋厉公为令狐之盟，而又召狄与楚，欲道以伐晋，诸侯是以睦于晋。（《左传·成公十三年》）

当然，这也让秦方不知所措，哑口无言。与此同时，晋再派郤锜赴诸侯各国征师，应者云集。次月，晋厉公会齐鲁宋卫郑曹邾滕八国诸侯，联军伐秦，即麻隧之战，晋胜秦败。秦自此役败后，数世不振，不再为晋国西边之患。晋既解除西方威胁，便全力对楚，遂有二年之后的鄢陵之战，晋胜楚败。③

解读《吕相绝秦》（前578），联系两年之前的令狐之会（前580），紧接的麻隧之战（前578），三年后的鄢陵之战（前575），我们可以更加清晰地洞察其中的脉络，关联，意蕴。而其间的战与和，表与里，虚与实，明与暗，东与西，主与次，大与小，多与少，有与无，远与近，皆可从此绝秦书而窥见谋略堂奥之一二。

---

① 台湾三军大学. 中国历代战争史：第一册 ［M］. 北京：中信出版社，2012：234.
② 黄朴民. 中国军事通史·春秋军事史 ［M］. 北京：军事科学出版社，1998：251.
③ 台湾三军大学. 中国历代战争史：第一册 ［M］. 北京：中信出版社，2012：227 - 238.

第三节　以智安楚　黄歇上书秦昭王

15. 名列四杰

战国中后期，秦国主攻东邻三晋，同时侧击楚国。尤其联吴制楚，节节胜利。楚国都城陷落，岌岌可危。幸有黄歇上书秦王，使其停止攻楚灭楚之战，楚国暂免一场灭顶之灾。黄歇"以智安楚"，成为战国历史的奇迹。

春申君，名黄歇（前320—前238）为战国四公子之一，任楚相二十余年。他游学博闻，能言善辩。楚考烈王元年，任为相，封为春申君。赐淮北地十二县，后改封于江东。①

春申君明智忠信，以礼贤下士而闻名于世。苏东坡赞他是"宏才伟略，大度深思。三千珠履，百万雄师。名列四杰，声振华夏。"他的这封《上秦王书》，是一篇重要而独特的历史文献，人称"以智安楚"②，是书有效调转了大兵压境的窘境，化解了楚国的灭顶危机。黄歇是在楚国面临生死存亡的"关键时刻，上书'说秦善楚'，主张以仁义兼并天下，又具有纵横家的特点。《上秦王书》是春申君获取高位的基础和历史起点，也是他能在此后做出杰出贡献的历史起点。晚楚时期，春申君利用《上秦王书》及秦实行'远交近攻'战略的持续效应，一定程度上维持了楚国的国力。春申君在晚楚时期的历史贡献，是其以《上秦王书》为起点的历史活动的归宿。"③ 钟惺评曰："春申君楚功臣也，上书秦昭王全楚，护楚太子归国立为王，其功在社稷。"这是从黄歇及楚国的历史来做的评论。又有人从文笔上做的评论曰：

---

① 吕锡生. 论春申君的功过及其成败之因 [M] // 安平秋，赵生群，张强. 史记论丛. 兰州：甘肃人民出版社，2008：205 – 213.

② 周振甫.《史记》集评 [M]. 重庆：重庆大学出版社，2010：230.

③ 李家勋，哈余庆，苏希圣. 春申君《上秦王书》及晚楚时期春申君的历史贡献 [J]. 皖西学院学报，2012（4）：17 – 21.

"此书情事详晰，读之令人心开目明，文笔极一时之俊。"① 可见文学上也有
成就。

16. 存亡关头

为什么说这是在楚国的生死存亡的关键时刻呢？这还得从楚国的地位与
秦国的战略说起。西周中期以来，楚国雄踞南方，幅员辽阔，是举足轻重的
强国。楚悼王任用吴起变法，国力大增，从而与秦齐鼎足而立。公元前 333
年，齐楚徐州之战，楚国力克强齐。公元前 319 年，五国联合攻秦，楚怀王
为纵约长。之后齐楚结盟，不可一世，秦惠王寝食难安，急派张仪使楚欺诈
成功。楚怀王怒而伐秦，连遭重创，损兵失地，其汉中重地沦为秦郡，致使
秦国的巴蜀与之连成一片。

楚国虽强大，但有时不得不屈服于秦国。楚顷襄王熊横为太子时，曾经
被迫在秦国作人质。前 302 年，熊横在私斗中杀死秦国的一位大夫逃回楚国。
秦国和楚国的关系不断恶化。前 299 年，秦国伐楚，攻下八个城池，楚怀王
入秦求和，却被秦昭王强行扣留，最后（前 296 年）死于秦国，为天下笑。
其间，楚顷襄王即位，秦昭襄王对其非常轻蔑，连番大举出兵，势欲灭掉楚
国。《史记·楚世家》载：

> 楚顷襄王元年（约公元前 299 年），秦昭王率军攻楚，大败楚军，
> 斩首五万，取得析城等十五城邑而去。……顷襄王三年，秦与楚断
> 交。……楚顷襄王十九年（前 280 年），秦攻楚，楚败，割上庸、汉北
> 土地于秦。……楚襄王二十年（前 279 年），秦大将白起攻下楚西陵城。
> 二十一年（前 278 年），白起攻下楚都"郢"，楚退居陈地（今河南淮
> 阳）。

秦昭王派遣白起攻打楚国，夺下巫郡（今四川东部）、黔中郡（今湖南、
四川、贵州交界地区）两郡，并于公元前 278 年又攻下楚国都城鄢郢（今湖
北江陵），向东直打到竟陵（今湖北潜江），楚顷襄王被迫将都城向东迁往

① 韩兆琦. 史记题评 [M]. 西安：陕西人民教育出版社，2000：33.

陈。这时的楚顷襄王急于向秦国求和，于是，在前272年派遣辩才出众的黄歇出使秦国。当时秦昭王派遣白起进攻韩国和魏国的联军，在华阳大败联军，擒获魏将芒卯，韩国和魏国被迫向秦国臣服，并听命于秦国调遣。秦昭王已命令白起率同韩魏之师一同攻楚。联军正准备出发，大有一举灭楚之势。

17. 一书止敌

《史记》这样记载的：

> 春申君者，楚人也，名歇，姓黄氏。游学博闻，事楚顷襄王。顷襄王以歇为辩，使于秦。秦昭王使白起攻韩魏，败之于华阳，禽魏将芒卯，韩魏服而事秦。秦昭王方令白起与韩、魏共伐楚，未行，而楚使黄歇适至于秦，闻秦之计。当是之时，秦已前使白起攻楚，取巫、黔中之郡，拔鄢、郢，东至竟陵，楚顷襄王东徙治于陈县。黄歇见楚怀王之为秦所诱而入朝，遂见欺，留死于秦。顷襄王，其子也，秦轻之，恐壹举兵而灭楚。歇乃上书说秦昭王曰：
>
> ……
>
> 昭王曰："善。"于是乃止白起而谢韩魏。发使赂楚，约为与国。
> （《史记·春申君列传》）

黄歇临危受命，于是上书劝秦昭襄王说，秦国和楚国是最强大的两个国家，如果秦国欲攻打楚国，必然会导致两败俱伤，很容易使韩、赵、魏、齐等国家攫取渔翁之利。这样还不如让秦国和楚国结盟，然后联合起来一起对付其他国家。秦昭襄王被黄歇成功说服，于是阻止了白起的出征，派使臣给楚国送去厚礼，与楚国缔结盟约，成为友好国家。黄歇从秦国接受盟约后回到楚国，楚顷襄王派他和太子熊完作为人质到秦国，秦昭王将他们驻留了整整十年。前263年，楚顷襄王病重。黄歇借助秦相范雎，设计让熊完逃回楚国，不久自己也被送回了楚国。

总之，他凭这封上书，阻止了大兵压境，获得了秦楚再结盟，又凭口才，虎口脱险，并且还保持了秦楚的友善关系。那么，这封书信的具体内容是怎样的呢?

18. 开宗明义

楚国作为一个大国,面临着亡国之险,看看楚国外交家是如何说服已经箭在弦上的强大的秦国,而化解冲突和危机的。

这是楚襄王二十年,秦国大将白起以凌厉的攻势攻陷楚国的西陵,另一支秦军攻陷鄢、郢、夷陵,不仅攻陷都城,还放火焚烧楚国先君的陵墓。襄王被逼迁都于东北的陈城,以存社稷。楚自此而日渐削弱,为秦所轻。不久,白起又率军大举伐楚。这时的黄歇,游学过各地,博学多闻,楚襄王认为他是善辩之才,于是派他出使秦国,以游说秦国。

黄歇到秦国后上书秦昭王说:

> 天下莫强于秦楚,今闻大王欲伐楚,此犹两虎相斗,而驽犬受其弊,不如善楚。臣请言其说。(《史记·春申君列传》)

这是书信,用不着过多的客套礼节,所以,开门见山,一针见血。"天下诸侯实力,以秦、楚为最,如今听说大王想要伐楚灭楚,臣以为这样无异于两虎相争,最终说不定会让呆滞的猎犬占了便宜,大王倒不如与楚修好。臣请求说说其中的缘由。"

19. 夸赞功业

> 臣闻之:"物至而反,冬夏是也;致至而危,累棋是也。今大国之地半天下,有二垂,此从生民以来,万乘之地未尝有也。先帝文王、庄王,王之身,三世而不接地于齐,以绝从亲之要。今王三使盛桥守事于韩,成桥以北入燕。是王不用甲,不伸威,而出百里之地,王可谓能矣。王又举甲兵而攻魏,杜大梁之门,举河内,拔燕、酸枣、虚、桃人,楚、燕之兵云翔不敢校,王之功亦多矣。王休甲息众二年,然后复之,又取蒲、衍、首垣,以临仁、平兵,小黄、济阳婴城,而魏氏服矣。王又割濮、磨之北属之燕,断齐、韩之要,绝楚、魏之脊。天下五合、六聚而不敢救也,王之威亦惮矣。王若能持功守威,省攻伐之心而

肥仁义之诚，使无复后患，三王不足四，五伯不足六也。"(《史记·春申君列传》)

臣听说这样的话：物极必反，正如冬夏相替；安极而危，好比堆叠棋子。如今大王的秦国据有天下半数的土地，西北两方俱达到极边远之境，有史以来，没有哪个万乘大国能与秦比肩而立的。从先帝孝文王、庄襄王，到大王共历三代，从未忘记开疆拓土以求与齐接壤共边，从而切断诸侯合纵以对付秦国的交通之道。大王多次派盛桥到韩国担任监国要职，他不负所托，并北燕之地入秦国。这样大王不用劳师动众，不费吹灰之力，而拓地百里，这是大王的能耐啊。大王又发兵攻魏，封锁大梁城，占领河内，攻取南燕、酸枣、虚、桃人等地，楚、燕两国军队只是作壁上观，不敢与秦军交锋，这是大王之盛大功业啊。此时假如大王能休兵两年，然后再出兵，攻取蒲、衍、首垣，兵临仁、平丘，那么小黄、济阳之地将不战而降，魏氏就只有俯首臣服了。大王再割濮、磨以北之地与燕，加以拉拢，则掌握齐韩之间的通道，斩断楚魏之间的联系，这样一来，山东诸国即使结聚联盟，也无法相互救援，不敢出动挽救其危亡的命运了，这是大王可怕的威力啊。眼下大王威名正盛，倘能守成功业，停止攻伐而施行仁义，不仅免除后患，而且古代那三王就不愁变成四王，而五霸也不难变成六霸了。"

这是从历史的审视，来赞颂肯定现今秦昭王空前的功业与威力，又从哲理的高度，来阐述说明物极必反，适可而止，止戈用仁的道理和前景。

20. 告诫无终

王若负人徒之众，材兵甲之强，乘毁魏氏之威，而欲以力臣天下之主，臣恐有后患。《诗》云：靡不有初，鲜克有终。《易》曰：狐濡其尾。此言始之易，终之难也。何以知其然也？智氏见伐赵之利，而不知榆次之祸也；吴见伐齐之便，而不知干隧之败也。此二国者，非无大功也，没利于前，而易患于后也。吴之信越也，从而伐齐，既胜齐人于艾陵，还为越王禽于三江之浦。智氏信韩、魏，从而伐赵，攻晋阳之城，胜有日矣，韩、魏反之，杀智伯瑶于凿台之上。今王妒楚之不毁也，而

忘毁楚之强（韩）魏也。臣为大王虑而不取（也）。《诗》云：大武远
宅不涉。从此观之，楚国，援也；邻国，敌也。（《史记·春申君列传》）

　　反之，如果大王倚仗巨大的兵威，乘着击败魏国的余锐，欲以威服天下
诸侯，臣担心秦国自此将后患无穷。《诗经》是这样说的：靡不有初，鲜克
有终。凡事都有一个很好的开始，却少有圆满的结局。《易经》中也有类似
的例子：狐濡其尾。狐狸涉水过河，开始时小心翼翼，生怕弄湿了尾巴，可
是由于多种原因，到达对岸时还是免不了把尾巴弄得湿漉漉的。这些都说明
了始易终难的道理。凭什么断定事理必然如此呢？有事实可据。智伯只看到
攻打赵国的利益，可惜却没有注意到榆次之祸；吴王发现攻打齐国有利可
图，可惜没料到有干遂之败。这两个国家都曾战功赫赫，只是由于贪图眼前
利益，最终不免国灭身亡。吴王相信越国，放心地全力攻齐，取得了艾陵大
捷，可胜利归来，却被越王擒杀于三江之浦。智伯轻信韩魏，与之合力攻
赵，围攻晋阳，不料大胜在即，韩魏两军阵前倒戈，杀智伯于凿台之上。如
今大王念念不忘灭掉楚国，却没有注意到，楚国的覆灭只会大大增强韩国、
魏国的实力。臣因而替大王深感忧虑，实为不可取呀！《诗经》中说：大武
远宅不涉。有威望的大国，不必征战，自能怀敌附远。以此来看，地处僻远
的楚国，应当是秦国的盟友，而邻近之国，方是肘腋之患，必克之敌。

　　这里再用经典名言和战争实例来阐述有始无终的规律与穷兵黩武的下
场。指出，秦国必须以楚为援，以邻为敌，而不能有恃无恐，狂妄自大。

21. 分辨利害

　　《诗》云：他人有心，予忖度之。跃跃毚兔，遇犬获之。今王中道
而信韩、魏之善王也，此正吴信越也。臣闻，敌不可易，时不可失。臣
恐韩、魏之卑辞虑患，而实欺大国也。此何也？王既无重世之德于韩、
魏，而有累世之怨矣。韩、魏父子兄弟接踵而死于秦者，累世矣。本国
残，社稷坏，宗庙隳，刳腹折颐，首身分离，暴骨草泽，头颅僵仆，相
望于境；父子老弱系虏，相随于路；鬼神狐祥无所食，百姓不聊生，族
类离散，流亡为臣妾，满海内矣。韩、魏之不亡，秦社稷之忧也。今王

之攻楚，不亦失乎！且王攻楚之日，则恶出兵？王将藉路于仇雠之韩、魏乎？兵出之日而王忧其不反也，是王以兵资于仇雠之韩、魏。王若不藉路于仇雠之韩、魏，必攻随阳、右壤。随阳、右壤，此皆广川大水，山林谿谷不食之地，王虽有之，不为得地。是王有毁楚之名，无得地之实也。（《史记·春申君列传》）

《诗经》中又说："他人有心，予忖度之。跃跃毚兔，遇犬获之。别人有害我之心，我应时刻提防，再狡猾的兔子，也躲不过猎犬的追捕。"如今大王为韩魏所惑而加以亲信，这无异于吴王轻信越国，到头来后悔莫及。臣听说，敌人不可轻视，时机不容错失。臣认为韩魏两国是担心亡国灭族才卑躬屈膝臣服于大王的，并非真心臣服，其实是极大的欺骗。为什么这么说呢？大王对于魏韩并无没世的恩德，却有世代的冤仇。韩魏两国人民的父子兄弟，历代死于秦人之手的不可胜数，国家残破，宗庙坍塌，百姓剖腹断头，身首异处，暴尸荒野，触目可见，而被掳掠押送的，相枕于路。鬼神无人供奉，百姓无法生存，妻离子散，沦为奴仆臣妾的，遍布诸侯各国。韩魏不亡，秦国则永难安枕无忧。此时大王却全力攻楚，难道不是巨大的失策吗？

何况大王出兵伐楚之时，将取道何处呢？大王不会向宿敌韩魏借道吧？恐怕出兵之日，大王就开始担忧能否再返回秦国了。借道两国，无异于大王把大批兵马拱手赠予仇敌韩魏。如果大王不向这两国借道，那只能攻打楚国随阳、右壤。而随阳、右壤都是高山大河、森林溪谷，人烟稀少，大王即使占有这些地方，又有什么用呢？这样，大王徒有毁楚之名，而无得地之实。

这里再从地缘的角度，分析秦国与近邻韩魏，积怨深重，势不两立。他们表面的卑辞臣服，其实是极大的欺骗。如果一意攻楚，要么借道韩魏，有去无回；要么投兵荒野，有名无实。总之，攻楚有害无益，对付韩魏才是当务之急。

22. 提醒有隙

且王攻楚之日，四国必应悉起应王。秦、楚之构而不离，魏氏将出兵而攻留、方与、铚、胡陵、砀、萧、相，故宋必尽。齐人南面，泗北

必举。此皆平原四达，膏腴之地也，而王使之独攻。王破楚以肥韩、魏
于中国而劲齐，韩、魏之强足以校于秦矣。齐南以泗为境，东负海，北
倚河，而无后患，天下之国，莫强于齐。齐、魏得地葆利，而详事下
吏，一年之后，为帝若未能，于以禁王之为帝有余。夫以王壤土之博，
人徒之众，兵革之强，一举众而注怨于楚，诎令韩、魏，归帝重于齐，
是王失计也。（《史记·春申君列传》）

况且大王攻打楚国之日，必将是齐、赵、韩、魏四国乘虚而入之时。秦
兵陷于楚战的泥淖，无暇他顾，魏国必定出兵攻取留、方与、铚、胡陵、
砀、萧、相等地，宋国故地必将尽属于魏。齐国南下，攻取泗北之地，此一
望无际四通八达的平原地带，美丽富饶的土地，是大王拱手相让，让齐国独
享。大王出兵击溃楚国，不料让他人坐收渔人之利，既扩张了中原韩魏的国
土，又增强了东方齐国的实力。韩魏两国强大起来，就会与秦分庭抗礼。而
齐国以泗水为西境，东临大海，北靠黄河，再无后顾之忧，将成为诸侯中的
最强者。齐魏获得土地保有利益，再加上官吏的悉心治理，一年之后如果尚
无力称帝，但也有足够的力量阻拦大王建号称帝。以大王疆土之广，民众之
多，兵革之强，倾国出兵与楚国结怨，反倒让韩魏支持齐称帝，臣以为，这
可是大王失策之处。

这是说秦若出兵攻楚，齐、赵、韩、魏等四国将乘隙而入，并趁机坐
大，尤其是齐国，可以无敌于天下。

23. 联楚攻弱

臣为王虑，莫若善楚。秦楚合而为一，临以韩，韩必授首。王襟以
山东之险，带以河曲之利，韩必为关中之候。若是，王以十（万）戍
郑，梁氏寒心，许、鄢陵婴城，上蔡、召陵不往来也。如此，而魏亦关
内候矣。王一善楚，而关内二万乘之主注地于齐，齐之右壤可拱手而取
也。是王之地一任两海，要绝天下也。是燕赵无齐楚，齐楚无燕赵也。
然后危动燕赵，持齐楚，此四国者，不待痛而服矣。（《战国策·秦四·
顷襄王二十年》）

臣诚心为大王考虑，最好不过是跟楚国言归于好，和睦相处。秦楚一体，兵临韩境，韩必俯首称臣。大王据定崤山之险，保有河曲之利，韩国必将成为替秦伺察天下诸侯动静的前哨。这样一来，大王以十万大兵进逼郑地，魏国必然震恐，许和鄢陵两城马上会闭城自守，上蔡、召陵都将不与魏国往来。这样的话，魏国也就成为秦在东方的侦察官。大王一旦与楚国修好，韩魏这两个强国自会勠力攻齐，齐国右方的土地大王就唾手可得。这时大王之地，自西海至东海，横绝天下。这样，燕赵与齐楚相互隔绝，无法通联。然后加以胁迫，各个击破，攻击燕赵，挟持齐楚，这四国不待出兵攻打，便会乖乖地臣服于秦国了。

最后是指明了善楚的光明前景，秦楚合一，则可开疆拓土，威慑韩魏，攻击燕赵，挟持齐楚，进而不战而胜，威服天下。

24. 意外效果

其实，读罢黄歇献书，秦"昭王曰：'善。'于是乃止白起而谢韩魏。发使赂楚，约为与国。"这对秦国来说，只不过是缓兵之计，顺水推舟，毕竟他的主攻方向还是三晋，毕竟楚国是个大国，远交近攻、先易后难，这是秦国的既定战略。稳住了楚国，好全力攻取赵魏韩。当然，对于楚国而言，黄歇"上书秦昭王全楚"，已经暂解燃眉之急，此书也就达到了"尊君重身"安国的目的了。这也为他后来出任并长期担任楚相奠定了基础。司马迁称赞道，"春申君之说秦昭王，及出身遣楚太子归，何其智之明也！"（《史记·春申君列传》）

黄歇上书说服秦昭王，主要运用了利益权衡法和例证法。他运用利益权衡法，诱导秦昭王仔细分析攻打楚国的利与弊。书中指出，秦国攻打远方的楚国，如果获得胜利，会使魏国和齐国趁机捞取巨大的利益，使这两个国家的国力得到较大增强，成为秦国新的敌手。如果攻打楚国失败，秦国就会大伤元气，受到极大损失。再用例证法，向秦昭王揭示攻打楚国的潜在危险。他列举晋国智伯和吴王夫差分别在优势情况下因为盲动而导致国破身死的事例，说明秦国攻打楚国同样面临功败垂成身死国破的危险。①

　　在楚国面临灭顶之灾的时刻，黄歇上书，竟能使秦罢伐楚之兵，达秦楚之和，并调转兵锋北上，直指赵国，恐怕远远出乎楚国君臣顷襄王和黄歇的意料之外。"黄歇此书，对当时形势之分析颇为详尽，其对秦国决策上利害得失之权衡，亦深中肯要。""秦楚之和既成，秦即转其兵锋以北向赵国，于是遂引起秦赵后来数十年之战斗。"②

　　楚臣黄歇上书秦王这是在公元前272年，五十年后，前223年秦灭楚，则此书大大延缓了楚国的生命线，而且，楚国在秦灭六国序列中，位列倒数第二。这多多少少与此书有关吧！

25. 艺术赏析

　　你看，黄歇果然是个舌比剑利的雄辩之才，他临危受命，慷慨陈词，向秦昭王上书，分析了秦国攻楚的弊端和善楚的好处。旁征博引、铺陈排比，用极具感染力的语言，雄辩地说明为了能够防止"靡不有初，鲜克有终"、始易终难的结局，为了防止韩魏借隙袭秦和齐国乘机坐大的危险，秦楚应该避免两虎相斗，两败俱伤，避免鹬蚌相争，渔翁得利，而要强强联手，建立合作伙伴关系。如此才能征服其他五国，从而雄踞天下。不管后来的历史如何发展，黄歇的外交雄辩毕竟能自圆其说，也收到了抑制秦国攻灭楚步伐的效果。

　　在战国时代，《诗经》《易经》等典籍是当时屈指可数的最有权威性的经典，引用这些典籍的话语，自然能够增加话语的说服力。这里，外交家黄歇有三个地方引用这些经典。第一个地方用《诗经》《易经》的话语揭示了始易终难这样一个在自然界、社会界都通用的公理，意在叫秦王见好就收。第二个地方用《诗经》说明有王道仁义的国家方能怀敌附远，意在叫秦国以仁义对待楚国。第三个地方用《诗经》说明秦国要提防韩魏，而不要来对付楚

---

①　谢文光. 春申君说服秦昭王放弃攻打楚国计划［EB/OL］. 新浪博客，2019 - 09 - 04.

②　台湾三军大学. 中国历代战争史：第二册［M］. 北京：中信出版社，2012：180 - 182.

国。三处都在情在理，<u>丝丝入扣</u>。引用经典既显得有文化韵味，又具有说服力。可谓一箭双雕，以少胜多。

设身处地，换位思考，时时处处，从秦国的角度来审视利害，分辨敌友，审度时势，决定进退。整篇说辞，做到了情理交融，融情入理，不由人不信服。

一封书信，能够做到这样，服君退兵，救危解难，可谓足矣。

语言的锋利，岂容轻忽。

第四节　秦吃一堑　长一智

秦国在七百年漫长的生存、发展、争霸、兼并、一统天下之路上，不断受到这样来自敌国的文攻舌战，而对于一个不甘落后屈辱的部落诸侯来说，它自然吃一堑长一智；失败乃成功之母；兵来将挡，水来土掩；由被动应对到主动出击；以其人之道还治其人之身。希腊神话故事说，智慧总是来自切肤之痛的教训。于是，秦国也在这样的语言交锋中学会重视和使用这一锐利武器。在外交上，采用远交近攻；在战场上，施行反间之计；在人才上，致力为我所用。这样，到战国兼并战争最激烈的时候，秦国采用软硬兼施，文治武功，文韬武略，既能在战场上大举歼灭敌人的有生力量，又会在战场外不战而屈人之兵。刚柔相济，相得益彰。尤其伐谋伐交，文攻舌战，使得"秦以攻取之外，小则获邑，大则得城。较秦之所得，与战胜而得者，其实百倍；诸侯之所亡，与战败而亡者，其实亦百倍。则秦之所大欲，诸侯之所大患，固不在战矣。"（苏洵《嘉祐集》卷三《权书·六国论》）不在战，而在伐谋伐交，在会约盟誓。"秦国依靠盟誓制度获得诸侯地位，并遵守其规范使统一事业蓬勃发展""秦国选择盟誓制度作为工具获得天下"。[①] 你看，变法的商鞅，连横的张仪，伐交的范雎（陈轸、犀首、甘茂、甘罗、魏章、

---

① 田兆元，龙敏. 秦国崛起与盟誓制度研究［J］. 国际观察，2007（5）：28 - 34；田
　兆元. 盟誓史［M］. 南宁：广西民族出版社，2000.

蔡泽等)①，这些都是舌比剑锋利而为秦所用的旷世之才。你再看，秦国《诅楚文》，基本是晋《吕相绝秦》的翻版②。

> 又秦嗣王，敢用吉玉宣璧，使其宗祝邵鼛布憼，告于丕显大神厥湫，以底楚王熊相之多辠。昔我先君穆公及楚成王，是戮力同心，两邦若壹。绊以婚姻，袗以斋盟。曰枼万子孙，毋相为不利。亲卬大神厥湫而质焉。今楚王熊相，康回无道，淫泆甚乱。宣参竞从，变输盟约。内之则暴虐不辜，刑戮孕妇，幽约亲戚，拘圉其叔父，置诸冥室椟棺之中；外之则冒改厥心，不畏皇天上帝，及大神厥湫之光烈威神，而兼倍十八世之诅盟，率诸侯之兵，以临加我郢。划伐我社稷，伐灭我百姓，求蔑废皇天上帝，及大神厥湫之卹祠、圭玉、牺牲，遂取吾边城新隍，及於、长、嫭，吾不敢曰可。今又悉兴其众，张矜意怒，饰甲底兵，奋士盛师，以偪我边竞，将欲复其凶迹。唯是秦邦之赢众敝赋，辐鞠栈舆，礼傻介老，将之以自救也。亦应受皇天上帝大神厥湫之幾灵德赐，克剂楚师，且复略我边城。敢数楚王熊相之倍盟犯诅，箸诸石章，以盟大神之威神。

这篇秦《诅楚文》是战国后期秦国声讨楚王，并祈求神灵保佑秦国战胜楚师的刻石文字。刻石发掘有三块，宋时先后在不同的地方出土，文字基本相同，字数三百二十左右，分别以所祭之神命名：一曰"巫咸文"，一曰"亚驼文"，一曰"大沈厥湫文"。内容为秦王祈求神灵帮助制克楚兵，复其边城，故后世称"诅楚文"。据考证，约为秦惠文王和楚怀王时事。具体为

---

① 赖长洪.商鞅成败说 [M].北京：金城出版社，2001：149－150.
② 杨树达.积微居小学述林全编·诅楚文跋 [M].上海：上海古籍出版社，2007：439.

楚怀王十七年（前312）秋之战。① 即张仪欺楚，楚愤然反击的秦楚丹阳之战后，蓝田之战前夕。

　　早前，楚怀王十一年（前318），苏秦约纵山东六国共攻秦，楚怀王为合纵长。合纵大军至函谷关，秦出兵击六国，六国兵皆引而归。十六年，秦欲伐齐，而楚与齐纵亲，秦惠王乃使张仪南见楚王。欺楚使绝齐。十七年春，与秦战丹阳，秦大败楚军，斩甲士八万，虏大将军屈匄、裨将军逢侯丑等七十余人，遂取汉中之郡。怀王大怒，乃悉国兵复袭秦，战于蓝田，楚军又大败。韩魏闻楚之困，乃南袭楚，至于邓（湖北襄樊北）。楚闻，乃引兵归。（《史记·楚世家》）在这六七年间，秦国在家门口面临楚国及其合纵联盟来势汹汹的攻击，数次濒临覆灭的境地。先是楚怀王为纵约长率六国之兵，攻至函谷关。幸亏六国观望不前。再是楚怀王悉发国兵复袭秦，战于丹阳、蓝田。而函谷关西距秦都咸阳二百余公里，蓝田西北距咸阳仅六十公里。所以，这对秦国来说，不亚于生死决战。幸亏这一次楚怀王是犯了兵家大忌，"主不可以怒而兴师，将不可以愠而攻战。怒可以复喜，愠可以复说，亡国不可以复存，死者不可以复生。"（《孙子兵法·火攻》）而秦国保持沉着冷静，举国动员，全军上阵，甚至请来诸神灵参战，刻石多块，诅咒楚国败亡，保佑秦国完胜。果然，蓝田决战，在诸神灵的庇佑下，秦军同仇敌忾，重创楚师。韩魏闻楚之困，乃南袭楚，至于纵深。楚闻，乃引兵归。楚军腹背受敌，遂割地求和。

　　大概一篇三百二十字的《诅楚文》的神功奇效，被秦国作为克敌制胜的

① 陈伟.《诅楚文》时代新证［J］. 江汉考古，1988（3）：56－58、68；姜亮夫. 秦诅楚文考释——兼释亚駝、大沈厥湫两辞［J］. 兰州大学学报，1980（4）：54－71；潘啸龙. 从《诅楚文》看楚怀王前期的朝政改革［J］. 江汉论坛，1986（10）：76－81；裘锡圭. 诅楚文"亚駝"考［J］. 文物，1998（4）：3－5；孙作云. 秦《诅楚文》释要——兼论《九歌》的写作年代［J］. 河南师范大学学报（社会科学版），1982（1）：3－13；万青.《诅楚文》研究与整理［D］. 天津：天津师范大学，2009；吴郁芳.《诅楚文》三神考［J］. 文博，1987（4）：41－42、58；杨宽. 秦《诅楚文》所表演的"诅"的巫术［J］. 文学遗产，1995（5）：28－37；赵平安. 从"箸者石章"的解释看诅楚文刻石的形制［J］. 学术研究，1992（1）：115；赵平安. 诅楚文辨疑［J］. 河北大学学报（哲学社会科学版），1992（2）：23－29.

绝密法宝，秘而不宣，不见史籍，直至千年之后的北宋嘉祐（1056—1063）、治平（1064—1067）年间偶然发掘，才得以让世人窥其一斑。

秦《诅楚文》承袭晋《吕相绝秦》，无论文辞句式语气都有案可稽。如杨树达云："此文辞多袭自成公十三年《左传》所载晋吕相绝秦书。以历史上他国訾己之文字，袭之以訾别一他国，亦趣事也。"杨说举三例，以为证据。①

（晋）吕相绝秦	（秦）诅楚文
昔逮我献公，及穆公相好，戮力同心，申之以盟誓，重之以昏姻。	昔我先君穆公及楚成王，实戮力同心，两邦若壹。绊以婚姻，袗以齐盟。
迭我殽地……殄灭我费滑，散离我兄弟，扰乱我同盟。	率诸侯之兵，以临加我……伐灭我百姓
君又不祥，背弃盟誓。	今楚王熊相，康回无道……变输盟约

这就是秦国，以敌为师，失败乃成功之母的秘诀。秦国七百年强国兴军的经验教训值得借鉴。你看它从敌人的语言攻略中，汲取和提炼出自己的语言方略，直至青出于蓝而胜于蓝。郑《烛之武退秦师》、晋《吕相绝秦》和楚《黄歇上书秦昭王》，使得秦国曾经节节败退，甚至贻害深重。但是，却唤来"四海齐锋，一口所敌"的张仪，远交近攻的范雎，还有《诅楚文》这样力图感动神灵的檄文，期望创造一言制敌的奇迹。诚如莎士比亚所说："多灾多难，百炼成钢。"

请看《三国演义》中张飞如何一声喝退百万兵的。

> 却说文聘引军追赵云至长坂桥，只见张飞倒竖虎须，圆睁环眼，手绰蛇矛，立马桥上；……飞乃厉声大喝曰："我乃燕人张翼德也！谁敢与我决一死战？"声如巨雷。曹军闻之，尽皆股栗。曹操急令去其伞盖，

---

① 杨树达. 积微居小学述林全编·诅楚文跋 ［M］. 上海：上海古籍出版社，2007：439；史党社，田静. 郭沫若《诅楚文考释》订补 ［J］. 文博，1998（3）：3－5.

回顾左右曰："我向曾闻云长言：翼德于百万军中，取上将之首如探囊取物，今日相逢，不可轻敌。"言未已，张飞睁目又喝曰："燕人张翼德在此！谁敢来决死战？"曹操见张飞如此气概，颇有退心。飞望见曹操后军阵脚移动，乃挺矛又喝曰："战又不战，退又不退，却是何故！"喊声未绝，曹操身边夏侯杰惊得肝胆碎裂，倒撞于马下。操便回马而走。于是诸军众将一齐望西逃奔。正是：黄口孺子，怎闻霹雳之声；病体樵夫，难听虎豹之吼。一时弃枪落盔者，不计其数，人如潮涌，马似山崩，自相践踏。后人有诗赞曰：长坂桥头杀气生，横枪立马眼圆睁。一声好似轰雷震，独退曹家百万兵。（罗贯中《三国演义》第四十二回《张翼德大闹长坂桥》）

如果说这是小说家的想象与夸张的话，那么，六国与秦国的伐谋伐交一言制敌的文本确是古人的实践与史家的实录。

从攻秦之文，到以言制敌，六国与秦国的语言方略给我们许多启示，而其突出的一点就是——以敌为师，一言制敌。

第六章　邯郸之战的文伐

谁道泰山高，下却鲁连节。

谁云秦军众，摧却鲁连舌。

独立天地间，清风洒兰雪。

夫子还倜傥，攻文继前烈。

错落石上松，无为秋霜折。

赠言镂宝刀，千岁庶不灭。（李白《别鲁颂》）

秦赵长平之战，赵国四十五万大军尽被坑杀，赵军主力丧失殆尽，而随后的秦赵邯郸之战，结果却出人意料，赵国上演了一出"三寸之舌，强于百万之师"逆袭剧。你看，赵国的文伐组合舌战袭来，苏代反间秦将相除灭战神白起，毛遂自荐说服楚王出兵救赵，信陵君窃符救赵，鲁仲连说服辛垣衍义不帝秦，从而一举解救赵都邯郸之围。这些便是兵家伐谋伐交，不战而屈人之兵的最高境界，亦是语言效用的决胜课题。秦国在崛起征战过程中，不断遭遇这些舌比剑锋利的对手，吃一堑长一智，因而能够以敌为师，后来居上，青出于蓝。这是有幸，还是不幸呢？时至今日，这些观念或问题，仍然闪耀着真理的光芒，或者我们依然在艰难摸索。

举世闻名的秦赵长平之战（前 262 年—前 260 年），赵军四十五万将士被坑杀，此乃战国历史的转折点。亦为我国古代军事史上最早、规模最大、最彻底的围歼战。赵国曾经历过赵武灵王胡服骑射变法称雄，"尝抑强齐四十余年，而秦不能得所欲"（《战国策·赵策三》），但是经此一战元气大伤，几近破溃，更加速了秦国统一天下的进程。

"长平之事，秦军大尅，赵军大破；秦人欢喜，赵人畏惧。"① 可是，天有不测风云，人有旦夕祸福。随后的秦围赵都的邯郸之战，却大大出人意料。司马迁忠实地记录了这段惊心动魄的历史，突出了赵国运用文伐，打出了一套语言制胜的文伐组合拳，让被胜利冲昏头脑的秦国君臣措手不及。通过这类史实的记叙也表现了作者司马迁一言九鼎、一言制胜的语言观。

第一节　一言斩首的苏代　对敌将

长平决战，赵国精锐尽丧，秦将白起本想一鼓作气，乘胜追击，进围赵都邯郸，一举攻灭赵国。随后，即秦昭襄王四十八年（前259）十月，秦再次平定了上党，随后兵分三路：一路由王龁率领，进攻皮牢（河北武安）；一路由司马梗率领，攻占太原②；一路主力军略定上党地区后，准备进攻赵都邯郸。③

这是继长平之战的惨败之后，旋即都城邯郸被围，眼看赵国即将不复存在了！

不仅赵国朝野大震，诸侯各国亦是目瞪口呆，束手无策，惊慌失措。怎么办？

四十五万尽被坑杀，惨绝人寰，闻所未闻，振聋发聩！战前种种忠告和计谋的被拒绝和否定，现在看来那是多么的宝贵。失败乃成功之母。痛定思痛的赵孝成王"悔不听赵豹之计，故有长平之祸焉"④。在长平之战前的君臣商讨时，赵豹确曾劝阻虎口夺食，不要贪图便宜而引火烧身。可惜赵王不听。战初，赵王又不听虞卿结盟抗秦的计策，一错再错，铸成大错。

长平交战，赵国初战不利，即损失一员次于将军的都尉。赵王急忙招来谋臣楼昌和虞卿来商讨对策："军战不胜，尉复死，寡人使束甲而趋之，何

---

① 刘向．战国策［M］．范祥雍，笺证．上海：上海古籍出版社，2006：1878 – 1888.
② 司马迁．史记·白起王翦列传［M］．长沙：岳麓书社，2012：1065 – 1072.
③ 台湾三军大学．中国历代战争史：第二册［M］．北京：中信出版社，2013：194.
④ 司马迁．史记·赵世家［M］．长沙：岳麓书社，2012：692.

如?"楼昌曰:"无益也,不如发重使为媾。"虞卿说:"楼昌言媾者,以为不媾军必破也。然控制和谈之主动权在秦不在赵。且王之论秦也,欲破赵之军乎,不邪?"赵王答曰:"秦不遗余力矣,必且欲破赵军。"虞卿曰:"王听臣,发使出重宝以附楚魏,楚魏欲得王之重宝,必内(纳)吾使。赵使入楚魏,秦必疑天下之合从(纵),且必恐。如此,则媾乃可为也。"赵王不听,与平阳君赵豹议妥求和,发郑朱入秦。秦内之。赵王召虞卿曰:"寡人使平阳君为媾于秦,秦已内郑朱矣,卿以为奚如?"虞卿对曰:"王不得媾,军必破矣。天下贺战胜者皆在秦矣。郑朱,贵人也,入秦,秦王与应侯必显重以示天下。楚魏以赵为媾,必不救王。秦知天下不救王,则媾不可得成也。"应侯果显郑朱以示天下贺战胜者,终不肯媾。长平大败,遂围邯郸,为天下笑。① 不借重外援楚魏而自陷孤立,则是赵国长平之战失败的原因之一。

再者就是中了秦国的反间计,临阵换帅,撤下稳健宿将廉颇,换上年轻冒进纸上谈兵的赵括。

那么,经过反思,赵国君臣决定痛改前非,甚或以其人之道还治其人之身。于是,赵王乃依虞卿之议,一面遣使求救于楚魏,一面派人反间于秦国。

韩赵恐,使苏代厚币说秦相应侯曰:"武安君禽马服子乎?"曰:"然。"又曰:"即围邯郸乎?"曰:"然。""赵亡则秦王王矣,武安君为三公。武安君所为秦战胜攻取者七十余城,南定鄢、郢、汉中,北禽赵括之军,虽周、召、吕望之功不益于此矣。今赵亡,秦王王,则武安君必为三公,君能为之下乎?虽无欲为之下,固不得已矣。秦尝攻韩,围邢丘,困上党,上党之民皆反为赵,天下不乐为秦民之日久矣。今亡赵,北地入燕,东地入齐,南地入韩、魏,则君之所得民亡几何人。故不如因而割之,无以为武安君功也。"于是应侯言于秦王曰:"秦兵劳,请许韩、赵之割地以和,且休士卒。"王听之,割韩垣雍、赵六城以和。正月,皆罢兵。武安君闻之,由是与应侯有隙。(《史记·白起王翦列传》)

针对秦相应侯范雎的性格特点,"一饭之德必偿,睚眦之怨必报"②,极

① 司马迁.史记·平原君虞卿列传[M].长沙:岳麓书社,2012:1094-1103.
② 司马迁.史记·范雎蔡泽列传[M].长沙:岳麓书社,2012:692.

端自私，以权谋私，苏代一言便挑起了秦国将相的矛盾。最终借秦王秦相之手，除掉了一代战神武安君白起。"白起之任用与黜废，为当时秦与六国胜败之关键。"（《中国历代战争史》）也致使唾手可得的赵都邯郸难以攻克，挽救了赵国，秦军落败。① 从而大大推迟了秦国兼并统一的步伐。

苏代这一席话，不足二百字，字字千钧，说服力极强。先是明知故问，是武安君擒杀马服子的吗？是武安君进围邯郸城的吗？得到应侯的肯定回答后，便揭示赵亡则秦王称王天下的大好前景，以及已为秦战胜攻取者七十余城的武安君将更加功德无量，无与伦比。那么，你应侯将不得不永远屈居其下。这是私下里为应侯考虑的。还有可以放到桌面上的，以便范雎在宫廷向秦王陈述，就是为你们秦国考虑。即使灭掉了整个赵国，恐怕也会正如攻陷韩国的上党那样，得不到人心，得不到民众，也就得不到完整的赵国土地。很有可能，赵国的"北地入燕，东地入齐，南地入韩魏，则君之所得民亡几何人。"不仅竹篮打水一场空，而且徒然增加了敌国的实力。所以，最好不过是让赵国割地求和，不要再打了，也不要再让武安君立下不世功勋啦。于是，巧舌如簧的应侯范雎，连忙去劝说秦王，答应赵国的割地休兵讲和。

而武安君唾手可得的邯郸乃至赵国，就这样功亏一篑，赵国也就有一丝喘息的机会。

这只是一计，因为，秦国不会止步于白起一人的废黜。面对罢黜武安君之后的秦军来势汹汹的猛攻，赵王同时派人前往魏楚求救。

第二节　一言九鼎的毛遂　对友君

赵王使平原君求救，合纵于楚。

平原君赵胜是赵武灵王之子、赵惠文王之弟、赵孝成王之叔，曾三任赵相。他以善养"士"著称，有宾客数千人，而与齐孟尝、魏信陵、楚春申齐名，战国四君子都争相倾以待士。但赵胜似徒有其名，当初就是他利令智

① 熊剑平. 中国古代情报史［M］. 北京：金城出版社，2016：98–99.

昏，贪图冯亭献城的小便宜，鼓动赵孝成王对付强秦而招致长平之战赵军覆没的大祸。所以现在由他出面去向楚国求援，虽然没有十足的把握，但也只好硬着头皮，挺身而出。

赵胜深知，向楚求援，合纵抗秦，成败在此一举。但是，谈何容易，因为楚国前不久被秦将白起打得落花流水，丢盔弃甲，郢都陷落，陵墓被毁，楚国上下惊魂未定。对此，平原君的计划倒是颇为周详，文武兼备，文不成，就来武的。所以，他踌躇满志地准备跟门下有勇有谋能文能武的食客二十人一同前往楚国，说服楚王。平原君自言自语道："假使能通过客客气气的友好谈判取得成功，那就最好不过了。但是如果谈不拢，不能取得成功，那么即使是用武力胁迫挟制楚考烈王，在大庭广众之下，也要把盟约确定下来，一定要确定了合纵盟约才回国，才有面子。"他吩咐道，同去的文武之士就不必到外面去寻找了，养兵千日用兵一时，就从我门下的食客中挑选最优秀的士人就足够了。结果挑来拣去只选得十九人，剩下的人，不是文不文武不武，就是有文缺武或者有武缺文，没有可再挑选的了，三千食客中竟没办法凑满能文能武的二十人之数。就在这时，门下食客中有个叫毛遂的人，径自凑到前面来，自信满满地向平原君自我推荐说："我听说您要出使到楚国去，让楚国做盟主订下合纵抗秦的盟约，并且约定与门下食客二十人一同去，人员不到外面寻找。现在还缺少一个人，希望您就拿我充个数，让我也跟你们一起去吧。"平原君不解而又关切地问道："先生寄附在我的门下到现在有几年啦？"毛遂回答道："到今天已经整整三年了。"平原君说："有才能的贤士活在世上，就如同锥子放在口袋里，它的锋尖立马就会显露无遗。如今先生寄附在我的门下到现在已经整整三年了，可是我的左右近臣们从来没有人称赞推荐过你，我也从来没听说过你的名字，有什么业绩，这就是说先生没有什么专长啊，没有什么能耐啊。先生您不能去，先生您留下来吧。"毛遂争辩说："我就算是今天请求您把我放在口袋里吧。假使我早点儿就被放在口袋里，那就会整个锥锋都显露出来的，不只是露出一点锋芒了。"平原君迫于时间，鉴于毛遂的坚定神色，终于同意让他一同南下楚国了。同行的人互相使眼色示意，暗暗嘲笑毛遂的不自量力，只是都没有发出声音来。

等到毛遂他们一行赶往楚国，一路上跟那十九个人谈论、争议天下局势，他们没有不佩服毛遂的。当天，平原君与楚王谈判订立合纵盟约的事，再三陈述利害关系，从早晨就谈判，直到中午还没敲定下来。那些人就一个劲儿怂恿毛遂说："先生登堂！先生登堂！"于是毛遂也按捺不住，紧握剑柄，一路小跑地登阶跃上了殿堂上，便对平原君说："从（纵）之利害，两言而决耳。今日出而言从，日中不决，何也？"楚王厉声谓平原君曰："客何为者也？"平原君曰："是胜之舍人也。"楚王叱曰："胡不下！吾乃与而君言，汝何为者也！"毛遂按剑而前曰：

> 　　王之所以叱遂者，以楚国之众也。今十步之内，王不得恃楚国之众也，王之命县于遂手。吾君在前，叱者何也？且遂闻汤以七十里之地王天下，文王以百里之壤而臣诸侯，岂其士卒众多哉，诚能据其势而奋其威。今楚地方五千里，持戟百万，此霸王之资也。以楚之强，天下弗能当。白起，小竖子耳，率数万之众，兴师以与楚战，一战而举鄢郢，再战而烧夷陵，三战而辱王之先人。此百世之怨而赵之所羞，而王弗知恶焉。合从者为楚，非为赵也。吾君在前，叱者何也？（《史记·平原君虞卿列传》，207字，减标点29个，实为178字）

毛遂真是软硬兼施，恩威并重，反客为主，从我求人转瞬之间变为人求我，变被动为主动了。他说，请看秦国、秦军对贵（楚）国的侵凌，乃"百世之怨"，连我们第三者的赵国也深感奇耻大辱，不共戴天！大王您却不觉得丝毫的羞耻、厌恶和仇恨。合纵是为了你们楚国，而不是为了赵国！听了毛遂这番数说，楚王如雷贯耳，羞愧难当，如梦初醒，立即改变了态度说："是，是，的确像先生所说的那样，我一定竭尽全国的力量履行合纵盟约。"毛遂进一步逼问道："合纵盟约算是确定了吗？"楚王回答说："确定了。"于是毛遂用带有命令式的口吻对楚王的左右近臣说："把鸡、狗、马的血取来。"毛遂双手捧着铜盘跪下，进献到楚王面前说："大王应先吮血以表示确定合纵盟约的诚意，下一个是我的主人，再下一个是我。"就这样，在楚国的殿堂上确定了合纵盟约。这时毛遂左手托起一只血盘，右手招呼那些同伴说："各位在堂下也一块儿吮盘中的血，各位可也算来一起完成了这项使命的了。"

毛遂凭借超群的智勇，尤其是非凡的口才，为屡屡惨败的赵国赢得了难得的尊严与巨大的援助。随后被尊为上客，并且获得了"三寸之舌，强于百万之师"的美誉，而流芳百世。

> 平原君已定从而归，归至于赵，曰："胜不敢复相士。胜相士多者
> 千人，寡者百数，自以为不失天下之士，今乃于毛先生而失之也。毛先
> 生一至楚，而使赵重于九鼎大吕。毛先生以三寸之舌，强于百万之师。
> 胜不敢复相士。"遂以为上客。（《史记·平原君虞卿列传》）

这段话，被刘勰《文心雕龙》浓缩为："一人之辨，重于九鼎之宝，三寸之舌，强于百万之师。"① 从而更加流传久远，有口皆碑。但是，你知道，毛遂这强于百万之师的一百七十八字，包含多少知己知彼的工夫！

"词深人天，致远方寸。"

你看，平原君请求楚王的救兵，半天说不下来，而名不见经传的毛遂只用了一分钟，说了一百七十八字，就让楚王服服帖帖，五体投地，连连称是，并订立盟约"谨奉社稷而以从！"遂定纵。随即，楚王使春申君将兵十万救赵。

同时，魏安釐王亦使将军晋鄙将兵十万救赵。但只停驻于魏赵边境的半路上，因为这时收到了秦王特使的威吓与警告。随后是信陵君窃符救赵的奇绝传奇。

第三节　一言退敌的鲁连　对友臣

正如秦武安君所分析的那样，邯郸之战的形势并非如人所料。"今秦虽破长平军，而秦卒死者过半，国内空。远绝河山而争人国都，赵应其内，诸侯攻其外，破秦军必矣。""赵自长平以来，君臣忧惧，早朝晏退，卑辞重币，四面出嫁，结亲燕魏，连好齐楚，积虑并心，备秦为务。其国内实，其交外成。"（《史记·魏公子列传》）赵能否四下联络诸侯以为外援，这是长平之战的惨痛教训，更是邯郸之战的决胜之策。所以运用语言，施展外交战，便成为双方的

---

① 刘勰. 文心雕龙·论说［M］. 北京：中华书局，2012：165.

着力点。因此，赵王"使虞卿东见齐王，与之谋秦"①；平原君擢用毛遂成功说服楚王加盟合纵抗秦，以灵丘之地封楚相春申君黄歇，结好楚国。随后，能不能争取犹豫不决的魏王上阵，便成为关键。于是，秦赵双方你来我往，竟搅动了外围的旁观者加入其中。这不，齐国高士鲁仲连登场了。

秦王使使者告魏王曰："吾攻赵，旦暮且下，而诸侯敢救者，已拔赵，必移兵先击之。"魏王恐，使人止晋鄙，留军壁邺（河南临漳），名为救赵，实持两端以观望。平原君使者冠盖相属于魏，让魏公子曰："胜所以自附为婚姻者，以公子之高义，为能急人之困。今邯郸旦暮降秦而魏救不至，安在公子能急人之困也！且公子纵轻胜，弃之降秦，独不怜公子姊邪？"公子患之，数请魏王，及宾客辩士说王万端。魏王畏秦，终不听公子。公子自度终不能得之于王，计不独生而令赵亡，乃请宾客，约车骑百余乘，欲以客往赴秦军，与赵俱死。②信陵君带着百余乘兵马，奔赴前线，准备与秦军同归于尽。

魏王是进退两难，害怕秦军的痛击，但见死不救不敢担当，又怕在道义上说不过去。于是试图说服赵王，欲共尊秦为帝以却其兵。

魏王使客（外籍）将军新垣衍（《战国策》为辛垣衍）间（潜）入邯郸，因平原君谓赵王曰："秦所为急围赵者，前与齐湣王争强为帝，已而复归帝；今齐已益弱，方今唯秦雄天下，此非必贪邯郸，其意欲复求为帝。赵诚发使尊秦昭王为帝，秦必喜，罢兵去。"平原君犹预未有所决。③

恰在这时，齐人鲁仲连客游于赵国，正赶上秦军围攻邯郸。在此危急头，他听说魏国非但不救赵难，还想要让赵国尊奉秦昭王称帝，主宰天下，就义愤填膺地去晋见平原君，劈头质问道："事将奈何？"平原君茫然说："胜也何敢言事！前亡四十万之众于外，今又内围邯郸而不能去。魏王使客将军新垣衍令赵帝秦，今其人在是。胜也何敢言事！"鲁仲连不住地摇头说："吾始以君为天下之贤公子也，吾乃今然后知君非天下之贤公子也。梁客新垣衍安在？吾请为君责而归之。"平安君遂见新垣衍曰："东国有鲁仲连先生

---

① 吴如嵩，黄朴民，任力，等．中国军事通史·战国军事史［M］．北京：军事科学出版社，1998：276－284.

② 司马迁．史记·魏公子列传［M］．长沙：岳麓书社，2012：1104－1110.

③ 司马迁．史记·鲁仲连邹阳列传［M］．长沙：岳麓书社，2012：1161－1176.

者，今其人在此，胜请为绍介，交之于将军。"新垣衍曰："吾闻鲁仲连先生，齐国之高士也。衍，人臣也，使事有职，吾不愿见鲁仲连先生。"平原君曰："胜既已泄之矣。"新垣衍许诺。

原文	摘要	简析
鲁连见辛垣衍而无言。 辛垣衍曰："吾视居此围城之中者，皆有求于平原君者也。今吾视先生之玉貌，非有求于平原君者，曷为久居此围城之中而不去也？"	鲁无言。 辛纳闷：为何不离开围城？（辛主动出击）	1. 以守为攻诱敌深入。
鲁连曰："世以鲍焦①无从容而死者，皆非也。今众人不知，则为一身。彼秦，弃礼义而上首功之国也，权使其士，虏使其民，彼则肆然而为帝，过而遂正于天下，则连有赴东海而死耳，吾不忍为之民也！所为见将军者，欲以助赵也。"	鲁：捍卫正义视死如归（例一），为了助赵。	2. 大义凛然出言不凡。
辛垣衍曰："先生助之奈何？"	辛：怎么助赵？	3. 欲以助赵使魏助赵。
鲁连曰："吾将使梁及燕助之，齐楚固助之矣。"	鲁：使梁燕齐楚助之。	
辛垣衍曰："燕则吾请以从矣；若乃梁，则吾乃梁人也，先生恶能使梁助之耶？"	辛：怎么使梁助之。	
鲁连曰："梁未睹秦称帝之害故也；使梁睹秦称帝之害，则必助赵矣。"	鲁：使梁睹秦称帝之害。	
辛垣衍曰："秦称帝之害将奈何？"	辛：何害？	
鲁仲连曰："昔齐威王尝为仁义矣，率天下诸侯而朝周，周贫且微，诸侯莫朝，而齐独朝。居岁余，周烈王崩，诸侯皆吊，齐后往。周怒，赴于齐曰：'天崩地坼，天子下席；东藩之臣田婴齐后至，则斮之！'威王勃然怒曰：'叱嗟！而母婢也！'卒为天下笑。故生则朝周，死则叱之，诚不忍其求也。彼天子固然，其无足怪。"	辛：何害？ 鲁：杀头。（以齐威王朝周为例，例二）	4. 目睹帝威杀头烹醢。
辛垣衍曰："先生独未见夫仆乎？十人而从一人者，宁力不胜，智不若邪？畏之也！"	辛：畏之。	

① 鲍焦：周之介士，见《庄子》。传说鲍焦因不满当时政治，抱木饿死。《韩诗外传》：周时隐者，无子胤，不臣天子，不友诸侯。鲍焦衣弊肤见，挈畚持蔬，遇子贡于道。子贡曰："吾子何以至于此也？"鲍焦曰："天下之遗德教者众矣，吾何以不至于此也！吾闻之：世不己知而行之不已者，爽行也；上不己用而干之不止者，是毁廉也。行爽廉毁，然且弗舍，惑于利者也。"子贡曰："吾闻之：非其世者不生其利；污其君者不履其土。非其世而持其蔬，诗曰：'溥天之下，莫非王土。'此谁有之哉？"鲍焦曰："于戏！吾闻贤者重进而轻退，廉者易愧而轻死。"于是弃其蔬而立槁于洛水之上。

原文	摘要	简析
鲁仲连曰："然梁之比于秦，若仆邪？" 辛垣衍曰："然！" 鲁仲连曰："然则吾将使秦王烹醢梁王。" 辛垣衍怏然不说，曰："嘻！亦太甚矣，先生之言也！先生又恶能使秦王烹醢梁王？"	鲁：梁是秦之仆？ 辛：是。 鲁：使秦王烹醢梁王。 辛：何言如此恐怖呢？	
鲁仲连曰："固也！待吾言之。昔者鬼侯、鄂侯、文王，纣之三公也。鬼侯有子而好，故入之于纣，纣以为恶，醢鬼侯。鄂侯争之急，辨之疾，故脯鄂侯。文王闻之，喟然而叹，故拘之于牖里之库百日，而欲令之死。曷为与人俱称帝王，卒就脯醢之地也？	鲁：纣对三公便是如此。（例三）	
"齐闵王将之鲁，夷维子执策而从，谓鲁人曰：'子将何以待吾君？'鲁人曰：'吾将以十太牢待子之君。'夷维子曰：'子安取礼而来待吾君？彼吾君者，天子也。天子巡狩，诸侯辟舍，纳管键，摄衽抱几，视膳于堂下，天子已食，而听退朝也。'鲁人投其钥，不果纳，不得入于鲁。将之薛，假涂于邹。当是时，邹君死，闵王欲入吊，夷维子谓邹之孤曰：'天子吊，主人必将陪殡柩，设北面于南方；然后天子南面吊也。'邹之群臣曰：'必若此，吾将伏剑而死！'故不敢入于邹。邹鲁之臣，生则不得事养，死则不得饭含，然且欲行天子之礼于邹、鲁之臣，不果纳。今秦万乘之国，梁亦万乘之国，交有称王之名。睹其一战而胜，欲从而帝之，是使三晋之大臣，不如邹、鲁之仆妾也。且秦无已而帝，则且变易诸侯之大臣，彼将夺其所谓不肖，而予其所谓贤；夺其所憎，而予其所爱。彼又将使其子女谗妾，为诸侯妃姬，处梁之宫，梁王安得晏然而已乎？而将军又何以得故宠乎？"	鲁：三晋之大臣，不如邹鲁之仆妾也。（例四）	5. 三晋之臣不如邹鲁之妾。 6. 发誓请去不言帝秦。 （7. 秦将闻之却军五十里）
于是辛垣衍起，再拜，谢曰："始以先生为庸人，吾乃今日而知先生为天下之士也！吾请去，不敢复言帝秦！"	辛拜谢发誓：请去，不敢复言帝秦！	

秦将闻之，为却军五十里。适会公子无忌夺晋鄙军以救赵击秦，秦军引而去。

即后来魏国信陵君窃符救赵，又有齐韩加盟，魏楚北上解救了邯郸之围。还收复了失地。①

邯郸解围，平原君欲封鲁仲连，"辞让者三，终不肯受"。以千金为鲁仲连寿，鲁仲连笑而谢之，飘然而去。

李白感佩鲁仲连的"却秦振英声"，诗云："谁道泰山高，下却鲁连节。谁云秦军众，摧却鲁连舌。"其《古风》之十曰：

> 齐有倜傥生，鲁连特高妙。
>
> 明月出海底，一朝开光曜。
>
> 却秦振英声，后世仰末照。
>
> 意轻千金赠，顾向平原笑。
>
> 吾亦澹荡人，拂衣可同调。

鲁仲连的论辩，"言帝秦之害，有功于当时。而雄俊明辨，可为论事之法"②。其文势犹"如骏马下千丈坡"。针对赵王特使辛垣衍将军的身份，鲁仲连先以道义激励不成，对其自甘为仆加以羞辱，再用生死骇激之，最后将其比作不如邹鲁之仆妾。客将军终于拍案而起，拜谢发誓。这里，我们可以看出，在此番论辩之中，鲁仲连反客为主，而辛垣衍只不过是一个配角，甚至是掌控于鲁连之手的木偶。清高嵣《国策钞》卷上引俞桐川评：自首至尾，皆浩然之气，读之真令顽廉懦立。东晋恨无其人。南宋得此意者，胡寅与谢枋得耳。节奏妙绝，波澜妙绝，《国策》第一篇文字。③ 人豪文雄，一字千钧，一言退敌。

这就是《六韬·武韬·文伐》所说的文伐十二招。"十二节备，乃成武事。所谓上察天，下察地，征已见，乃伐之。"亦即如苏秦说齐闵王所言：

---

① 杨宽. 战国史［M］. 上海：上海人民出版社，2016：448－452.

② 周振甫. 史记集评［M］. 重庆：重庆大学出版社，2010：224.

③ 朱一清. 古文观止赏析集评二［M］. 合肥：安徽文艺出版社，1997.

攻战之道非师者，虽有百万之军，比之堂上；虽有阖闾、吴起之将，禽之户内；千丈之城，拔之尊俎之间；百尺之冲，折之衽席之上。故钟鼓竽瑟之音不绝，地可广而欲可成；和乐倡优侏儒之笑不之，诸侯可同日而致也。① 邯郸之战即为文伐或曰折冲樽俎的典型例证，也是一言制胜的生动展示。受此惨痛教训，秦国汲取教训，被迫改变策略，而采取远交近攻、分化瓦解、各个击破的外交方针来分化离间东方各国之间的关系，这一转变为加速统一六国发挥了关键性作用。

---

① 刘向. 战国策·齐五·苏秦说齐闵王［M］. 上海：上海古籍出版社，1998：427 – 446.

第七章 秦攻楚书解读

　　赠人以言，重于金石珠玉；劝人以言，美于黼黻文章；听人以言，乐于钟鼓琴瑟。（《荀子·非相》）

　　言语之力，大到可以从坟墓唤醒死人，可以把生者活埋，把侏儒变成巨无霸，把巨无霸彻底打垮。（海涅《法国的现状》）

　　经受过诸侯的语言攻略，曾屡屡受挫，不战而败，秦国能够吃一堑长一智，之后便运用起这一文攻利器，针对各个对象，不失时机，击东声南，威逼利诱，夺志夺心，不战而屈人之兵。尤其针对貌似强大的楚国，昏庸多疑的楚怀王、楚顷襄王，频频发出笑里藏刀的邀请和不战而胜的战书。在文攻武备的绵密攻势之下，欺楚、弱楚、破楚，赢得了战场上的主动和节节胜利。

　　战国时期，秦国欲争霸中原，面临两大劲敌，东面的三晋和南方的楚国。为避免两线开战，秦的基本战略是以东面的三晋为主攻方向，而以南方的楚国为辅攻方向，并伺机交错进行。而且，在攻晋时和楚，在攻楚时则和晋。而战国之初，魏文王率先任用李悝变法，国富兵强，称霸中原半个世纪。所以，魏国成为秦国的心腹之患，必先除之而后快。

　　于是，卫鞅谋于秦王（孝公），去鼓动魏惠王"有伐齐楚之心"，"于是齐楚怒，诸侯奔齐，齐人伐魏，杀其太子，覆其十万之军。"（《战国策·齐五·苏秦说齐闵王》）遭此马陵之战（公元前341年），秦商鞅乘机伐魏，魏尽割河西之地以和，并迁都大梁以避其锋。① 魏文侯奠定的五十年霸业毁于一旦，自此，魏国沦为二流诸侯。这样一来，消解了东边的阻碍之后，秦国便可以腾出手来，对付南方的楚国了。

但齐楚有盟在先，如何是好呢？请看齐秦对楚国的伐谋伐交。

时间	作者	读者	效果
楚怀王二十年（前309）	齐缗王	楚怀王	怀王许之，竟不合秦，而合齐以善韩。
楚怀王三十年（前299）	秦昭襄王	楚怀王	怀王乃入秦，秦人留之。病卒于秦。
楚顷襄王六年（前293）	秦昭襄王	楚顷襄王	楚王患之，乃复与秦和亲。

第一节　瓦解敌盟　齐缗王遗楚怀王书

楚怀王元年（前328），张仪始相秦惠王。他用纵横捭阖之谋，创远交近攻之策，离间六国之合纵，继以强兵威胁，使六国争相割地以赂秦。其欺楚弱楚败楚，致使楚国接连遭受兵败地削君亡的打击而每况愈下。楚国的教训极其惨痛。

本来楚国地广国大兵强，又处于齐秦两强之间，具有随机应变的战略主动。楚悼王（前401年即位）素闻吴起贤，至则相楚。……于是南平百越；北并陈蔡，却三晋；西伐秦。诸侯患楚之强。（《史记·孙子吴起列传》）但是，好景不长，随后由于朝政昏暗，君臣愚昧，缺乏应有的战略定力，在秦齐的左右夹击之下，进退失据，被动挨打。

话说楚怀王十一年（前318），苏秦约从（纵）山东六国共攻秦，楚怀王为从长。至函谷关，秦出兵击六国，六国兵皆引而归，齐独后。十二年，

---

① 台湾三军大学. 中国历代战争史：第二册［M］. 北京：中信出版社，2012：125.

齐缗王伐败赵、魏军，秦亦伐败韩，与齐争长。（《史记·楚世家》）

十六年（前313），秦欲伐齐，而楚与齐从亲，秦惠王患之，乃宣言张仪免相，使张仪南见楚王。（《史记·楚世家》）遂导演一出欺楚弱楚败楚的闹剧。

怀王怒，遂绝和于秦，发兵西攻秦。秦亦发兵击之。

十七年春（前312），与秦战丹阳，秦大败楚军，斩甲士八万，虏其大将军屈匄、裨将军逢侯丑等七十余人，遂取汉中之郡。楚怀王大怒，乃悉国兵复袭秦，战于蓝田，楚军大败。韩、魏闻楚之困，乃南袭楚，至于邓。楚闻，乃引兵归。（《史记·楚世家》）于是秦遂占取楚汉中郡。

其时，司马错并吞巴蜀之地，与楚黔中郡（湖南沅陵）接界。张仪欲并吞黔中郡，进而由西南围攻楚国。十八年（前311），秦要楚欲得黔中地，欲以武关外之地易之，秦使使约复与楚亲，分汉中之半以和楚。楚王曰："愿得张仪，不愿得地。"张仪闻之，请之楚。秦王曰："楚且甘心于子，奈何？"张仪曰："臣善其左右靳尚，靳尚又能得事于楚王幸姬郑袖，袖所言无不从者。且仪以前使负楚以商於之约，今秦楚大战，有恶，臣非面自谢楚不解。且大王在，楚不宜敢取仪。诚杀仪以便国，臣之愿也。"仪遂使楚。（《史记·楚世家》）

至，怀王不见，因而囚张仪，欲杀之。仪私于靳尚，靳尚为请怀王曰："拘张仪，秦王必怒。天下见楚无秦，必轻王矣。"又谓夫人郑袖曰："秦王甚爱张仪，而王欲杀之，今将以上庸之地六县赂楚，以美人聘楚王，以宫中善歌者为之媵。楚王重地，秦女必贵，而夫人必斥矣。夫人不若言而出之。"郑袖卒言张仪于王而出之。仪出，怀王因善遇仪，仪因说楚王以叛从约而与秦合亲，约婚姻，（《史记·楚世家》）允割黔中郡地以秦与和。

张仪出入楚国朝廷，如入无人之境，把怀王玩得团团转。其言说的奥秘在于寻租楚国宫中的代言人，甚至代言人的代言人。因此，无往而不利。

张仪已去，屈原使从齐来，谏王曰："何不诛张仪？"怀王悔，使人追仪，弗及。是岁，秦惠王卒。（《史记·楚世家》）

二十年（前309），齐缗王欲为从长，恶楚之与秦合，乃使使遗楚（怀）王书曰：

> 寡人患楚之不察于尊名也。今秦惠王死，武王立，张仪走魏，樗里

疾、公孙衍用,而楚事秦。夫樗里疾善乎韩,而公孙衍善乎魏;楚必事秦,韩、魏恐,必因二人求合于秦,则燕、赵亦宜事秦。四国争事秦,则楚为郡县矣。/王何不与寡人并力收韩、魏、燕、赵,与为从而尊周室,以案兵息民,令于天下?莫敢不乐听,则王名成矣。王卒诸侯并伐,破秦必矣。王取武关、蜀、汉之地,私吴、越之富而擅江海之利,韩、魏割上党,西薄函谷,则楚之强百万也。且王欺于张仪,亡地汉中,兵挫蓝田,天下莫不代王怀怒。今乃欲先事秦!愿大王孰计之。

(《史记·楚世家》)

大意是:寡人担忧楚国未能考察尊贵的名号啊。现今秦惠王死,武王立,张仪逃往魏国,樗里疾、公孙衍获得武王任用,可是楚国还要侍奉秦国。那樗里疾与韩国友好,而公孙衍与魏国亲善,楚国一定服事秦国的话,韩国、魏国就会惊恐不安,一定会借助这两个人的力量来求得与秦国联合,那么燕国、赵国也就会服事秦国。四国争相服事秦国,那么楚国就将成了秦国的一个郡县了。此为第一层,开门见山,挑明你楚国带头伺奉秦国,那么将会导致其他诸侯争相服秦,最后强大尊贵的楚国就成为秦国的一个小小郡县了。接着指明出路。楚王为何不与寡人的齐国齐心协力收服韩、魏、燕、赵,与他们合纵,一起来尊崇周王室,以便按兵养民,号令天下?天下没有人敢不乐意听从您的,那么,您也将功成名就称王天下了。那时,大王您率领诸侯共同讨伐,秦国一定会顷刻土崩瓦解。大王您便可以夺下武关、蜀、汉大片地域,独占吴国、越国的富饶,专享长江、东海的宏利,韩国、魏国割让上党要地,西部迫近函谷关,那么楚国将比现在强大百万。这是第二层,说明楚齐联合的巨大无比的利益。最后,再揭其疮疤,触其耻辱。况且大王您被张仪欺诈,丧失汉中,兵挫蓝田,天下人没有不替您满怀愤怒的。今天您竟想先服事秦国!望您仔细考虑算计吧。

是书为极具说服力的军事外交文书。一正一反,柔中带刚。

于是,楚王业已欲和于秦,见齐王书,犹豫不决,下其议群臣。群臣或言和秦,或曰听齐。楚国宰相昭睢曰:"君王虽然从东边的越国得到地盘,但不足以雪耻。您不如与齐国、韩国深交以抬高樗里疾的权位,这样,您才能得到韩国、齐国的支持要回地盘。秦国在宜阳打败韩国，可是韩国还服事秦国，是因为先祖墓在平阳，秦国的武遂距平阳只有七十里，因此韩国尤其畏惧秦国。否则，秦国攻打三川，赵国攻打上党，楚国攻打黄河外，韩一定灭亡。楚国救助韩国，也不能让韩免遭灾难，可是名义上保存韩国的确是楚国。韩国已从秦国夺得武遂，凭借黄河、西山屏障，它所要报答恩德的都不如楚国厚，我认为韩国一定要急切服事楚王。齐国所以信任韩国，是因为韩公子昧是齐国国相。韩国已从秦国夺得武遂，大王再好好亲善它，使它凭借齐国、韩国的力量抬高樗里疾的地位，樗里疾得到齐国、韩国的支持，他的主人就不敢抛弃他了。今天楚国又可以帮助他，樗里疾一定向秦王说情，把侵占楚国的土地归还楚国。"于是怀王许之，竟不合秦，而合齐以善韩。

　　楚王犹豫不决，昭睢老谋深算，齐书得偿所愿。

第二节　诱执敌君　秦昭王遗楚怀王书

　　二十四年（前305），（楚）倍齐而合秦，秦昭王初立，乃厚赂于楚。楚往迎妇。二十五年，怀王入与秦昭王盟，约于黄棘。秦复与楚上庸。二十六年，齐、韩、魏为楚负其从亲而合于秦，三国共伐楚。楚使太子入质于秦而请救。秦乃遣客卿通将兵救楚，三国引兵去。（《史记·楚世家》）

　　二十七年（前302），秦大夫有私与楚太子斗，楚太子杀之而亡归。秦楚两国关系紧张起来。二十八年（前301），秦乃与齐、韩、魏共攻楚，杀楚将唐昧，取其重丘而去。二十九年（前300），秦复攻楚，大破楚，楚军死者二万，杀将军景缺。怀王恐，乃使太子为质于齐以求平。三十年（前299），秦复伐楚，取八城。（《史记·楚世家》）

秦楚战和状况简表

秦楚年号	公元前	秦楚战和状况	备注
秦昭王2 楚怀王24	305	秦昭王初立，乃厚赂于楚，倍齐而合秦。楚往迎妇。	合

秦楚年号	公元前	秦楚战和状况	备注
秦昭王 3 楚怀王 25	304	秦楚盟于黄棘，秦复与楚上庸。	盟
秦昭王 4 楚怀王 26	303	齐、韩、魏为楚负其从亲而合于秦，三国共伐楚。楚使太子入质于秦而请救。秦乃遗客卿通将兵救楚，三国引兵去。	援
秦昭王 5 楚怀王 27	302	秦大夫有私与楚太子斗，楚太子杀之而亡归。	斗
秦昭王 6 楚怀王 28	301	秦乃与齐、韩、魏共攻楚，杀楚将唐昧，取其重丘而去。	攻
秦昭王 7 楚怀王 29	300	秦复攻楚，大破楚，楚军死者二万，杀将军景缺。怀王恐，乃使太子为质于齐以求平。	攻
秦昭王 8 楚怀王 30	299	秦复伐楚，取八城。	伐
秦昭王 9 顷襄王 1	298	秦要怀王不可得地，楚立王以应秦，秦昭王怒，发兵出武关攻楚，大败楚军，斩首五万，取析十五城而去。	攻
秦昭王 10 顷襄王 2	297	楚怀王亡逃归，秦觉之，遮楚道，怀王恐，乃从间道走赵，赵不敢入楚王。楚王欲走魏，秦追至，遂与秦使复之秦。怀王遂发病。	追
秦昭王 11 顷襄王 3	296	怀王卒于秦，秦归其丧于楚。楚人皆怜之，如悲亲戚。诸侯由是不直秦。秦楚绝。	绝

　　秦发起频繁的攻势，在战场上接连获胜，但是秦国贤能而有远见的重臣魏冉辅佐秦昭王，他并不满足这类小打小闹。擒贼擒王，面对左右摇摆不定的楚怀王，魏冉策划来一个彻底解决。诱执楚王，以便进一步欺楚弱楚破楚。

　　秦王遗楚王书曰：

　　　　始寡人与王约为兄弟，盟于黄棘，太子入质，至欢也。太子陵杀寡人之重臣，不谢而亡去。寡人诚不胜怒，使兵侵君王之边。今闻君王乃令太子质于齐以求平。寡人与楚接境，婚姻相亲。而今秦楚不欢，则无以令诸侯。寡人愿与君王会武关，面相约，结盟而去，寡人之愿也。

（《史记·楚世家》）

秦昭王给楚怀王的国书虽然表面上礼貌有加，但实际是软中带刺，又合情合理。去，还是不去？见，还是不见？结盟，还是不结盟？优柔寡断犹豫不决的楚怀王一筹莫展，只得征询群臣的意见。

楚怀王患之，欲往，恐见欺，欲不往，恐秦益怒。昭睢曰："毋行而发兵自守耳！秦，虎狼也，有并诸侯之心，不可信也！"左徒屈原亦谏曰："秦虎狼之国，不可信，不如无往。"怀王之子子兰劝王行，王乃入秦。秦王令一将军诈为王，伏兵武关，楚王至则闭关劫之，与俱西，至咸阳，朝章台，如藩臣礼，要以割巫、黔中郡。楚王欲盟，秦王欲先得地。楚王怒曰："秦诈我，而又强要我以地。"因不复许，秦人留之。

楚大臣患之，乃相与谋曰："吾王在秦不得还，要以割地，而太子为质于齐。齐、秦合谋，则楚无国矣。"欲立王子之在国者。昭睢曰："王与太子俱困于诸侯，而今又倍王命而立其庶子，不宜！"乃诈赴于齐。齐湣王召群臣谋之，或曰："不若留太子以求楚之淮北。"齐相曰："不可。郢中立王，是吾抱空质而行不义于天下也。"其人曰："不然。郢中立王，因与其新王市曰：'予我下东国，吾为王杀太子。不然，将与三国共立之。'"齐王卒用其相计而归楚太子。太子横至，立为王，则为顷襄王。乃告于秦曰："赖社稷神灵，国有王矣。"（《史记·楚世家》）

顷襄王元年（前298），秦国要挟怀王却得不到地盘，楚国立了君王应付秦国的要挟，秦昭王很生气，派军出武关攻打楚国，把楚军打得大败，杀死楚国五万士兵，夺取了析邑等十五座城离开楚国。二年（前297），楚怀王逃跑了，秦国发觉后，封锁了通往楚国的道路，怀王害怕，就从小路到赵国借路回楚。赵主父在代，他的儿子惠王刚刚即位，代行赵王的职事，胆子小，不敢收容楚王。楚王想跑到魏国，秦兵追上了他，楚王只好和秦国使者又回到秦国。这时，怀王发病。顷襄王三年（前296），怀王在秦国去世。秦国把他的灵柩送回楚国。楚国人都哀怜怀王，像哀悼自己的父母一样。诸侯们从此看到秦王不仁不义。秦楚断交了。

你看，围绕这一百零四个字的诱楚王书，秦楚两国，或战或盟，或援或攻，打打和和，致使一个国大兵强的楚国，君王被诱执，朝政被搅乱，国力被削弱，人心被震慑，"遂为尔后秦破楚入郢之张本"①。一文一武，一张一弛之间，楚国君亡，政乱，兵败，地削，国破，其中的经验教训极其深刻，也耐人寻味。

第三节　不战而和　秦昭王遗楚顷王书

被一纸书信诱骗到秦国的"楚怀王走之赵，赵不受，还之秦，即死，归葬。"（《史记·秦本纪》）这发生在秦昭王十一年，楚顷襄王三年（前296年）。楚人举国悲恸，诸侯群情激愤。遂引起众怒，齐、韩、魏、赵、宋、中山五国共攻秦（中山：《正义》："盖中山此时属赵，故云五国也。"），至盐氏（山西安邑）而还。秦与韩、魏河北（武遂）及封陵以和。

至此，对秦国来说，南方的楚国已不足为虑，而东面的韩魏复起，阻碍秦的东进中原。恰在此时，韩魏君王同年卒，国内新丧，赵国又发生内乱。秦瞅准难得的时机，兴兵韩魏，秦伐韩魏的伊阙之战爆发了。

伊阙之战，于秦昭王十四年（韩僖王三年，魏昭王三年，楚顷襄王六年，周赧王二十二年，前293年），秦国为打开东进中原的通道，由大将白起率兵在伊阙（河南洛阳龙门镇）各个歼灭韩国、魏国、东周联军的作战。

此战中，秦将白起针对韩、魏两军互相观望，不愿齐心协力奋勇当先的弱点，以少量疑兵钳制联军的主力韩军，然后出其不意从背后以主力猛攻较弱的魏军。魏军无备，一触即溃。韩军震慑，势单力孤，且翼侧暴露，遭秦军夹击，溃不成军。白起乘胜挥师追击，全歼韩魏联军24万，攻占伊阙，虏公孙喜，拔五城，夺取魏城数座及韩国安邑以东大部分地区。魏、韩两国割地求和。秦王以白起为国尉，掌管全国军事。

战后，韩国精锐损失殆尽。秦国则以不可抗御之势向中原扩展。

---

① 台湾三军大学. 中国历代战争史：第二册［M］. 北京：中信出版社，2012：166 - 167.

与此同时，秦乃遗楚王书曰：

> 楚倍秦，秦且率诸侯伐楚，争一旦之命。愿王之饬士卒，得一乐战。（《史记·楚世家》）

楚顷襄患之，乃谋复与秦平。七年，楚迎妇于秦，秦楚复平。（《史记·楚世家》）

这无疑又极大地扩大了伊阙之战的战果。"秦之此举，实以防楚之亲齐也。"① 这是极有见地的。因为，秦下一个目标是破楚，所以，一旦吓破了胆的楚顷襄王去结盟齐国，那就难办多了。

正如后来白起回顾此战制胜秘诀时所说："伊阙之战，韩孤顾魏，不欲先用其众；魏恃韩之锐，欲推以为锋。二军争便之利不同，是臣得设疑兵以待韩阵，专军并锐，触魏之不意。魏军既败，韩军自溃，乘胜逐北，以是之故能立功。"（《战国策·中山策·昭王既息民缮兵》）即在于避实就虚，出其不意。《秦昭襄王遗楚顷襄王书》之能一言而和，也就在于出其不意，避实就虚。正如史家修昔底德《伯罗奔尼撒战史》所言："倘若彼此之间心存畏惧，那么在实施侵犯之前都会三思而后行。"② 在楚王惊魂未定时予以战书，言简意赅，击中要害。"辞深人天，致远方寸。"以比剑锋利的言辞，直逼楚王的惊悸心魂。故能一言制敌。这一封仅仅二十五个字的战书，似不亚于二十五万大军，不亚于歼敌二十四万的伊阙之战。

十二年之后的秦昭襄王破楚拔郢之战（秦昭王二十七年，楚顷襄王十九年，周赧王三十五年，前280年）即为印证。

可见秦国文攻武备运思之精密与配合之巧妙，堪称精彩绝伦。这些也是在郑《烛之武退秦师》、晋《吕相绝秦》和楚黄歇《遗秦王书》攻秦之下，秦国吃一堑长一智的宝贵结果。相形之下，楚国一错再错，错上加错，终于错失良机，错失江山。

---

① 台湾三军大学. 中国历代战争史：第二册［M］. 北京：中信出版社，2012：171.

② Thucydides. History of the Peloponnesian War［M］. Amherst, N. Y.：Prometheus Books, 1998：59 – 60.

第八章　秦国的反间计①

微哉！微哉！无所不用间也。

故惟明君贤将，能以上智为间者，必成大功。此兵之要，三军之所恃而动也。（《孙子兵法·用间》）

在春秋战国争霸统一的进程中，秦国并非一味地死打硬拼的强攻，而是往往配合反间借刀的智取。所以一方面是千军万马明火执仗的血腥拼杀，另一方面是悄无声息不战而胜的分化瓦解。正是这样的软硬兼施，才造成所向披靡、战无不胜的破竹之势。秦国的反间计归纳起来是上兵伐谋、长期经营、见缝插针、重点突破、软硬兼施、一言制敌等策略的综合运用。这种在战场之外的智取，往往秘而不宣，隐秘不彰，容易为人忽略，但其实是功不可没的，有待深究。

反间是《孙子兵法·用间》提及的五间之一。孙子曰："用间有五：有因间，有内间，有反间，有死间，有生间。五间俱起，莫知其道，是谓神纪，人君之宝也。因间者，因其乡人而用之；内间者，因其官人而用之；反间者，因其敌间而用之；死间者，为诳事于外，令吾间知之而传于敌间也；生间者，反报也。"这里的反间是指，"利用敌人的间谍使敌人获得虚假的情报"。随着军事历史的演进，反间又有了另一层含义，"用计使敌人内部不团结"，从而有机可乘，这是现在一般词典的解释。《三十六计》第六套"败战

---

① 2012 年 12 月获江苏省哲学社会科学界第六届学术大会优秀论文奖（JSSKL2012XH252）。

计"之一"反间计"的定义为："疑中之疑。比之自内，不自失也。"比，两相较量，较量高下等。意思就是，在疑阵中再布疑阵，使敌内部自生矛盾，我方就可万无一失。本文主要用后一种定义，但也并不局限于此。

先来看《百战奇法·间战》中更为详细的定义和经典的战例："凡欲征伐，先用间谍，觇敌之众寡、虚实、动静，然后兴师，则大功可立，战无不胜。法曰：'无所不用间也。'"它的举例正是典型的反间计。

周将韦叔裕，字孝宽，以德行守镇玉壁。孝宽善于抚御，能得人心，所遣间谍入齐者，皆为尽力。亦有齐人得孝宽金货者，遥通书疏。故齐动静，朝廷皆知之。齐相斛律光，字明月，贤而有勇，孝宽深忌之。参军曲严颇知卜筮，谓孝宽曰："来年东朝必大相杀戮。"孝宽因令严作谣歌曰："百升飞上天，明月照长安。"百升，斛也。又言："高山不推自颓，槲木不扶自立。"令谍人多赍此文，遗之于邺。祖孝征与光有隙，既闻更润色之，明月卒以此诛。周武帝闻光死，赦其境内，后大举兵，遂灭齐。（《百战奇法·间战》）

北朝时期，北周大将韦孝宽就是以善于用间而著称于世的。在北周与北齐的对峙中，他采取派谍入齐或收买齐人为间的办法，随时掌握了对方的一举一动，并在关键时刻离间了齐后主与齐相斛律光的君臣关系，诱使齐后主杀害了"贤而有勇"的斛律光，为北周出兵灭亡北齐扫清了巨大的障碍，铺平了前进的道路。

可见，在形形色色的用间中，反间是高妙的一计。

其实，在春秋战国争霸统一的年代，在战场的血雨腥风、刀光剑影的背后，从来不乏反间计的身影。而且，往往配合正面战场的血腥鏖战，收到意想不到的奇异功效。尤其是秦国的反间战，让我们看到了舌战的威力，有时实在不亚于千军万马的厮杀。

第一节　顶层设计　秦国一言一语服从于战略

秦统一六国的战争，实在是一项艰巨的系统工程，这是战国末期最为壮烈的也是最后一场诸侯兼并战争，同时又是我国历史上最早的一场封建统一战争。

仅仅用了十年时间，即从公元前 230 年到公元前 221 年，秦国相继灭掉了北方的燕、赵，中原的韩、魏，东南的齐、楚等六个国家，结束了春秋以来五百余年的诸侯割据战火纷飞的局面，建立了我国历史上第一个中央集权统一国家。在这一波澜壮阔的历史进程中，既有宏大的战略部署，又有具体的战术运用，同时，还有舌战用间穿插其中。

公元前 238 年，秦王政亲政伊始，在李斯、尉缭等谋臣策士的协助下，着手部署统一六国的战略规划。秦灭六国的战略方针主要是两个方面，一是破坏六国的合纵，让他们勾心斗角，混战不休，自顾不暇，秦国便可乘机"灭诸侯，成帝业，为天下一统"。主要是采纳了尉缭破六国合纵的策略，即"毋爱财物，赂其豪臣，以乱其谋"，从内部分化瓦解敌国。这种分化瓦解，既有针对六国的，也有针对某一国国内的。二是继承历代沿用的远交近攻的方略，即先弱后强、先近后远的具体战略步骤。这里采用李斯的建议，先攻韩赵，"赵举则韩亡，韩亡则荆魏不能独立，荆魏不能独立则是一举而坏韩、蠹魏、拔荆，东以弱齐燕"。这一战略步骤又可以概括为三步，即笼络偏远的燕齐，稳住强盛的楚魏，先行消灭羸弱近前的韩赵，然后各个击破，席卷天下。

在这种英明的战略方针指导下，一场史无前例的统一战争开始了。为了稳步推进这样的战略部署的实施，以分化瓦解、"借刀杀人"等为手段的反间计便贯穿于消灭六国，统一天下的整个战争进程之中。

先看李斯的登台献计。李斯来到秦国之后，正赶上秦庄襄王去世，李斯就寻机请求充任秦相国文信侯吕不韦的门客；大权在握而又广揽贤能的吕不韦很赏识他，任命为郎官。这样很快就使得李斯有游说君主的机会，他不失时机地对秦王说："平庸的人往往失去大好时机，而成就大功业的人就在于他能充分利用千载难逢的机遇，并能下定决心。从前雄才大略的秦穆公虽称霸西戎，但最终没能东进吞并山东六国，是什么原因呢？原因在于诸侯的人多势众，周朝的德望也没有完全衰落，因此五霸交替兴起，相继推尊周王朝。自从秦孝公以来，周朝卑弱衰微，诸侯之间互相兼并，函谷关以东地区整合为六国，秦国乘胜役使诸侯已经六代。现如今诸侯服从秦国就如同郡县服从朝廷一样。以秦国的强大，大王的贤明，就像扫除灶上的灰尘一样，足以扫平诸侯，成就帝业，统一天下，这是万世难逢的一个绝好时机。倘若现在懈怠而不抓紧推进如此的千载难逢的千秋伟业的话，等到诸侯再强盛起来，又订立合纵的盟约，到那时，虽然有黄帝一样的贤明，也无可奈何了。"秦王警醒振起，于是——

> 秦王乃拜斯为长史，听其计，阴遣谋士赍持金玉以游说诸侯。诸侯名士可下以财者，厚遗结之，不肯者，利剑刺之。离其君臣之计，秦王乃使其良将随其后。秦王拜斯为客卿。……秦王乃除逐客之令，复李斯官，卒用其计谋。官至廷尉。二十余年，竟并天下，尊主为皇帝，以斯为丞相。（《史记·李斯列传》）

李斯的计策主要是，一、抓住六国式微的千载良机，实施"灭诸侯成帝业，为天下一统"的千秋伟业；二、采用分化瓦解的方式，特别是对"诸侯名士"，不是"厚遗结之"，就是"利剑刺之"，在战前就尽可能地削弱敌人，进而扫除前进道路上的一切阻碍；三、在离间敌人的君臣之际，要配合有力的军事行动，精兵良将紧随其后，这样才能使实战与舌战相互配合，虚者实之，实者虚之，虚实相得益彰。

再看尉缭的出谋划策。始皇十年（前237），秦国大规模地进行搜索，驱逐在秦国做官的别国客卿。李斯上书劝说，秦王才废止了逐客令。李斯借机劝说秦王，建议首先攻取韩国，以此来恐吓其他国家，于是秦王就委派李斯去降服弱小的韩国。韩王为此而担忧，就跟韩非谋划怎么去削弱秦国。这时——

> 大梁人尉缭来，说秦王曰："以秦之强，诸侯譬如郡县之君，臣但恐诸侯合从，翕而出不意，此乃智伯、夫差、湣王之所以亡也。愿大王毋爱财物，赂其豪臣，以乱其谋，不过亡三十万金，则诸侯可尽。"秦王从其计，见尉缭亢礼，衣服食饮与缭同。缭曰："秦王为人，蜂准，长目，挚鸟膺，豺声，少恩而虎狼心，居约易出人下，得志亦轻食人。我布衣，然见我常身自下我。诚使秦王得志于天下，天下皆为虏矣。不

可与久游。"乃亡去。秦王觉，固止，以为秦国尉，卒用其计策。而李斯用事。（《史记·秦始皇本纪》）

尉缭，是魏国大梁（河南开封）人。秦王政十年（公元前237年）入秦游说，被任为国尉，因称尉缭。他是著名的军事理论家，向秦王出谋而得以重用，"秦王从其计，见尉缭亢礼，衣服食饮与缭同。"后来成为秦王的情报兼特务总管。他的慎战与重谋思想，与秦国的统一大业战略不谋而合。他认为，兵贵精，不在众，"百万之众不用命，不如万人之斗也。万人之斗，不如百人之奋也。"（《尉缭子·兵令下》）面对六国的结盟，那将是"诸侯之地五倍于秦，料度诸侯之卒十倍于秦"（《史记·苏秦列传》），这是一个令秦人不寒而栗的庞然大物。那么，对这样的大敌，就必须离而间之。"力分者弱，心疑者背。"（《尉缭子·攻权》）"专一则胜，离散则败。"（《尉缭子·兵令上》）"凡兵，有以道胜，有以威胜，有以力胜。"而最高层次的道胜，就是"讲武料敌，使敌之气失而师散，虽形全而不为之用，此道胜也。"（《尉缭子·战威》）所以，他向秦王政提出了"毋爱财物，赂其豪臣，以乱其谋"的妙策。这与李斯的计策异曲同工。首先收买六国的权贵，离间敌国的君臣，挫伤敌人的士气，从而能够为我所用，各个击破。

这样的战略在随后的争战中基本上得到了巧妙的实施，从而加快了灭亡六国统一天下的历史进程。

第二节　长平之战　赵主帅一弃一用皆顺秦意

按照远交近攻、先弱后强的战略，在笼络了偏远的燕齐，稳住了强盛的楚魏之际，就必须尽快地消灭羸弱近前的韩赵了。于是，在弱小的韩国已成为秦国的囊中之物时，秦王剑指赵国。

赵国地处中原的北方，方圆两千里，一度为北方之强国。特别是在赵武灵王时，倡导胡服骑射，革新政治，富国强兵，国势为之一振。赵国北拒匈奴，南抗强秦，当时成为唯一可与秦国抗衡的诸侯国。但是，赵武灵王死后，赵屡被秦兵攻伐，数受离间，对本国良将廉颇、李牧等不予任用，竟听信谗言妄加诛黜。尤其是赵孝成王时的长平一战，被坑杀四十余万。赵幽缪王更加昏庸无能，使赵终于为秦所破。《史记》是这样记载的：

> 赵王迁七年（前229），秦使王翦攻赵，赵使李牧、司马尚御之。秦多与赵王宠臣郭开金，为反间，言李牧、司马尚欲反。赵王乃使赵葱及齐将颜聚代李牧。李牧不受命，赵使人微捕得李牧，斩之。废司马尚。后三月，王翦因急击赵，大破杀赵葱，虏赵王迁及其将颜聚，遂灭赵。（《史记·廉颇蔺相如列传》）

这是公元前229年，不甘心被赵将李牧击溃而败退，秦国利用赵国发生大地震和大灾荒的天赐良机，再次派王翦领兵攻赵。赵国则派名将李牧、司马尚率兵抵御，双方相持了一年。在紧要关头，秦国使出撒手锏——离间计。王翦用重金收买了赵王的宠臣郭开，让他散布流言，李牧、司马尚企图谋反。就在赵幽缪王五年（前231）地震，六年大饥荒的灾难之际，老百姓之间已经流传这样的民谣："赵为号，秦为笑。以为不信，视地之生毛。"早已人心惟危了。昏庸无能的赵幽缪王迁轻信谣言，果然中计，派人替代李牧。李牧在大敌当前的形势下拒不让出兵权，赵王竟暗地派人逮捕并处死了他，同时还免了司马尚。杀死李牧，无疑为秦军亡赵扫清了道路。此后，秦军如入无人之境，攻城略地，痛击赵军。次年（公元前228年，秦王政十九年），秦军攻破邯郸，这座名城落入秦国之手。不久，出逃的赵王迁被迫献出赵国的地图降秦。赵国实际上灭亡了。随后不久，秦统一了北方。

司马迁是这样感慨赵王迁信谗亡国的：

> 太史公曰：吾闻冯王孙曰："赵王迁，其母倡也，嬖于悼襄王。悼襄王废适（通嫡）嘉而立迁。迁素无行，信谗，故诛其良将李牧，用郭开。"岂不缪哉！（《史记·赵世家》）

大敌当前，竟然先自毁长城，怎能不自取灭亡呢?! 而且，这是在历史的悲剧刚刚上演不久之后。

33年前的长平之战，与此何其相似。

公元前262至前260年，秦赵在长平（山西高平）激战，秦将白起大败赵军，坑杀40余万，是为长平之战。

公元前262年，秦国大举攻韩，在攻克野王之后，秦军将韩国拦腰截为两段。孤悬于外的韩国上党郡军民，在太守冯亭的带领下投靠了赵国，赵国欣然将上党郡并入自己的版图。这一举动如同虎口夺食，自然引起秦国的震怒，秦赵矛盾急速升温。秦王乘机发兵进攻赵国，赵军在大将廉颇的率领下，在长平一线扼险而守，摆开阵势欲与秦军展开生死决战——

这年春夏间，廉颇在空仓岭一线布防，王龁率军于沁河沿线准备突击。战事是由赵空仓岭守军同秦侦察兵遭遇而开始的，面对秦军步步进逼，守军明显招架不住。到七月间，空仓岭南北几十里防线的西垒壁已完全陷落，赵军退守丹河，秦赵两军隔河相峙。赵军固守有利地形，高筑围墙，以丹河为依托，全力加固丹河防线，坚壁不出。秦军实施攻坚。但是，老谋深算的廉颇固守营垒，"廉颇坚壁以待秦，秦数挑战，赵兵不出"（《史记·白起王翦列传》）。就这样，他充分利用占据的有利地势，固守阵脚，以不变应万变，一连坚持数载。实力强大而急于一决雌雄的王龁却一筹莫展，始终不能跨越丹河一步。至此，战争进入不分胜负的胶着阶段。

战争相持三年，秦赵两国均已不堪重负，经济将近崩溃。《史记·白起王翦列传》记有白起后来的分析"今秦虽破长平军，而秦卒死者过半，国内空"；《吕氏春秋·应言篇》也有"秦虽大胜于长平，三年然后决，士民倦，粮食索"的记载。赵国也"无以食，请粟于齐而齐不听"。当时，双方都谋求速战以求摆脱困境。这时，还是秦国的战争指挥者高人一等，他们运用谋略来打开缺口，为之后的战略进攻创造有利条件。一方面，借赵国使者到秦国议和的机会，故意殷勤招待，向其他国家制造秦、赵和解的假象，使赵国在外交上丧失了与各国"合纵"的机会，从而陷于孤立和被动。另一方面，又采用反间计，派人携带财宝前赴赵都邯郸收买赵王的左右权臣，挑拨离间赵王与廉颇的关系。他们四处散布流言：

> "秦之所畏，独畏马服子赵括将耳，廉颇易与，且降矣！"（《资治通鉴·周纪五》）

赵王早已恼怒廉颇军队伤亡很多，屡战屡败，却又坚守营垒不敢迎战，再加上听到许多离间的谣言，信以为真，于是就派出夸夸其谈年轻气盛的赵括取代廉颇率兵攻击秦军。当时，赵王是力排众议启用赵括的。他不顾蔺相如和赵括母亲的反对谏阻，一意孤行地任命赵括为赵军主帅。赵括其实是一个缺乏实战经验，只会"纸上谈兵"的庸人。他一上任，就一改廉颇治军规定，更换将佐，更改规章，弄得赵军上下人心惶惶，不知所措。他还推翻了廉颇的战略防御方针，仓促准备战略进攻，企图一举而胜，夺回上党。

秦国得知赵括接任最高将领，禁不住拍手称快，就暗地里增加军队，并派武安君白起担任上将军，让王龁担任尉官副将，决计全歼敌军。为了避免引起赵军的注意，命令军队中有敢于泄露白起出任最高指挥者，立即处死。白起是战国时期最杰出的军事将领，他久经沙场，曾大战伊阙，斩杀韩、魏联军二十四万；南破楚国，入鄢、郢，焚夷陵，打得楚人丧魂落魄。与此相对的是，赵括只会背诵几句兵书，哪里是白起的对手。白起到任后，针对赵括没有实战经验、求胜心切、鲁莽轻敌的弱点，采取了诱敌入伏、分割包围而后予以聚歼的正确作战方针，对兵力做了周密细致的部署，造成了"以石击卵"的强大态势。而赵括一到任上，就发兵猛攻。秦军则假装战败而逃，同时布置了两支突袭部队逼近赵军。赵军乘胜追击，直追到秦军营垒。但是秦军营垒十分坚固，不能攻克，而秦军的一支突袭部队两万五千人已经切断了赵军的后路，另一支五千骑兵的快速部队楔入赵军的营垒之间，断绝了他们的联系，而且赵军的运粮补给通道也被堵住。这时秦军派出轻装精兵实施攻击，赵军交战失利，就构筑壁垒，顽强固守，等待援兵的到来。秦王得知赵国运粮通道已被截断，他就亲自到河内，封给百姓爵位各一级，征调十五岁以上的青壮年全部集中到长平战场，拦截赵国的救兵，断绝他们的粮食。

战局的发展果然按着白起所预定的方向进行。周赧王五十五年（公元前260年）八月，对秦军动态茫然无知的赵括统率赵军主力向秦军发起了大规模的出击。但是，在白起的诱敌深入、包围分割、截断粮食和外援的战术下，赵括只能是自投罗网，坐以待毙，任人宰割了。

到了九月，赵国士兵弹尽粮绝已经四十六天，军内士兵暗中残杀以人肉充饥。困厄已极的赵军扑向秦军营垒，发动攻击，企图突围。他们编成四队，轮番进攻了四五次，仍不能突围出去。赵括派出精锐士兵并亲自披挂上阵与秦军搏杀。秦军强弩齐发，赵括身中十余箭，仍然指挥战士奋力向前，但最终，他还是死在了秦军的乱箭之下。赵括的部队大败，士兵四十万人向武安君投降。武安君唯恐这些赵兵生变出乱子，就用欺骗伎俩把赵国降兵全部活埋了。只留下年纪尚小的士兵二百四十人放回赵国。此战前后斩首擒杀赵兵四十五万人，赵国上下一片震惊。秦军终于取得了空前激烈残酷的长平之战的彻底胜利。（以上参考徐斌《长平古战场：最大的万人坑》，《环球人文地理》2011 年第 10 期）

在这种生死存亡的决战关口，对于敌人营垒中的主将重臣，能收买的，就"厚遗结之"，如"多与赵王宠臣郭开金，为反间，言李牧、司马尚欲反"，于是，赵王乃使人取代李牧，并秘密逮捕斩之；不能收买的敌人的将领，如李牧、廉颇，则"利剑刺之"，无可直接刺之，则"借刀杀人"——实施反间计了。这样"离其君臣之计，秦王乃使其良将随其后"。仅仅这样的"秦之所恶，独畏马服子赵括将耳，廉颇易与，且降矣。"二十个字，便将对峙三年奈何不得的敌军统帅连同 45 万大军，置于死地；仅仅让反间郭开言"李牧、司马尚欲反"七个字，便借刀斩杀敌人主将，甚至灭亡一个强大国家，为最终统一天下打开一条缺口。这 27 个字的两句话，正代表了语言的"词深人天，致远方寸""无所不可"的无比威力。

第三节　灭齐之战　齐君臣一举一动皆从秦旨

在整个春秋战国的争霸兼并战争中，合纵连横的主角实际就是东方的齐国与西方的秦国。春秋时期，齐桓公首霸中原，影响深远。齐国既是春秋五霸，又为战国七雄。公元前 288 年，齐、秦曾并称东、西二帝。直至战国晚期，齐仍保持着强盛的地位。齐国也因为地处临近大海的东方，与秦国相隔遥远，所以，它成了秦国扫灭六国的最后一个堡垒。但是，从一开始，秦国就已经针对齐国布下了反间计。

齐经过燕军进占，五年之后尚得以光复，但是元气大为损耗，以至没有力量参与东方各国与秦国纵横捭阖的政治和军事斗争。所以，在秦军并吞消灭赵、韩、燕、魏、楚的战争期间，齐国君臣一直置身度外，坐视各国相继灭亡。就在秦赵长平之战的关键时刻，赵曾急切地向齐请求军粮援助，颇有政治远见的周子曾向齐王说："且赵之与齐楚，捍蔽也，犹齿之有唇也，唇亡则齿寒，今日亡赵，明日患及齐楚。"周子力主积极援赵，齐王竟没有接受这一具有战略远见的建议，此后各诸侯国虽几度联合对秦作战，齐或者避免参加，或者参战不力，企图给强秦留下友好印象。

齐王建在位的40余年，三晋、楚、燕与秦战争连绵不断，愈演愈烈，齐在秦远交近攻的战略范围之外，一直未受攻击，上下宴然，长期处于和平环境，不备兵革，不修战备，军事政治上达到了惊人的麻木程度。齐王建本人昏庸无能，齐相国后胜又是一个贪财无厌之徒，秦多年来用重金贿赂后胜，后胜就为秦远交近攻的策略效劳，并且甘愿为秦培植大批间谍，终日规劝齐王建臣服于秦，致使朝野上下渐无丝毫斗志。终于，秦始皇二十六年即齐王建四十四年（前221年），秦国王贲统帅的军队，由燕南部对齐北境突然进攻，直趋齐都临淄。齐则毫无作战准备，竟无应战之兵。齐相后胜力劝齐王投降，齐王建也就不战而降。齐王建被送到一处名共的地方，饿死于松柏之间。这个浑浑噩噩、贪图享乐的亡国之君，得到应有的下场。所以尽管秦灭六国时，齐还拥有七十余座城邑，但已不堪一击。然而，齐国人民埋怨痛恨齐王不能预先跟诸侯合纵攻秦，而是一味听信奸臣宾客，最后葬送强盛一时的国家，人们悲愤地唱起歌谣："松耶柏耶？住建共者客耶？"意思是痛恨王建使用已是敌国间谍的宾客，而不注意审察，最后把自己也葬送了。

司马迁《史记·田敬仲完世家》回顾和分析齐王建亡国的教训时是这样归纳总结的：

> （齐王建）四十四年（前221年），秦兵击齐。齐王听相后胜计，不战，以兵降秦。秦虏王建，迁之共。遂灭齐为郡。天下壹并于秦，秦王政立号为皇帝。始，君王后贤，事秦谨，与诸侯信，齐亦东边海上，秦日夜攻三晋、燕、楚，五国各自救于秦，以故王建立四十余年不受兵。君王后死（前249），后胜相齐，多受秦间金，多使宾客入秦，秦又多予金，客皆为反间，劝王去从朝秦，不修攻战之备，不助五国攻秦，秦以

故得灭五国。五国已亡，秦兵卒入临淄，民莫敢格者。王建遂降，迁于共。故齐人怨王建不蚤与诸侯合从攻秦，听奸臣宾客以亡其国，歌之曰："松耶柏耶？住建共者客耶？"疾建用客之不详也。（《史记·田敬仲完世家》）

原来如此，不仅齐王建的宠臣相国后胜上任伊始就被秦国收买了，而且身边的客卿谋士"皆为反间"。所以，在秦国对其他五国各个击破时，齐国从来事不关己，袖手旁观，而且平时不修战备，安享表面太平。等到只剩下自己一个面对强秦的攻击时，齐王的耳畔又是一片臣服投降之声。这正是秦国"毋爱财物，赂其豪臣"，"诸侯名士可下以财者，厚遗结之"策略的典型例证。齐国这样一个在秦国争霸统一的征程上的最后一座坚强堡垒，就这样不攻自破了。这其实是秦国数十年布施反间计的功劳。

其实数百年来，何尝不是如此。

面对齐楚的结盟，秦国派出张仪。张仪"善其左右靳尚，靳尚又能得事于楚王幸姬郑袖，袖所言无不从者。"（《史记·楚世家》）于是，张仪"如楚，又因厚币用事者臣靳尚，而设诡辩于怀王之宠姬郑袖。怀王竟听郑袖，复释去张仪。是时屈平既疏，不复在位，使于齐，顾反，谏怀王曰：'何不杀张仪？'怀王悔，追张仪不及。"（《史记·屈原贾生列传》）他早已用重金收买了楚怀王的重臣、宠妃，让他们成为秦国的代言人，怂恿怀王的愚昧贪婪，排斥屈原的忠诚坦荡，瓦解齐楚的强强联盟，削弱了楚国自吴起变法以来，国势大振，称雄江南的大好局面。到战国晚期，楚违背纵约，竟与秦结盟，但在齐、韩、赵以及背盟的秦国的两面夹击下，一蹶不振了。

再看对付魏国。长平之战后，秦军乘胜围攻赵都邯郸。赵急切向魏等国求救，魏派晋鄙率兵救赵。因受到秦的恐吓，观望不前。公元前257年，深明大义的魏国公子信陵君窃符救赵。加之楚国援军赶到，联合击溃秦军，解除了邯郸之围。扭转战局的是闻名诸侯的信陵君。另外，"魏安釐三十年，公子使使遍告诸侯。诸侯闻公子将，各遣将将兵救魏。公子率五国之兵破秦军于河外，走蒙骜。遂乘胜逐秦军至函谷关，抑秦兵，秦兵不敢出。"阻止秦东进的又是闻名诸侯的信陵君。信陵君自然成为秦王的眼中钉、肉中刺。

必欲除之而后快!

　　秦王患之,乃行金万斤于魏,求晋鄙客,令毁公子于魏王曰:"公子亡在外十年矣,今为魏将,诸侯将皆属,诸侯徒闻魏公子,不闻魏王。公子亦欲因此时定南面而王,诸侯畏公子之威,方欲共立之。"秦数使反间,伪贺公子得立为魏王未也。魏王日闻其毁,不能不信,后果使人代公子将。公子自知再以毁废,乃谢病不朝,与宾客为长夜饮,饮醇酒,多近妇女。日夜为乐饮者四岁,竟病酒而卒。其岁,魏安釐王亦薨。

　　秦闻公子死,使蒙骜攻魏,拔二十城,初置东郡。其后秦稍蚕食魏,十八岁而虏魏王,屠大梁。(《史记·魏公子列传》)

　　这又是一次"离其君臣之计,秦王乃使其良将随其后"之反间计的成功实施。随着仁礼无双的魏公子的黯然毁废,曾经称雄中原,与齐并霸东方的魏国,轰然崩塌。

　　再看早在秦统一天下的400年前的春秋时代,秦穆公如何用计迫降由余而并国二十称霸西戎的。秦穆公三十四年(前626),戎王听说穆公贤明便派由余出使秦国,以便观察。由余的祖先是晋国人,逃亡到戎地,他还能说晋国方言,有深厚的文化修养。秦穆公向他炫示了宫室和积蓄的财宝。由余却说:"这些宫室积蓄,如果是让鬼神营造,那么就使鬼神劳累了;如果是让百姓营造的,那么也使百姓受苦了。"穆公觉得他的话奇怪,进一步探问道:"中原各国借助诗书礼乐和法律处理政务,还不时地出现祸乱呢,现在戎族没有这些,用什么来治理国家,岂不很困难吗!"由余笑着说:"这些正是中原各国发生祸乱的根源所在。自上古圣人黄帝创造了礼乐法度,并亲自带头贯彻执行,也只是实现了很小的太平。到了后代,君主一天比一天骄奢淫逸,依仗着法律制度的威严来要求和监督民众,民众感到疲惫了就怨恨君上,要求实行仁义。上下互相怨恨,篡夺屠杀,甚至灭绝宗族,都是由于礼乐法度这些东西啊。而戎族却不是这样。在上位者怀着淳厚的仁德来对待下面的臣民,臣民满怀忠信来侍奉君主,整个国家的政事就像一个人支配自己的身体一样,无须了解什么治理的方法,这才真正是圣人治理国家啊!"穆公退朝之后，就问内史王廖说："孤闻邻国有圣人，敌国之忧也。今由余贤明，乃寡人之害，将奈之何？"内史王廖说："戎王地处偏僻，不曾听过中原地区的乐曲。您不妨试试送他歌舞伎女，借以消磨他的心志。并且为由余向戎王请求延期返戎，以此来疏远他们君臣之间的关系；同时设法留住由余不让他回去，以此来延误他回国的日期。戎王一定会感到奇怪，因而怀疑由余。他们君臣之间有了隔阂，就可以俘获他了。再说戎王喜欢上音乐，就一定没有心思处理国事了。"穆公说："好！"于是穆公与由余座席相连而坐，互递杯盏一道把盏礼敬，向由余询问戎地的地形和兵力，把情况了解得一清二楚。然后命令内史王廖送给戎王十六名歌女。戎王欣然接受，并且非常迷恋，整整一年不曾挪窝，不去更换草地，牛马死了一半。这时候，秦国才让由余回国。由余多次向戎王进谏，戎王哪里肯听，穆公又屡次派人秘密邀请由余，由余失望之至，于是离开戎王，投奔了秦国。穆公以宾客之礼相待，对他非常尊敬，向他询问应该在什么样的形势下进攻戎族。

三十七年，秦用由余谋伐戎王，益国十二，开地千里，遂霸西戎。天子使召公过贺穆公以金鼓。（《史记·秦本纪》）

无论是春秋西戎的十二国，还是战国东方的六国，就这样在秦国反间计的利剑之下，这些国家的栋梁或者被利用或者被毁废，同时秦国的精兵良将紧随其后，那么，统一天下的伟业也就水到渠成了。

需要说明的是，反间计并非秦国的专利，有时候山东六国迫于生存的压力，也会以其人之道还治其人之身。只是由于相对的短暂、零散、脆弱，相比来说远没有秦国反间计来得从长计议、从容不迫、击中要害。例如，长平之战后，惊恐万状的韩赵派请苏代到秦国游说丞相应侯范雎，离间秦国将相关系，武安君白起遭秦相范雎嫉妒，遂称病不起，先被贬为士卒，秦昭王五十年（前257），被迫自杀。"死而非其罪，秦人怜之，乡邑皆祭祀焉。"（《史记·白起王翦列传》）这是惯用反间计的秦国遭到敌国反间计受到的重创，引起了秦人的痛惜与反思。可见，在巧妙实施反间计时，如何防范敌人对自己的反间计，这恐怕是秦国百密一疏的教训吧！

总之，瑕不掩瑜，秦国在争霸统一的七百年征程上，反间计的施用功不可没，令人叹为观止。"微哉！微哉！无所不用间也。""故惟明君贤将，能以上智为间者，必成大功。此兵之要，三军之所恃而动也。"（《孙子兵法·用间》）秦国利用反间计来对付一个个劲敌，有时三言两语便可离间君臣，挑拨将相，拔除统帅，培植亲信，涣散斗志。这正是"三寸之舌，强于百万之师。""词深人天，致远方寸。"（刘勰《文心雕龙·论说》）

第三篇

03

| 文 宣 |

第九章 秦国的自我批判①

我错故我在。（古罗马思想家奥古斯丁）

子路，人告之以有过，则喜；禹闻善言，则拜；大舜有大焉，善与人同，舍己从人，乐取于人以为善。（《孟子·公孙丑上》）

秦国在生存发展、争霸兼并的艰巨历程中，历经艰辛坎坷挫折，不断在错误失败中体会认识到自身的不足和差错，以及人才客卿在强秦之路上的至关重要。而秦国的经典公文，如秦穆公《秦誓》、秦孝公《下令国中》和李斯《谏逐客书》等，确实是"经国之大业，不朽之盛事"，也是"词深人天，致远方寸"，"一言兴邦"的典范，更是人才战略和批判力量的集中体现。这些相距一二百年的公文，不仅每篇中关键词反复出现，而且这三篇公文的主题竟然也是惊人的一致，纠错，纠偏，纠正，求贤，听贤，任贤。如果将强秦之路看作一篇壮丽史诗的话，那么，求贤与纠错的旋律不断奏响，构成了显目的反复修辞格的运用。因此，在楚材晋用，朝楚暮秦的时代氛围中，流向秦国的人才，越来越多，他们发挥的作用，越来越大，他们获得的地位，也越来越高。他们出齐齐轻，叛魏魏丧，入秦秦强。秦国七百年战略史诗中的反复纠错、再三求贤值得我们再三聆听，反复研读。

人非圣贤，孰能无过。知错能改，善莫大焉。不贰过。失败乃成功之

---

① 本文为《强秦之言》系列论文之一，部分内容参加 2015 年 7 月在兰州西北师范大学召开的中国语言文学暨汉语教学国际学术研讨会交流；11 月在南京师范大学召开的江苏省写作学会学术年会上作主题发言；同时获江苏省哲学社会科学界第九届学术大会优秀论文一等奖（编号：JSSKL2015 WS015）。

母。吃一堑，长一智。

　　后来，秦国不仅成为人才高地，也成为清明政治的中心。因此，偏僻落后的秦国才得以后来居上，越战越勇，一扫六合，一统天下。让我们通过对这几篇经典公文的解读，来管窥其纠错求贤机制的运行与效能，以及批判的巨大力量。

秦国七百年的三篇公文

作者	篇名	时间（相隔）	字数	纠错模式	效果
秦穆公	秦誓	秦穆公三十三年，前627	248	君主自纠任贤	遂霸西戎
秦孝公	下令国中	秦孝公元年，前361（266）	143	君王纠祖求贤	商鞅变法
李斯	谏逐客书	秦王政十年，前237（124）	705	臣子纠君信贤	任贤统一

第一节　秦穆公《秦誓》之自纠

　　秦穆公不顾老臣蹇叔、百里奚苦口婆心的劝阻，劳师袭远，悍然发动袭郑，陷入秦晋崤之战的埋伏袭击，致使全军覆没，是为其霸业征程上的转折点。面对大军覆没的败局，痛定思痛的秦穆公发出了振聋发聩的悔过誓言《秦誓》，"举以自责，兼戒后世"，则是其霸业，甚至是整个秦国发展史上的里程碑。随后，三十六年（前624），缪公复益厚孟明等，使将兵伐晋，渡河焚船，大败晋人，取王官及鄗，以报殽之役。晋人皆城守不敢出。于是缪公乃自茅津渡河，封殽中尸，为发丧，哭之三日。乃誓于军曰："嗟士卒！听无哗，余誓告汝。古之人谋黄发番番，则无所过。"以申思不用蹇叔、百里奚之谋，故作此誓，令后世以记余过。君子闻之，皆为垂涕，曰："嗟乎！秦缪公之与人周也，卒得孟明之庆。"（《史记·秦本纪》）一人揽过，重用败将，垂范后世。《秦誓》：

　　公曰：嗟！我士，听无哗！予誓告汝群言之首。古人有言曰："民讫自若，是多盘。"责人斯无难，惟受责俾如流，是惟艰哉。我心之忧，日月逾迈，若弗云来。

惟古之谋人，则曰未就予忌；惟今之谋人，姑将以为亲。虽则云然，尚犹询之黄发，则罔所愆。

番番良士，旅力既愆，我尚有之。仡仡勇夫，射御不违，我尚不欲。惟截截善谝言，俾君子易辞，我皇多有之。

昧昧我思之。如有一介臣，断断猗无他技，其心休休焉，其如有容。人之有技，若己有之；人之彦圣，其心好之，不啻若自其口出。是能容之，以保我子孙黎民，亦职有利哉。人之有技，冒嫉以恶之；人之彦圣，而违之，俾不达。是不能容，以不能保我子孙黎民，亦曰殆哉。

邦之杌陧，曰由一人；邦之荣怀，亦尚一人之庆。

其大意是：我的大臣，你们请听着！我要向你们发出誓言。古语说得好，任性者多为邪僻。责人无难，责己从善，难上加难。我心忧忧，日月逾迈，虽一心改错，但时光何曾倒流？！（——第一节，以古语引出悔不当初的痛悔之情。）

昔日贤人，未能倾听；今日亲昵，姑以为伴。虽然如此，但是事实证明对于军国大计，我今还要请教长老，才能避免过失。（——第二节，直陈错失良言的教训，发誓要遵询长老，避免罪过。）

那白发苍苍的长老，我仍应当待之殷勤。那身强力壮的勇士，虽然箭无虚发，驾技高超，但仅有这些，仍不能满足我的愿望。而那巧舌如簧者，我更是没有工夫去理会他。（——第三节，以勇夫和佞臣与长老对照，发誓要亲贤士远小人。）

我暗自思量，倘若有这么一位耿直忠臣，心地善良，直陈己见，别人有才智圣德，内心就仰慕他，就如同自己有本事一样，这种人应该加以受用。用这样的忠臣，来保佑我的子孙后代和广大民众，那是件很有利的事啊！反之，即不能容人，则将贻害子孙黎民。（——第四节，以梦呓般的语言，描绘那圣贤长老的宽阔胸怀，无私品德和保利子民的功德，同时以偏狭小人作反衬。）

国家的危难，是因为君主用人不当；国家的安宁，则是因为君主用人得当。（——第五节，再以正反对照，从理论的高度，阐发邦国兴衰，在于用人当否的道理。）

此誓言，从悔过心情，惨痛教训，真实心愿，梦想成真，理论阐发等不同角度，发出真诚悔过真心任贤（包含求贤）的铮铮誓言。从修辞角度看，"人"字，共现十次。指贤人者凡四次，"古之谋人""今之谋人""曰由一人""一人之庆"。还不包括贤人的异称"黄发""番番良士""一介臣""其""其""已""其""其"等八处。这里，反复加异称的结合使用，既突出强调了贤人，又全面立体地塑造了贤人的形象，白发苍苍，一介老臣，公而忘私。与此同时，在誓词中，作为君主的秦穆公，痛心疾首，低声下气，只是"番番良士"的陪衬。

这样的悔过誓众之词，出自春秋霸主之口，古往今来，恐怕独一无二。其言辞之恳切，一唱三叹，反反复复，在公文中亦不多见。

所谓圣（聖）者，耳听八方之言，然后任人唯贤，委以重任者也。圣者秦穆公，其实并没有什么太多的高明之处，就在于他一而再再而三地求贤任能。"昔穆公求士，西取由余于戎，东得百里奚于宛，迎蹇叔于宋，求丕豹公孙支于晋，此五子者，不产于秦，而穆公用之，并国二十，遂霸西戎。"（李斯《谏逐客书》，《史记·李斯列传》）因为，秦穆公的座右铭是："邻国有圣人，敌国之忧也。"（《史记·秦本纪》）这也成为后代强秦明君的国策，即客卿政策。此番悔过誓言发布于秦晋崤之战（鲁僖公三十三年，秦穆公三十三年，前627年）惨败之后不久。① 此后，秦穆公虚心求贤任能，遂霸西戎。这不能不说是一大奇迹。所以，一百年之后的鲁昭公之二十年（秦哀公十五年，前522年），而孔子盖年三十矣。齐景公与晏婴来适鲁，景公问孔子曰："昔秦穆公国小处辟，其霸何也?"对曰："秦，国虽小，其志大；处虽辟，行中正。身举五羖（百里奚），爵之大夫，起累绁之中，与语三日，授之以政。以此取之，虽王可也，霸小矣。"景公说。（《史记·孔子世家》）这是孔子对秦穆公求贤任能实现霸业的高度赞赏。可见，志大功卓者，往往

---

① 贾俊侠.《秦誓》史料的可信性及价值新论［J］. 唐都学刊，2001（4）：60 - 63；
王晖. 从《秦誓》所见秦穆公人才思想看秦国兴盛之因——兼论《书·秦誓》的成文年代及主旨［J］. 陕西师范大学学报（哲学社会科学版），2007（1）：5 - 12.

自视渺小，礼贤下士。圣贤如"子路闻其过则喜，禹闻昌言则下车拜，古人有言曰：'告我以吾过者，吾之师也。'"（韩愈《答冯宿书》）反之，目光短浅，胸怀偏狭者，往往目中无人，狂妄自大，唯我独尊者，何谈自我纠错。

有德者必有言，有言者必有行，有行者必有果。经历起伏跌宕，困顿挫折，十八代君主，二百六十六年之后，到了秦孝公的时代，年轻气盛的君王又一次俯下身来，真诚纠错，恳切求贤，他重新扛起了秦穆公的求贤争雄的大旗。

第二节　秦孝公《求贤令》纠祖

战国前中期的秦国，困厄于魏文侯称霸中原五十载的雄图大略，已陷入四面楚歌之绝境，辎重耗尽，兵源匮乏，兵挫地削，国力虚弱。秦孝公即位时，秦国处于列强虎视眈眈之下，风雨飘摇之中。山东六国集会，准备分秦，秦国的生死存亡，压在一个21岁（前362年）的年轻君主肩上。

"孝公元年，河山以东强国六，与齐威、楚宣、魏惠、燕悼、韩哀、赵成侯并。淮泗之间小国十馀。楚、魏与秦接界。魏筑长城，自郑滨洛以北，有上郡。楚自汉中，南有巴、黔中。周室微，诸侯力政，争相并。秦僻在雍州，不与中国诸侯之会盟，夷翟遇之。孝公于是布惠，振孤寡，招战士，明功赏。"（《史记·秦本记》）在列强的挤压和先祖的昏聩下，孝公穷则思变，他想起了260多年前的秦穆公的辉煌霸业，想起了这位春秋霸主扭转乾坤的悔过誓词，想起了那篇《秦誓》中的贤人形象的反复出现。于是，他效法穆公，检讨错误，向列祖列宗昏庸误国者开炮，向列国招纳贤士，公开发布了响彻寰宇震古烁今的纠祖求贤令。

当时身处魏国的卫鞅，读到秦孝公求贤令《下令国中》，拍案而起，称为"五百年之雄文也！"并立即动身前往秦国谋求发展。后来，商鞅在秦国实施了著名的"商鞅变法"。

昔我穆公自岐雍之间，修德行武，东平晋乱，以河为界；西霸戎狄，广地千里，天子致伯，诸侯毕贺，为后世开业，甚光美。会往者厉、躁、简公、出子之不宁，国家内忧，未遑外事。三晋攻夺我先君河西地，诸侯卑秦，丑莫大焉。献公即位，镇抚边境，徙治栎阳，且欲东伐，复穆公之故地，修穆公之政令。寡人思念先君之意，常痛于心。宾客群臣有能出奇计强秦者，吾且尊官，与之分土。（《史记·秦本纪》）

秦自穆公称霸以来，国势有成，大业有望。然，其后诸君不贤。厉公、躁公、简公、出子四世政昏，内乱频出，外患交迫，河西尽失，函关易手。秦始由大国而僻处一隅。其后献公即位，欲图振兴，连年苦战，饮恨身亡。当此之时，国弱民穷，列国卑秦，不与会盟，且欲灭秦而后快。国耻族恨，莫大于此。本公即位，常思国耻，悲痛于心。今嬴渠梁明告天下，但有能出长策奇计，而使秦国恢复穆公霸业者，居高官领国政，与本公共治秦国，分享秦国！①

在这篇短短的 143 字的国令中，"穆公"一词三次出现。第一次，"昔我穆公自岐雍之间"，出现于开头，具有开门见山，提纲挈领，振聋发聩的作用。然后在接近结尾处，接连两次出现，"复穆公之故地，修穆公之政令"，揭示此命令的目的、愿望，最后引出命令的主旨就是求贤强秦。与此形成鲜明对照的是，中间列举厉、躁、简公、出子四位君主昏庸误国，内外交困，地失关丧，国弱民穷，列国卑秦，不与会盟，国耻族恨，莫大于此。以此与穆公的辉煌作强烈的对照。求贤则兴，不求则衰。

这是 21 岁的秦孝公即位的第二年即扛起 266 年前的秦穆公纠错求贤大旗。于是，在魏国非但不得重用，反而有杀身之祸的卫鞅闻讯而至，立即被委以重任，实施最彻底、最有效的富国强兵的变法。

史载：于是以鞅为大良造。将兵围魏安邑，降之。居三年，作为筑冀阙宫庭于咸阳，秦自雍徙都之。居五年，秦人富强，天子致胙于孝公，诸侯毕贺。变法十年，"秦民大悦""家给人足""民勇于公战、怯于私斗"，国家

---

①　孙皓晖. 大秦帝国［M］. 北京：作家出版社，2015.

日益强盛。率师包围安邑，俘魏公子卬，迫使魏国割地迁都。凡此皆为变法富强成效的佐证。

战国时期兴起的列国变法运动是战国社会大变革的标志及其总结。这一运动以魏文侯任用李悝变法、赵烈侯任用公仲连变法、楚悼王任用吴起变法、秦孝公任用商鞅变法、韩昭侯任用申不害变法、齐威王任邹忌变法、赵武灵王"胡服骑射"、燕昭王任乐毅改革为代表，从本质上说，它是一场封建化运动。但从各国统治者变法的主观目的上说，无一不为的是"富国强兵"。列国变法与扩军备战是紧密相连的。事实证明，凡属变法获得成功的国家，其武力必然强大。七国中，以秦的商鞅变法最为彻底，也就造成了秦国天下无敌的军事力量。① 所以说，没有商鞅变法，就没有秦国的富国强兵以及造就的天下无敌的军事力量；没有秦孝公的求贤任贤，就没有商鞅的去魏投秦；没有这篇《下令国中》的痛斥列祖的求贤令，就没有秦孝公如此神速的求贤任贤的实效；没有文中"穆公"的三次反复和对四位庸主的纠错反省甚至痛斥，也就没有如此的说服力、感染力、感召力。

对四代君主的责斥，需要怎样的勇气魄力，需要怎样的自律担当，需要怎样面对古今？这绝不是庸常所为。

但是，当面之敌的魏武侯早已经能做到了。魏武侯（前396年即位）谋事而当，群臣莫能逮，退朝而有喜色。吴起进曰："亦尝有以楚庄王之语，闻于左右者乎？"武侯曰："楚庄王之语何如？"吴起对曰："楚庄王谋事而当，群臣莫能逮，退朝有忧色。申公巫臣进问曰：'王朝而有忧色，何也？'庄王曰：'不谷谋事而当，群臣莫能逮，是以忧也。其在中虺（人名，商汤的左相。）之言也，曰："诸侯自为得师者王，得友者霸，得疑者存，自为谋而莫己若者亡。"今以不谷之不肖，而群臣莫能逮，吾国几于亡乎！是以忧

---

① 史仲文，等．中国全史第三册［M］．长春：吉林大学出版社，2011：292－293.

也。'楚庄王以忧，而君以喜。"武侯逡巡再拜曰："天使夫子振寡人之过也。"① 就这样，魏武侯感激吴起不时的提醒与纠错，从而勉强延续魏文侯的霸业，使得西邻的秦国步步后退。这不能不激起年轻有为的秦孝公的惊醒和效法，急起直追，后来居上。对此，朱元璋感慨不已："昔楚庄王谋事而当，群臣莫能逮，朝而有忧色。魏武侯谋事而当，群臣莫能逮，朝而有喜色。夫一喜一忧，得失判焉。以此见武侯之不如楚庄也。夫喜者矜其所长，忧者忧其不足。矜其所长则志满，志满则骄，骄则淫佚，败日至矣；忧其不足者则志下，志下必能虚心以受人，则人孰不乐告以善道？故庄王卒伯诸侯以兴楚国，武侯侵暴邻国而魏业日衰。以此观之，人君当逊志以纳善，人臣当直道以事君。君臣之间各尽其道，则天下之事无不济矣。"（《明太祖宝训》卷四）喜忧得失，昭然若揭。就在于"人君当逊志以纳善，人臣当直道以事君"。君臣各尽其道，则天下之事无不济矣！

所以，孝公与商鞅君臣相得，富国强兵，因而皆获得了极高的评价。"孝公用商鞅之法，移风易俗，民以殷盛，国以富强，百姓乐用，诸侯亲服，获楚、魏之师，举地千里，至今治强。"（李斯《谏逐客书》，《史记·李斯列传》）"秦孝公据崤函之固，拥雍州之地，君臣固守，以窥周室，有席卷天下、包举宇内、囊括四海之意，并吞八荒之心。当是时，商君佐之，内立法度，务耕织，修守战之备；外连衡而斗诸侯。于是秦人拱手而取西河之外。"（贾谊《过秦论》）"商鞅相孝公，为秦开帝业。"（王充《论衡·书解篇》）故太史公称"秦所以强六世（孝公、惠文王、武王、昭襄王、庄襄王、始皇）而并诸侯，皆商鞅之谋也。"（《史记·商君列传》）

一篇百余字的纠祖尊宗求贤令，就这样铸就了历史的丰碑。

---

① 《荀子·尧问篇》。参见《吕氏春秋·恃君览·骄恣》：亡国之主，必自骄，必自智，必轻物。……魏武侯谋事而当，攘臂疾言于庭曰："大夫之虑，莫如寡人矣！"立有间，再三言。李悝趋进曰："昔者楚庄王谋事而当，有大功，退朝而有忧色。左右曰：'王有大功，退朝而有忧色，敢问其说？'王曰：'仲虺有言，不穀说之。曰：'诸侯之德，能自为取师者王，能自取友者存，其所择而莫如己者亡。今以不穀之不肖也，群臣之谋又莫吾及也，我其亡乎！'曰大夫之虑莫如君，此霸王之所忧也，而君独伐之，其可乎！"武侯曰："善。"人主之患也，不在于自少，而在于自多。自多则辞受，辞受则原竭。李悝可谓能谏其君矣，一称而令武侯益知君人之道。

第三节 李斯《谏逐客书》纠君

124年后的公元前247年，庄襄王薨，秦王政即位，时年13岁。相邦吕不韦掌握实权。

秦始皇九年（前238年），22岁的秦王政加冕亲政。这年，"宦官"嫪毐发动宫廷政变，秦始皇派昌平君、昌文君围剿，并悬赏："有生得毐，赐钱百万；杀之，五十万。"（《史记·秦始皇本纪》）旋将叛乱者一网打尽。次年，又乘机免去"仲父"吕不韦的相邦职务，迫其自杀，从而一举掌握朝政大权。在秦宗室大臣的鼓惑下，"大索，逐客。"大肆搜捕，驱逐客卿。李斯作为楚国人，曾在吕不韦门下，亦在驱逐之列。素怀大志，心有不甘的李斯于是上书，力陈客卿的历史作用，现在的重物轻人，逐客的强敌败己。使得秦王幡然醒悟，听从李斯《谏逐客书》之议，继续重用客卿，定下金帛利诱与武力打击相结合的方略，加快兼并六国的统一战争步伐。

秦宗室大臣皆言秦王曰："诸侯人来事秦者，大抵为其主游间于秦耳，请一切逐客。"李斯议亦在逐中。斯乃上书曰：

> 臣闻吏议逐客，窃以为过矣！
>
> 昔缪公求士，西取由余于戎，东得百里奚于宛，迎蹇叔于宋，来丕豹、公孙支于晋。此五子者，不产于秦，而缪公用之，并国二十，遂霸西戎。孝公用商鞅之法，移风易俗，民以殷盛，国以富强，百姓乐用，诸侯亲服，获楚、魏之师，举地千里，至今治强。惠王用张仪之计，拔三川之地，西并巴、蜀，北收上郡，南取汉中，包九夷，制鄢、郢，东据成皋之险，割膏腴之壤，遂散六国之从，使之西面事秦，功施到今。昭王得范雎，废穰侯，逐华阳，强公室，杜私门，蚕食诸侯，使秦成帝业。此四君者，皆以客之功。由此观之，客何负于秦哉！向使四君却客而不内，疏士而不用，是使国无富利之实而秦无强大之名也。
>
> ………（《史记·李斯列传》）

秦王乃除逐客之令，复李斯官，卒用其计谋。官至廷尉。二十余年，竟并天下，尊主为皇帝，以斯为丞相。（李斯《谏逐客书》，《史记·李斯列传》）因此，其后在秦王身边，几乎聚集了当时最优秀的军事家、政治家：王翦、李斯、尉缭、姚贾、顿弱、蒙恬等，他们多是外来客卿。

此文"纵古论今说将来，理论与现实并用。其结构上先罗列秦王的四位先人重用客卿取得成功的事实，说明没有客卿的功劳，就没有秦国今天的富庶和强大，再以现实中秦王用别国之物的事实，说明秦王自身行为自相矛盾，重物轻人，这与秦王统一天下的目的背道而驰，紧接着着眼未来，再从理论的角度论证纳客的利和逐客的弊，全文本为自己辩护，但立论都不着眼于个人进退，处处从国家兴亡的角度考虑，本为辩护逐客为过，作者却将论点再推进一层：求国无危，不可得也。巧妙的构思，利害清晰，不由不让秦王不为之震动。"① 后来人们对此赞不绝口，是有道理的。

我们还可以从反复的修辞格角度来审读。全文 750 字，"客"字在文首文中文尾反复出现七次。尤其文首第一句就有客字：臣闻吏议逐客，窃以为过矣！开门见山，一针见血。第一段 234 个字中，有四个"客"字，还配合具体八位客卿的名字：由余、百里奚、蹇叔、丕豹、公孙支、商鞅、张仪、范雎，以及重用他们的四位君王：穆公、孝公、惠王、昭王。他们都是秦国发展史上举足轻重的客卿和重用客卿而使秦国勃兴的君主。这四个"客"字，加四位君王，再加八位客卿，犹如十八声鼓点，敲击在 234 个字的篇章上。相当于每 13 个字，就有一个重复的意象！该文以下的部分也是如此，在不断、密集的反复中，如疾风骤雨般地揭示主题，以重物轻人，纳客逐客的利与弊的不同角度来论证逐客之过。这就是"理性＋情感＋艺术"的力量。此后"二十余年，竟并天下"。

李斯作为一个将被驱逐出境的外来客卿，敢于善于向君王直谏，并且文章开头即谓"臣闻吏议逐客，窃以为过矣！"其智其勇，难能可贵。臣下纠君之错，历来风险大于机遇。所谓伴君如伴虎，稍有不慎，便有杀身之祸。何况还要逆鳞抗辩直谏。为什么李斯此文的纠君，非但化险为夷，而且重获

---

① 丁晓昌，等. 古代公文研究［M］. 合肥：安徽文艺出版社，2000.

青睐，委以重任呢？因为，"千羊之皮，不如一狐之掖；千人之诺诺，不如一士之谔谔。武王谔谔以昌，殷纣墨墨以亡。"（《史记·秦始皇本纪》）有道是，如果尖锐的批评完全消失，温和的批评将会变得刺耳；如果温和的批评也不被允许，沉默将被认为居心叵测；如果沉默也不再允许，赞扬不够卖力将是一种罪行；如果只允许一种声音存在，那么，唯一存在的那个声音就是谎言。而开明的政治，英明的领袖，聪明的士人，无不是闻过则喜，知错能改。这要成为一种习惯、传统乃至文化。这其中，遵循秦国自我纠错机制，虚心求贤使能的传统，致力富国强兵之术，或其为力谏君王的成功之道。

李斯《谏逐客书》，秦孝公《下令国中》，秦穆公《秦誓》，秦国这三篇不朽公文构成不同时空的反复修辞，自纠—纠祖—纠君，求贤—求贤—求贤，形成和产生的强国规律，真理光芒和历史意义，已经超出秦国强国，统一天下的意义。

"故人主有大功，不闻不肖；亡国之主，不闻贤。"（《吕氏春秋·孝行览》）

而对此反复的修辞鉴赏，亦可从不同角度如战略定力等来解读。

强国：坚定的战略目标。不知命，无以为君子也。

求贤：有效的基本国策。无友不如己者。

纠错：英勇的责任担当。过则勿惮改。闻过则喜，而不是文过饰非。

战略定力，是夺取战略胜利，尤其是伟大战略胜利之保障。"知止而后有定，定而后能静，静而后能安，安而后能虑，虑而后能得。物有本末，事有终始，知所先后，则近道矣。"（《大学·礼记》）有定力的战略家，"在他进行的全部战争中，可以看到他有一种节制地使用力量的能力，他能始终保持镇静，但也不缺乏冲劲，在十分急迫的时刻，能把力量发挥到令人惊异的地步，随后为了服从政治上最微小的变动，又能继续保持平稳。不管是虚荣心、荣誉心还是复仇心，都不能使他离开这条道路，正是这条道路引导他走向斗争的胜利结局。"（克劳塞维茨《战争论》）

真理诞生于一百个问号之后。真理不畏权威，不畏批评，亦不惧重复。

其实，历史的规律也就这么几条，就看我们该如何自咎、自谔、自律、自省、自强。

第十章　秦国的伊人

　　蒹葭苍苍，白露为霜。所谓伊人，在水一方。溯洄从之，道阻且长。溯游从之，宛在水中央。

　　蒹葭凄凄，白露未晞。所谓伊人，在水之湄。溯洄从之，道阻且跻。溯游从之，宛在水中坻。

　　蒹葭采采，白露未已。所谓伊人，在水之涘。溯洄从之，道阻且右。溯游从之，宛在水中沚。

《诗经·秦风·蒹葭》由于意境的空灵朦胧，艺术的高超精妙，关于它的主旨两千年来多有分歧。此诗曾被认为是讥刺秦襄公不能用周礼来巩固他的国家，或惋惜招引隐居的贤士而不可得，现在一般认为这是一首情歌，写追求所爱而不及的惆怅与苦闷，但是近来又有些回归。联系《秦风》其他九首诗歌来合读，甚至将它置于春秋抑或整个秦国历史文化的语境下来解读，伊人初始似为恋人（单相思）；经过采诗献诗，纳于宗庙，诚比金石，此诗及伊人则又承载君心国志，未尝不可以是秦国紧缺而又能克敌制胜的贤人客卿；甚至也可以是敌人。"所谓"之称，即"所说的""某些人所说的"。伊人是别人所说的，别人说说无心，但作者听了有意，而且念念不忘必有回响。这就不是普通的恋人。他是有一定知名度的公众人物了。越是高层人才，越自由，越难找。所谓伊人，宛在"水中央""水中坻""水中沚"，水中央居无定所，水中坻水下暗滩，似有若无，水中沚小渚曰沚，小可止息其上也。经过上下求索，不懈追寻，终于锁定了伊人的所在方位，由水天苍茫，到水下浅滩，到水中小小洲。我们再参照秦风的其他诗篇，参照秦国的经典公文，参照秦人的话语习惯，尚武，求贤，强国，是秦国历史发展乐章的强音。但是，强音并不一定能入耳入心，尤其是他国士人。所以，必须借助那永恒主题的旋律，来表达"君子好逑""悠悠我心"。一曲《蒹葭》，以最温柔的音符，恳切的情姿，空濛的意境，奏出了穿越千古，震撼心灵，感召知音的不朽乐章。

　　这是中国文学史上的名篇，是中国诗歌史上首屈一指的杰作。牛运震说，《蒹葭》是"国风第一篇缥缈文字。"① 王国维说："《诗·蒹葭》一篇最得风人深致。"（王国维《人间词话》）沈德潜说："苍凉弥渺，欲即转离，名人画本，不能到也。"② 由于其产生的辗转多元，意境的空灵朦胧，形象的游移缥缈，艺术的高超精妙，关于它的主旨两千年来多有分歧。虽然今人多看作是爱情诗，而数千年来前人多看作是求贤诗（或讽刺诗）。确实，由于其意境的空灵，"蒹葭苍苍，白露为霜。所谓伊人，在水一方。"具有浓郁的象征意味，故诗无达诂，歧解纷呈，本不足为怪了。但是，最近权威的普及教材认为，"伊人""指隐居的贤人；指意中人；两说皆可通。"③ 两说为什么皆可通？《诗经》中此类歧解，是不是皆可通？又有鉴赏文指出，秦地在陕西西部及甘肃东部，其地"迫近戎狄"，这样的环境使得秦人"修习战备，高尚气力"（《汉书·地理志》），故其情感激昂粗豪。而《秦风》十首多写征战猎伐、痛悼讽劝一类的事，如《蒹葭》这种凄婉缠绵的情致却更像郑卫之音的风情。那《蒹葭》这首诗的情调，就与《秦风》其他豪迈激昂的篇什

---

① 牛运震《诗志》卷二，《空山堂全集》。"只两句写得秋光满目，抵一篇悲秋赋。《国风》第一篇飘渺文字。极缠绵，极惝恍，纯是情，不是景；纯是窈远，不是悲壮。感慨情深，在悲秋怀人之外，可思不可言。萧散旷远，情趣绝佳。"

② 沈德潜《说诗晬语》卷上："'蒹葭苍苍，白露为霜。所谓伊人，在水一方'，苍凉弥渺，欲即转离，名人画本，不能到也。"

③ 徐中玉，等. 大学语文：第 11 版［M］. 上海：华东师范大学出版社，2018：21. 意境朦胧、含蕴不尽是这首诗的主要特点。"伊人"不坐实，且飘忽不定、幻象丛生，给人以扑朔迷离、可望而不可即之感，引人遐想。有人认为这是一首招贤诗，"伊人"指隐居的贤人；有人认为这是一曲怀念情人的恋歌，"伊人"指意中人；两说皆可通。其实，只要把"在水一方"视作一种象征，它就涵容了世间各种可望而不可即的人生境遇。这样，贤才难觅、情人难得的惆怅，乃至前途渺茫、理想不能实现的失望等等心灵的回响，也就都可能从《蒹葭》的意境中得到同振共鸣。

有很不协调的地方，这又是怎么回事呢，这又如何解释呢？作为情诗，它出类拔萃，有何特别之处？作为《秦风》，它却缠绵悱恻，余音绕梁，处在十首秦风之间有无相通之处？

第一节　讽刺爱情　歧解纷呈

关于此诗的主旨解读，归纳起来，主要有以下几类说法：

一是"刺襄公"说。

《毛诗序》云："蒹葭，刺襄公也。未能用周礼，将无以固其国焉。""'在水一方'的'所谓伊人'（那个贤人），隐喻周王朝礼制。如果逆周礼而治国，那就'道阻且长''且跻''且右'，意思是走不通、治不好的。如果顺从周礼，那就'宛在水中央''水中坻''水中沚'，意思是治国有希望。"① 这一观点，一直延续到唐代的孔颖达《十三经注疏》，他说："作《蒹葭》诗者，刺襄公也。襄公新得周地，其民被周之德教日久，今襄公未能用周礼以教之。礼者，为国之本，未能用周礼，将无以固其国焉，故刺之也。"（《十三经注疏·毛诗正义》卷六）。一首空灵的诗，解说得具体而确凿，几乎成为政治的解说词和诗教的讲稿。我们可能要付之一笑，但是千百年来，知识界文化人却是众口一词的啊。②

二是"招贤"说。

此说可谓群贤毕至了。具体来说，有以下几说：

1. 秦穆公访贤说

［宋］王质："秦兴其贤有二人焉，百里奚、蹇叔是也。所谓伊人，岂此流也耶？"（《诗总闻》）［清］吴懋清："秦穆公能礼贤下士者，故百里奚、蹇叔、由余、公孙支皆往归之。因作是歌，申其景仰，叹贤人置身甚高，若可望而不可即也。"（《毛诗复古录》）当今诗人赵缺《诗经正译》："秦伯过

---

① 苏东天．诗经辨义［M］．杭州：浙江古籍出版社，1992．
② 邵禹铭．《诗经·秦风·蒹葭》研究［D］．太原：山西大学，2013．

渭水，思文王、太公之事，欲得贤士而相之"。《蒹葭》的作者也许是秦伯（或为秦穆公），也许是其代言人。《蒹葭》秦伯求贤诗，"伊人"或是姜太公（以及类似于姜太公的百里奚、蹇叔）。① 穆公求贤，乃秦国之根基，秦兴之旗帜，人们将此诗作为求贤诗来读，可谓以情得之。

2. 百里奚荐贤说

［清］牟庭："《蒹葭》，百里奚荐蹇叔也。""余推此诗之意，似即百里奚所作，以荐蹇叔于秦者。蒹葭自喻也，白露喻蹇叔也。蹇叔遇秋，沧沧然苦寒，而白露耐冷，方将结而为霜，喻己在贫贱中感慨悲凉，而蹇叔益以坚苦自守也。"（《诗切》）此说，可以说是从上述秦穆公访贤说引申而来的。穆公求得了耄耋之年的百里奚，百里奚又极力推荐了蹇叔。可谓群贤毕至，影响深远。客卿制遂为国策。

3. 思慕隐者说

［明］丰坊："君子隐于河上，秦人慕之，而作是诗。"（《诗说》）［清］郝懿行："《蒹葭》，思隐也。时有高士，隐于水滨，潜深伏隩，可望不可即，君子叹美之。"（《诗问》）［清］汪凤梧："《蒹葭》，怀人之作也。秦之贤者抱道而隐，诗人知其地，而莫定其所，欲从靡由，故以蒹葭起兴而怀之，溯洄溯游，往复其间，庶几一遇之也……"（《松溪文集》）［清］姚际恒和方玉润都说是招贤诗，"伊人"即"贤才"："贤人隐居水滨，而人慕而思见之。""《蒹葭》，惜招隐难致也。……征求逸隐不以其道，隐者避而不见。……盖秦处周地，不能用周礼。周之贤臣遗老，隐处水滨，不肯出仕。诗人惜之，托为招隐，作此见志。"姚氏是"涵泳篇章，寻绎文义，辨别前说"（姚际恒《诗经通论·自序》）的，紧扣文本，辨别前人解说。方家则"舍却序、传，直探古人作诗本旨，庶有以得其真耳"（方玉润《诗经原始·诗旨》），是在突破汉儒和朱熹等人的旧说，把《诗经》从牵于具体历史事件和"诗教"的旧说竭力拉回到诗美学的道路上来。招隐难至说既上承穆公求贤说，又切合本诗可望不可即的意境。

三是"爱情"说。

---

① 赵缺.《蒹葭》正解［EB/OL］.搜狐网，2018 – 08 – 02.

近多持此说者。余冠英说："似是情诗，男或女词。"（《诗经选》）；林庚、冯沅君说："这是寻访意中人而无所遇的诗。"（《中国历代诗歌选》）而傅斯年则进一步认为："此亦相爱之词。辛稼轩《元夕词》云：'众里寻他千百度，蓦然回首，那人却在灯火阑珊处'，与此诗情景同。"① 还有众多的专家学者等亦持"恋歌"说。现在多数读者尤其青年人，一望便知是一首情意恳切哀婉执着的情诗。

在上述较为确定性解读之外，也还有一些对此诗主旨的解读不是那么确定无疑，而是持更宽泛的解读。如有研究指出的："诗的本事以及'伊人'的性别都不确定，使诗中的意象具有较为广泛的象征性，给人以广阔的想象空间。"② 其实，"伊人"的不能确指说可以追溯到朱熹。他在《诗集传》中说："言秋水方盛之时，所谓彼人者，乃在水之一方，上下求之而皆不可得。然不知其何所指也。"③ 这已是对以前汉唐传统诗学的动摇。因为，这样的"不确定"说给这首诗的解读带来更加丰富的阐释空间。再如陈子展说："《蒹葭》一诗是诗人思慕一个人而竟不得见的诗。他思慕的这个人是知周礼的故都遗老呢，还是思宗周、念故主的西周旧臣？是秦国的贤人隐士呢，还是诗人的一个朋友呢？或者诗人是贤人隐士一流，作诗明志呢，或者我们主观地把它简单化、庸俗化，硬指这诗是爱情诗，诗人思念他的爱人呢？《诗疑辩证》说：细玩'所谓'二字，意中人难向人说，而'在水一方'亦想象之词。若有一定之方，即是人迹可到，何以上下求之而不得哉？诗人之旨甚远，固执以求之又远矣。"④ 而"若一定要为'伊人'派定身份，怕是要损掉了泰半诗思，虽然诗人之所思原是很具体的，但他既然把'具体'化在茫茫的一片兴象中，而使它有了无限的'可能'，则我们又何必再去追索那曾经有过的唯一呢。"⑤ 更进一步者，钱钟书则结合东西方文学"企慕之情境"，指出："抑

① 傅斯年. 诗经讲义稿［M］. 北京：中国人民大学出版社，2004：68.
② 夏传才. 诗经讲座［M］. 桂林：广西师范大学出版社，2007：420.
③ 朱熹. 诗集传［M］. 南京：凤凰出版社，2007.
④ 陈子展. 国风选译［M］. 上海：上海古籍出版社，1983.
⑤ 扬之水. 诗经别裁［M］. 北京：中华书局，2007.

世出世间法，莫不可以'在水一方'寓慕悦之情，示向往之境。"① 这就将此诗的解读，推向了一个新高度，"寓慕悦之情，示向往之境"。

第二节　在水一方　门外解诗

这首诗在最初诞生时，有可能正是一首情诗，或者一个片段，但其"蒹葭苍苍，白露为霜。……在水一方。"所营造的"言可望而不可即，可见而不可求"的意境，正好切合了秦国渴求人才的国家意志，吻合了秦国求贤国策的话语体系，成就了"士不产于秦，而愿忠者众"的大秦形象，所以，后来就被塑造或者解读成为求贤诗。所以，它既是一首情诗，也是一首求贤诗；既不是一首情诗，也不是一首求贤诗；既不仅是一首情诗，也不仅是一首求贤诗了。只是，"我希望能够注意到，当我在说话的时候，一个没有名字的声音在我之前早就存在了。"（福柯《说话的秩序》，L'ordre dudicours dudisconrs，Pris，Gallimard，1971.）

其实，《诗经》中的国风，大多不完全是我们今天所读到的字面上所言，而是另有所指的。因为，《诗经》不仅是诗歌，《国风》也不尽是民歌，它还是历史政治宗教文化的元典，也是诗教的课本。赵敏俐在回顾肯定朱东润和胡念贻分别在20世纪30和50年代的未被重视的有关研究成果后强调指出，"《国风》中有相当多的诗所写的都是贵族社会的世俗生活，真正可以认定是出自下层劳动者之手的微乎其微，而且这些诗篇也不一定是它的原始形态，同样是经过乐官们整理后的艺术品。……即便是其源于民间，也往往经过无数代的选择与淘汰，最终又经过专业艺术家的加工，而不再是它的原生形态。"② 所以，面对"创作主体多为贵族"③ 的《国风》，我们是可以就文本

---

① 钱钟书. 管锥篇：第一册［M］. 北京：中华书局，2008.

② 赵敏俐. 20 世纪《诗经》研究的几个问题［N］. 光明日报，2005 - 02 - 28；赵敏俐. 古典文学的现代阐释及其方法［M］. 北京：商务印书馆，2013；176 - 182；朱东润. 国风出于民间论质疑［M］//诗三百篇探故. 上海：上海古籍出版社，1981；胡念贻. 关于诗经大部分是否民歌的问题［J］. 文学遗产，1959（A07）.

③ 刘立志.《诗经·国风》民歌问题研究的回顾与检讨［J］. 南京师范大学文学院学报，2010（4）：38 - 43.

来品诗情，读出它的情爱来，但是如果我们仅自以为是地凭感官直觉地认为那只是诗，"它永远是诗，是艺术，是感性的、美丽的，是作用于我们的心灵与情感并一直在感动我们而不是教训我们的"①，并有意无意忽略其承载的历史文化意蕴，那对不起，我们虽不能如网络标题党所言"把《诗经》当成文学作品来读，你永远都在门外"，至少"也只是一个仰慕者的门外感受而已"。② 况且，中国诗歌具有史实性，《诗经》等中华元典更是如此。"中国古代的诗，非虚构性亦是主流。邓小军从诗歌大家、诗论与诗文化背景，得出结论：中国诗具有写实性的基本特征；诗歌以虚构为基本特征的文学理论，不适应中国诗，因此应该相应地改写。不能忽视中国诗的历史内容。从文学立场说，诗歌内容如果未被了解，其艺术造诣便无从谈起。"③ 也就是说，包括中华元典《诗经》在内的中国诗歌，我们在赏读时，最好置于历史的长河中来审读品析，这样才不至于停留于字面，徘徊于门外。

当然，虽说是"功夫在诗外"，但读诗还得含英咀华，批文览情。我们先来沿着诗论家的阅读路径，来"涵泳篇章，寻绎文义"。方玉润说：

> 惜招隐难致也。此诗在《秦风》中，气味绝不相类。以好战乐斗之邦，忽遇高超远举之作，可谓鹤立鸡群，翛然自异者矣。然意必有所指，非泛然者。《序》谓"刺襄公，未能用周礼"，吕氏祖谦遂谓"伊人犹此理"，凿之又凿，可为喷饭。盖秦处周地，不能用周礼。周之贤臣遗老，隐处水滨，不肯出仕。时人惜之，讬为招隐，作此见志。一为贤惜，一为世望。曰伊人，曰从之，曰宛在，玩其词，虽若可望不可即，味其意，实求之而不远，思之而即至者。特无心以求之，则其人倜乎远矣。
>
> 三章只一意，特换韵耳。其实首章已成绝唱。古人作诗多一意化为

① 鲍鹏山. 中国人的心灵：三千年理智与情感 [M]. 上海：复旦大学出版社, 2009.
② 孙向晨. "风化天下"从哪里开始？——在西学背景下回看诗经 [J]. 文化纵横, 2009 (2).
③ 胡晓明. 文体学的新意义 [N]. 光明日报, 2019 - 03 - 11；邓小军. 中国诗的基本特征：写实还是虚构 [C] //胡晓明. 古代文学理论研究第43辑. 上海：华东师范大学出版社, 2016.

三叠，所谓一唱三叹，佳者多有余音，此则兴尽首章，不可不知也。

（方玉润《诗经原始》卷七）

方家通过文本细读，比照前说，提示我们，"曰伊人，曰从之，曰宛在，玩其词，虽若可望不可即，味其意，实求之而不远，思之而即至者。"他认为，诗人思慕的伊人经过旷日持久、千回百折的追寻后，终于可以求之不远，思之即至了。方家是怎么有这样的读后感的呢？他没有告诉我们，我们只得自己来推敲字句，吟诵篇章，庶几其意自现吧！

从文字词义的角度解读。"所谓"：（别人，世人）所说的。《礼记·大学》："所谓诚其意者，毋自欺也。"《文选·刘孝标·辩命论》："所谓命者，死生焉、贵贱焉、贫富焉、治乱焉、祸福焉，此十者天之所赋也。""伊人"：彼人、那个人、意中人。晋陶渊明《桃花源》诗："黄绮之商山，伊人亦云逝。""所谓伊人"：据说的那个人，人们所说的那一位。这就不是像恋人那种，我心中的人，而是据说的，世人所说的那个人。那怎么去追寻他（她），就茫然无绪了。但是，这只是黎明前的黑暗。不信，待你蓦然回首。

历来诗论家及鉴赏家对此诗的解读多有精辟独到之见，唯对二、三章末尾的一字"坻"（chí）和"沚"（zhǐ），未能解释到位。或者笼而统之，认为两字同义。言水中陆地，或者语焉不详，曰水中的小洲或高地，水中的小块陆地。兹将名家及通行读本的有关解释列表如下：

"坻""沚"解释

作者	"坻"解	"沚"解	提要
王力①	坻，水中的高地。	沚，水中的陆地。	这是一首怀人的诗。诗中写追寻所怀念的人，但终于是可望而不可即。
程千帆②	坻：水中的高地，小洲。	沚：小洲。和坻同义。	《蒹葭》是一首情歌。它描写了对恋人的强烈追求和可望而不可即的情境。

① 王力. 古代汉语：上册［M］. 北京：中华书局，1962：454.

② 程千帆. 中国古代文学英华［M］. 上海：上海教育出版社，1984：424.

作者	坻解	沚解	提要
金启华①	坻，小渚也。	沚，小渚也。	
郁贤皓②	坻：水中小块高地。	沚：水中小块陆地。	
夏中义③	坻：水中小岛。	沚：水中的小沙滩。	
万光治④	坻：水中小沙洲。	沚：水中小沙洲。	诗中所绘之景，本已含情；而横亘在两人之间的空间距离，尤其能传达某种人生的遗憾。这样的遗憾，虽时见于有情人之间，又往往可以连类而及，使人联想起自己的许多人生体验。
徐中玉	坻：水中小洲，小岛。	沚：水中的小沙滩，比坻大些。	指隐居的贤人；指意中人；两说皆可通。
王方路⑤	坻：水中小沙洲。	沚：水中小沙滩。	毛《序》："刺襄公夜。未能用周礼，将无以固其国也。"译者以为正寓历史潮流之秋，秦舍周礼而隔流它求之不可得。此诗以爱情形式出之，妙极！毛序可信。
许渊冲⑥	She's far away.	She's far behind.	
杨宪益、戴乃迭	on the shoal in the waters.	on an islet in the waters.	

① 金启华．诗经全译［M］．南京：江苏古籍出版社，1984：275.
② 郁贤皓．中国古代文学作品简编：上册［M］．北京：高等教育出版社，2015：21 − 22.
③ 夏中义．大学新语文［M］．北京：北京大学出版社，2005：141.
④ 万光治．先秦两汉诗［M］．成都：天地出版社，1997：78.
⑤ 王方路．诗经国风白话英语双译探索［M］．成都：四川大学出版社，2009：271.
⑥ 唐建清．中国文学选读［M］．南京：南京大学出版社，2009：7 − 9. （引许渊冲译文）

以上十家对"坻""沚"的解释，可分为四类。（一）解释为水中的高地、陆地者。以王力为代表，还有俞贤皓。（二）解释为同义者。以程千帆为代表，还有金启华、万光治。（三）解释为小岛和小沙滩者。以徐中玉为代表，还有夏中义、王方路。不过，徐先生这样解释之后又附加了一句，沚比坻大些。但是，从解释的文字上看，小岛（坻）和小沙滩（沚）到底哪个大呢？是不是有点自相矛盾了呢？（四）解释为沙滩和小岛者。以杨宪益、戴乃迭为代表。需要说明的是，许渊冲先生的译释，好像未作解释，但可能最得神韵。

我们还是来看我们最早的辞书《尔雅》的解释："水中可居者曰洲，小洲曰陼，小陼曰沚，小沚曰坻。"（《尔雅·释水第十二·水中》）陼同渚；汦同坻。坻，同坥﹦﹦﹦。① 刘熙《释名》的解释亦然②：

水中可居者曰洲；洲，聚也，人及鸟物所聚息之处也。

小洲曰渚；渚，遮也，体高能遮水使从旁回也。

小渚曰沚；沚，止也，小可以止息其上也。

---

① 曾少林．"坻"字音义分化考辨［J］．语文学刊，2014（16）：45 – 47.

② 刘熙．释名卷一释水第四［M］．北京：中华书局，1985.

小沚曰沠；沠，迟也，能遏水使流迟也。

可见，坻＜沚＜渚＜洲。所以，所谓伊人，"宛在水中央""水中坻"（水下隐约可见的浅滩）、"水中沚"（水中勉强可以止息的小块地方）。伊人飘忽不定的方位，终于有所缩小，或可锁定了。这是经历苦苦寻觅几乎陷入绝望之际，他（她）所在方位的水面由大到小，陆地由无到小，到大。则伊人形象的背景与位置，由虚无缥缈，似有若无，变得有迹可循，隐约可见，遂可定位了。纵然"上穷碧落下黄泉""两处茫茫皆不见"，但又是"远在天边""近在眼前"了。也就是许先生所译：Downstream I go，She's far away. Downstream I go，She's far behind.——远在天边，近在眼前。方玉润所言，细"玩其词"慢"味其意"，终觉"实求之而不远，思之而即至者"。蓦然回首，那人却在……

我们再把全诗的三章合在一起读，是不是"三章只一意，特换韵耳"？

蒹葭三章的层递

节	蒹葭	露	水	道	洲
1	苍苍	霜	方	长	央
2	萋萋	晞	湄	跻	坻
3	采采	已	涘	右	沚
层递	兴象	时移	位移	路况	位置

原来，这三章跟《诗经·国风》绝大多数的重章叠句式一样，绝不是简单的重复，而是有层次，有推进，有升华的。《蒹葭》三章，诗意层层递进，虽然时间越来越久，路途越来越难，但目标却似乎越来越近。是事实呢，还是想象呢，抑或两者兼而有之呢？我们尚不得而知。果真如此，那"功夫不负有心人"，"有情人终成眷属"。如属愿望，那追求者还在追求的路上，只不过近在眼前了，距离不远了。不管怎么样，这种坚定执着，非她莫属，百折不挠的追寻，古往今来，不知打动了多少求索者的心扉，感动了多少知音难觅的情怀。人的一生，无不在追寻的路途上，而这首诗，正表述了每一个追寻者的心理，心情，心路。所以，两千五百年来，照映着一代代读者，既感同身受，又诗无达诂。

第三节　所谓伊人　言尽旨远

每章末字的"水中央""水中坻""水中沚"，我们发现伊人已经隐现方位了。可谓一字泄露天机！伊人终于可望而可即了。

那么，《蒹葭》的作者，或者更准确地说，《蒹葭》的作者们，为什么要做这样的设计，这样的安排呢？如上所述，《国风》的作者，既不是下层劳者，也不是个别上层士人，而是贵族阶层，尤其《秦风》的作者们应是秦国的君心国志的代言者。而在秦人的文化传统中，是崇尚实用有效，不惜一切，追求极致！他们"国家至上的观念、功利主义的趋向以及务实开放的胸怀，对秦国的制度产生了重要影响，促成了战国中期以后秦国的制度变革，彰显了制度的先进性：国家和社会的一体化、'虎狼之师'以及涌入秦国的外来人才，为秦统一六国奠定了坚实的基础。以个体自由和神巫文化为特征的楚文化，突出'民本'和'民主'思想的齐文化，以及杂糅了儒家和道家文化因子的三晋法家文化，均不敌以国家利益至上和'专制'著称的秦文化，这是秦统一六国最根本的文化原因。"① 这也是影响和决定其话语体系性质与走向的根源与动因。

"以好战乐斗之邦，忽遇高超远举之作，可谓鹤立鸡群，翛然自异者矣。"《蒹葭》在《秦风》十首中实属异类，但也应是整体中的一员。

《秦风》十首概要

篇名	主旨	章法	备注
车邻	战场归来，重逢之乐	三章，递进	今者不乐
驷驖	君王田猎盛况	三章，递进	田猎演习
小戎	怀念赞美征夫	三章，递进	怀念征夫
蒹葭	以境寓求贤	三章，递进	所谓伊人

---

① 陆青松. 论秦统一的文化因素［D］. 北京：北京大学，2011.

续表

篇名	主旨	章法	备注
终南	赞美秦君	二章美中戒	赞美秦君
黄鸟	讽刺人殉	三章，并列	讽刺人殉
晨风	君子忘我（男女喻君臣）	三章，递进	君子忘我
无衣	同仇敌忾	三章，递进	上下同欲
渭阳	甥舅之情喻秦晋之好	二章，递进	秦晋之好
权舆	养士有始无终	二章，递进	长铗归来

这些《秦风》，从不同角度抒写了尚武、讽谏、求贤的家国情怀。①《蒹葭》亦不例外。只不过它未明言，而是借境寓情托意。

春秋时秦穆公《秦誓》，战国时秦孝公《求贤令》和李斯《谏逐客书》是秦国经典公文的代表，而《秦风》则是乐礼文学诗教方面的代表，《蒹葭》则又是《秦风》中的最杰出代表。并且它达到了完美的极致，引无数诗豪竞折腰。"《诗·蒹葭》一篇，最得风人深致。晏同叔之'昨夜西风凋碧树。独上高楼，望尽天涯路。'意颇近之。但一洒落，一悲壮耳。"（王国维《人间词话》）它是用兴像、意境、想象来言说，或者来暗示，来象征。故"文已尽而意有馀"。（钟嵘《诗品》）它是用"'在水一方'寓慕悦之情，示向往之境。"所以能够引起千秋百代形形色色各怀己见的人们的同振共鸣。正如德国的一句俗语就是这样说的："期待的快乐是最大的快乐。"虽然它不免寓含着凄苦酸涩。

王国维说《蒹葭》是国风中的翘楚，其意近"昨夜西风凋碧树。独上高楼，望尽天涯路。"也就是他所说的人生三境界之第一境。根据上述说文解诗的分析，伊人已经隐约在蓦然回首的视线之中了。所以，我们未尝不可以认为，此诗还约略意近于人生之第二和第三境界。

　　古今之成大事业、大学问者，必经过三种之境界："昨夜西风凋碧树。独上高楼，望尽天涯路。"此第一境也。"衣带渐宽终不悔，为伊消

---

① 翟湘君. 诗经新解［M］. 郑州：中州古籍出版社，1993.

得人憔悴。"此第二境也。"众里寻他千百度，蓦然回首，那人却在灯火阑珊处。"此第三境也。（王国维《人间词话》）

只不过，他（她）不在灯火阑珊处，而在水中央的仅可容身的一块小小洲上。王国维顾虑道："此等语皆非大词人不能道。然遽以此意解释诸词，恐为晏、欧诸公所不许也。"我们在此也不得不补充一句，我们以此意来解释对应这三境界的诸词，恐为静安先生所不许也。

正因为是借托意境来寓涵慕往情思，那在它的面前，你可以沉思冥想，也可以寄托心怀，你可以具体触动，也可以空乏无际，你可以景行行止，也可以高山仰止，你可以求仁得仁，也可以无怨无悔，你可以种瓜得瓜，也可以种豆得豆，你可以仁者见仁，也可以知者见知，无可无不可……

于是，闻一多读罢感慨道："我们很难确定它究竟是招隐还是怀春，只觉得它百读不厌。"① 因此，无数读者听者深感，"吾尝闻弦歌，弦止而余音在耳；今读《蒹葭》，文止而余情不散。"那么，秦国的隐士闻听之后作何感想，六国的贤士闻听之后又作何感想，后来的人们闻听之后又是作何感想呢？

在水一方的"所谓伊人"，犹如一面镜子，它照过毛公、郑玄，也照过郑樵、朱熹，照过姚际恒、方玉润，也照过闻一多、郭沫若，照过胡适、顾颉刚，也照过朱东润、钱钟书，照过程俊英、余冠英……它也正照着你和我。

"诗无达诂"，"观诗各随所得"（刘辰翁《题刘玉田题杜诗》，《须溪集》卷六），"作者用一致之思，读者各以其情而自得……人情之游也无涯，而各以其情遇，斯所贵于有诗"（王夫之《诗绎》），"诗之至处，妙在含蓄无垠，思致微妙，其寄托在可言可不言之间，其指归在可解不可解之会。"（叶燮《原诗》）但这并不是说，我们可以抛开一切，随心所欲，直抒胸臆。包括《蒹葭》在内的《秦风》《国风》《诗经》，是诗歌，但更是经，五经之一，甚至之首。因为，"诗可以兴，可以观，可以群，可以怨。"（《论语·阳

---

① 闻一多. 古典新义 [M]. 北京：商务印书馆，2011.

货》）；"诗言志"（《尚书·尧典》）；"国风好色而不淫"（《史记·屈原列传》）；"《诗》以达意"（《史记·滑稽列传》）；"诗者，志之所之也。""故变风发乎情，而止乎礼义"（《毛诗序》）；"国风之好色也，传曰：'盈其欲而不愆其止。其诚可比于金石，其声可内于宗庙。'"（《荀子·大略》）……

　　一千个读者就有一千个哈姆雷特，一千个读者就有一千个林黛玉，那么我们是不是也可以说，一千个读者就有一千个伊人。秦国的伊人——

第十一章　秦国的形象设计①

应侯始困，讬载而西。

说行计立，贵平宠稽。

倚秦市赵，卒报魏齐。

纲成辩智，范雎招携。

势利倾夺，一言成蹊。（司马贞《史记索隐范雎述赞》）

在今天不少人的心目中，秦国只是虎狼之国，杀人恶魔，而且秦朝更是残酷暴虐，轰然崩塌，死有余辜，因而不值一提。然而，实际上秦国在漫长的生存发展，竞争称霸，争雄兼并统一的进程中，从来是软硬兼施，恩威并重，而不仅是所谓的凶残暴烈。秦国在文攻德治方面，也有着深谋远虑，运筹帷幄，人心所向，不战而胜的屡见不鲜的例证。你看穆公亡马被吃，不但不怪罪那些野人，反而赐酒宽慰；商鞅变法时，徙木立信，首先是争取人心树立民信；而秦昭王对于一介无名之辈的辩士张禄更是一连五次跪拜，精诚所至，终于求得纵横家谋略家范雎的锦囊妙计。他们共同书写了秦国贵民、立信和求贤的大国形象，并且增强了凝聚民心、培育信仰和求贤若渴的文化软实力。同时，以此来配合正面战场血雨腥风的厮杀，惨绝人寰的屠戮，波谲云诡的伐交，使得敌人及其联盟相形见绌，晕头转向，不堪一击，乃至土崩瓦解。可惜这些被后来的秦朝暴政所掩盖，而黯淡失色了。

---

① 此为上海市高等教育学会立项课题"史记故事课程开发"GJEL18130 的阶段性成果，参加国学双语研究会成立大会、江苏省哲学社会科学界第十二届学术大会并获二等奖 JSSKL2018WS037。

今天，我们尤应正视这些史实，珍惜历史发展的规律，学习克敌制胜的法则，借鉴成败得失的经验。

第一节　穆公亡马　赐酒野人

秦穆公（？—前621年），春秋中前期秦国国君，公元前659年—前621年在位38年，为春秋五霸之一。他是秦国崛起的奠基者，强秦称霸的里程碑，大秦发展的指路灯。

在荒僻的西陲究竟是怎样才能够争得霸主地位的呢？"穆公求士，西取由余于戎，东得百里奚于宛，迎蹇叔于宋，来邳豹、公孙支于晋。此五子者，不产于秦，而穆公用之，并国二十，遂霸西戎。"任人唯贤，求贤若渴，这正是穆公成就霸业的奥秘。但是，除此外我们还应看到，他骨子里的仁政德治，爱民如子，才是他仁者无敌，无往不胜的根基与关键。

秦穆公爱马如命，这是人所共知的。举世闻名的伯乐便是他御用多年的相马师。请聆听穆公在伯乐年迈时的精彩对话与殷殷嘱托。

秦穆公谓伯乐曰："子之年长矣，子姓有可使求马者乎？"伯乐对曰："良马可形容筋骨相也。天下之马者，若灭若没，若亡若失。若此者绝尘弭辙。臣之子皆下才也，可告以良马，不可告以天下之马也。臣有所与共担纆薪菜者，有九方皋（gāo），此其于马，非臣之下也。请见之。"穆公见之，使行求马。三月而反，报曰："已得之矣，在沙丘。"穆公曰："何马也？"对曰："牝（pìn 雌性）而黄。"使人往取之，牡而骊。穆公不说（悦），召伯乐而谓之曰："败矣，子所使求马者！色物、牝牡尚弗能知，又何马之能知也？"伯乐喟然太息曰："一至于此乎！是乃其所以千万臣而无数者也。若皋之所观，天机也，得其精而忘其麤，在其内而忘其外。见其所见，不见其所不见。视其所视，而遗其所不视。若皋之相者，乃有贵乎马者也。"马至，果天下之马也。（《列子·说符》）

　　有一天，秦穆公对年迈的伯乐说："您的年纪大了，您的后代里可有派出去帮我寻找天下之良马的人选吗？"伯乐答道："一般的良马是可以从它的外形容貌筋骨上看出来的。而天下难得的好马，恍恍惚惚，好像有又好像没有。这样的骏马跑起来飞一样的快，而且尘土不扬，足迹不留。我的子侄都是些才能低下的人，可以识别一般的良马，却不能告诉你识别天下难得的宝马的方法。但是，有个曾经和我一起担柴挑菜的人，叫九方皋的，他观察识别天下难得的好马的本事可不在我之下，请您接见他吧。"于是，秦穆公就召见了九方皋，派他去寻访好马。过了三个月，九方皋风尘仆仆地回来禀报说"我已经在沙丘为你找到良马了。"秦穆公便急切地询问他："说说看，是匹什么样的马啊？"九方皋眯着眼回答说："是一匹黄色的母马（牝而黄）。"秦穆公迫不及待地便派人去牵回来，一看，却是一匹黑色的公马（牡而骊）。穆公很不高兴，责备伯乐说："坏了！先生推荐的人怎么这样啊，他连雌雄黑黄都分不清楚，又怎么能相得好马呢？"伯乐惊叹了一声说："啊！九方皋相马，他竟然达到了这样的境界了吗？这正是他胜过我千万倍乃至无数倍的地方啊！像九方皋相马，看到的是马的内在素质，而不是外表如何。他看到了马的主要方面，而忽略了那些次要的地方。九方皋只看见所需要看见的，看不见他所不需要看见的；只视察他所需要视察的，而遗漏了他所不需要观察的。像九方皋这样相马，才能真正得到宝马良驹呀。而且，像九方皋这样的相马，包含着比相马本身价值更高的道理哩！"等马牵来之后，秦穆公一看，果然是匹天下稀有的良马。（这就是成语牝牡骊黄的故事）

　　所以在的王室牧场里，秦穆公蓄养着各种各样的良驹名马，包括伯乐和九方皋从远方相寻得来的千里马。可是，突然有一天一匹名贵的骏马不见了，负责管理的牧官大惊失色。立刻慌忙派人四下寻找，结果在山下附近的乡野找到了部分疑似马的餐余骨头。牧官心想坏了，宝马一定是被这些野人宰杀吃掉了。于是，牧官大为愤怒，把这三百个野人全部缉拿归案，统统要判死刑。同时将情况禀报了穆公。

　　穆公听罢，不但没有勃然大怒，反而说这名马肉质精实，囫囵吞枣地吃下去不易消化，就赏赐给他们美酒，以便有助消食。结果这三百个野人不但免除了死刑，捡回一条命，还喝到了秦穆公的美酒，无不感恩戴德，高高兴兴地回家，心里永远感激穆公的大恩大德。

几年后，秦穆公与晋惠公交战。正是所谓"爱出者爱返，福往者福来"。秦穆公亡马赐酒，激战中那些野人感恩图报，冲进激战的战场上来，解救了秦穆公。这就是秦晋韩之战战局逆转的一个插曲。

> 十四年，秦饥，请粟于晋。晋君谋之群臣。虢射曰："因其饥伐之，可有大功。"晋君从之。十五年，兴兵将攻秦。穆公发兵，使丕豹将，自往击之。九月壬戌，与晋惠公夷吾合战于韩地。晋君弃其军，与秦争利，还而马。穆公与麾下驰追之，不能得晋君，反为晋军所围。晋击穆公，穆公伤。于是岐下食善马者三百人驰冒晋军，晋军解围，遂脱穆公而反生得晋君。初，穆公亡善马，岐下野人共得而食之者三百余人，吏逐得，欲法之。穆公曰："君子不以畜产害人。吾闻食善马肉不饮酒，伤人。"乃皆赐酒而赦之。三百人者闻秦击晋，皆求从，从而见穆公窘，亦皆推锋争死，以报食马之德。于是穆公虏晋君以归，令于国，"齐宿，吾将以晋君祠上帝"。周天子闻之，曰"晋我同姓"，为请晋君。夷吾姊亦为穆公夫人，夫人闻之，乃衰绖跣，曰："妾兄弟不能相救，以辱君命。"穆公曰："我得晋君以为功，今天子为请，夫人是忧。"乃与晋君盟，许归之，更舍上舍，而馈之七牢。十一月，归晋君夷吾，夷吾献其河西地，使太子圉为质于秦。秦妻子圉以宗女。是时秦地东至河。（《史记·秦本纪》）

话说，这是秦穆公十四年（前646），秦国发生饥荒，无奈之下，请求晋国援助粮食赈灾。晋惠公夷吾就此征求群臣的意见。虢射说："不如趁着秦国闹饥荒去攻打它，可以大获成功。"晋君就听从了他的意见。十五年（前645）晋国发兵攻打秦国。穆公应战，让丕豹率领大军，并亲自前往迎击。九日壬戌日，与晋君在韩地交战。晋惠公甩下自己的部队独自前冲，率部下跟秦军争夺财物，可回来的时候，驾车的战马陷到泥淖里了。穆公以为机会难得，与部下纵马驱车追赶。可是没能抓到晋君，反而被晋军包围了。晋军攻击穆公，穆公受伤。就在这危急时刻，曾在岐山下偷吃穆公良马的乡下人不顾凶险驱马冲击晋军，晋军的包围被冲开，不仅使穆公得以脱险，反而又活捉了晋惠公。于是穆公俘虏了晋君回到国中，发布命令："人人斋戒独宿，我将用晋君祭祀上帝。"周天子听说此事，忙说"晋君是我的同姓"，遣使来替晋君求情。夷吾的姐姐是秦穆公的夫人，她听到这件事，就穿上丧服，光着脚，说："我不能挽救自己的兄弟，以致还得让君上下命令杀他，实在有辱于君上。"穆公哀叹说："我好不容易俘获了晋君，以为是成就了一件大事，可是现在天子来求情，夫人也为此而忧愁。罢罢。"于是跟晋君订立盟约，答应让他回国，并给他换了上等的房舍住宿，送给他牛羊猪各七头，以诸侯之礼相待。十一月，送晋君夷吾回国；作为报答，夷吾献出晋国河西的土地，派太子圉（yǔ）到秦国作人质。秦国又把同宗的女儿嫁给子圉。这时候，秦国的地盘向东已经扩展到黄河西岸了。

你看，秦穆公爱马如命，但是在置放千里马和老百姓的天平的两端，穆公毫不犹豫地倾向于老百姓。"此《诗》之所谓曰'君君子则正，以行其德；君贱人则宽，以尽其力'者也。"（《吕氏春秋·爱士》）同时，他又求贤若渴，爱才如命。一见西戎来的特使由余，便惊叹曰："邻国有圣人，敌国之忧也"。于是，秦穆公"西取由余于戎，东得百里奚于宛，迎蹇叔于宋，来丕豹、公孙支于晋。""缪公用之，并国二十，遂霸西戎。"秦穆公是真正做到了所谓"近者悦，远者来。"所以，一百年之后，孔子对秦穆公的仁政德治及其巨大成就给予了崇高的赞誉。

> 齐景公与晏婴来适鲁，景公问孔子曰："昔秦穆公国小处辟，其霸何也？"对曰："秦，国虽小，其志大；处虽辟，行中正。身举五羖，爵之大夫，起累绁之中，与语三日，授之以政。以此取之，虽王可也，其霸小矣。"景公说。（《史记·孔子世家》）

孔子的意思是说，像秦穆公这样的广施仁政，礼贤下士，他称霸还是太小了，即使称王也是完全可以的啊。或许受到秦穆公此类亡马赐酒，获得舍命相救的故事的启示，孔子与鲁哀公的一段对话里，说出了一句亘古不变的真理——水能载舟亦能覆舟——在于民信否。鲁哀公问于孔子曰："寡人生于深宫之中，长于妇人之手，寡人未尝知哀也，未尝知忧也，未尝知劳也，未尝知惧也，未尝知危也。"孔子曰："君之所问，圣君之问也，丘小人也，何足以知之?"曰:"非吾子无所闻之也。"孔子曰:"君入庙门而右,登自胙阶,仰视榱栋(cuī dòng),俯见几筵,其器存,其人亡,君以此思哀,则哀将焉而不至矣?君昧爽而栉冠,平明而听朝,一物不应,乱之端也,君以此思忧,则忧将焉而不至矣?君平明而听朝,日昃而退,诸侯之子孙必有在君之末庭者,君以此思劳,则劳将焉而不至矣?君出鲁之四门,以望鲁四郊,亡国之虚则必有数盖焉,君以此思惧,则惧将焉而不至矣?且丘闻之,君者,舟也;庶人者,水也。水则载舟,水则覆舟,君以此思危,则危将焉而不至矣?"(《荀子·哀公》)水能载舟亦能覆舟!孔子从秦穆公的经验得到启示,让真理得到升华!

再如,荀子曰:马骇舆,则君子不安舆;庶人骇政,则君子不安位。马骇舆,则莫若静之;庶人骇政,则莫若惠之。选贤良,举笃敬,兴孝弟,收孤寡,补贫穷,如是,则庶人安政矣。庶人安政,然后君子安位。传曰:"君者,舟也;庶人者,水也。水则载舟,水则覆舟。"此之谓也。故君人者,欲安,则莫若平政爱民矣;欲荣,则莫若隆礼敬士矣;欲立功名,则莫若尚贤使能矣。是君人者之大节也。三节者当,则其余莫不当矣。三节者不当,则其余虽曲当,犹将无益也。孔子曰:"大节是也,小节是也,上君也。大节是也,小节一出焉,一入焉,中君也。大节非也,小节虽是也,吾无观其余矣。"(《荀子·王制》)荀子再次强调:"君者,舟也;庶人者,水也。水则载舟,水则覆舟。"这一至理名言。并引用孔子对上君大节小节之皆是的赞赏,这种上君当然包括"平政爱民,隆礼敬士,尚贤使能"的秦穆公吧!

亲民,爱民,贵民,同时求贤,尊贤,任贤,这是秦穆公的成功秘诀,也是留给秦国历代君主的最宝贵遗产。

第二节　商鞅变法　徙木立信

到了战国中后期,继六国的变法,即魏文侯的李悝变法,楚悼王的吴起变法,韩昭侯的申不害变法,赵武灵王的胡服骑射,齐威王的邹忌变法,燕王哙的子之变革，燕昭王筑黄金台招揽贤士，后来居上的秦国，则通过彻底而成功的商鞅变法，一跃成为头等强国，并图统一六国，也就进一步激化了它们之间的矛盾。而当初，商鞅要在相对较为落后的秦国推行变法，其困难阻碍，可想而知。但他出众的口才，超凡的说服力，使秦国不仅内政上强力推行了变法，奠定了富国强兵的实力根基，而且外交上巧妙实施"借刀杀人"，避实就虚，不战而胜，于是不动声色地使不可一世的魏国，四面树敌，导致兵挫地削，一举沦落为不断割地求和的二等诸侯。商鞅的这种兵不血刃，胜于堂上的伐谋伐交策略，为稍后的杰出纵横家"神气六国"的苏秦奉为圭臬，而顶礼膜拜。下面我们就来看卫鞅是如何由魏入秦，说服孝公，推行变法，进而伐谋伐交，富国强兵的。

当时，魏相公叔痤在病危之际向年轻的魏王力推手下卫鞅，说为国大计此人可作继任相位的最佳人选，否则必须杀之，无令出境，以免后患无穷。但是，魏惠王不以为然。卫鞅也处之泰然。

公叔痤死后不久，公孙鞅闻听秦孝公下令在天下寻访有才能的人，要重振秦穆公时代的霸业，向东收复失地。他就西去秦国，依靠孝公的宠臣景监求见年轻有为的秦孝公。

卫鞅深知，年轻气盛的秦孝公，志向远大，不达目的，绝不甘休。所以，他才直话弯说，舍近求远。完全是吃定了孝公的求贤图强之心。

于是，孝公坚定了任用卫鞅推行变法的决心。正当准备甩开膀臂，大干一场之际，朝野出现了一股来势汹汹的反对声浪。按照秦国的惯例，得开展廷辩。一边是赞成变法的卫鞅和孝公，一边是反对变法的甘龙和杜挚。但是，作为君主，孝公不便发声，而是充当仲裁者。遂成一对二的阵势。

> 孝公既用卫鞅，鞅欲变法，恐天下议己。卫鞅曰："疑行无名，疑事无功。且夫有高人之行者，固见非于世；有独知之虑者，必见敖（嘲笑）于民。愚者暗于成事，知者见于未萌。民不可与虑始而可与乐成。论至德者不和于俗，成大功者不谋于众。是以圣人苟可以强国，不法其故；苟可以利民，不循其礼。"孝公曰："善。"甘龙曰："不然。圣人不易民而教，知者不变法而治。因民而教，不劳而成功；缘法而治者，吏

习而民安之。"卫鞅曰:"龙之所言,世俗之言也。常人安于故俗,学者溺于所闻。以此两者居官守法可也,非所与论于法之外也。三代不同礼而王,五伯不同法而霸。智者作法,愚者制焉;贤者更礼,不肖者拘焉。"杜挚曰:"利不百,不变法;功不十,不易器。法古无过,循礼无邪。"卫鞅曰:"治世不一道,便国不法古。故汤武不循古而王,夏殷不易礼而亡。反古者不可非,而循礼者不足多。"孝公曰:"善。"以卫鞅为左庶长,卒定变法之令。(《史记·商君列传》)

他不仅说得有理,还说得有据,并且他这六层道理,环环相扣,层层推进,说得慷慨激昂,富有激情。① 作为保守贵族或者既得利益者的甘龙和杜挚之流,在如此滔滔雄辩之下,只能作螳臂当车之状。因循守旧终于不敌变法革新。

上层的反对派被驳倒之后,如何让秦国下层的民众对变法新规家喻户晓,深入人心,使之成为人们的自觉行为为风尚呢?

商鞅变法思想源于法家,也深受管仲李悝等人的影响。其核心内容是重农重战重刑。首先是重农,商鞅认为,农者寡而游食者众,则其国贫危。凡治国者,患民散而不可抟也。其次是重战,战者民之所恶也,能使民乐于战者王。最后是重刑,以杀去杀,虽杀可也;以刑去刑,虽重刑可也。刑重者民不敢犯,则无刑矣。这些治国理政的方略当然能够富国强兵,但是一般百姓关心的都是切身利益。他们关注的是对自己当前有何好处。所谓"民不可与虑始而可与乐成"。必须先让百姓获得甜头实惠,取信于民,然后才能按部就班,强力推行。

令既具,未布,恐民之不信,已乃立三丈之木于国都市南门,募民有能徙置北门者予十金。民怪之,莫敢徙。复曰"能徙者予五十金"。有一人徙之,辄予五十金,以明不期。卒下令。(《史记·商君列传》)

请看孔子师生是如何讨论"政"与"信"的关系的(见《论语·颜渊》,并参考朱熹《论语集注》):

---

① 鲍鹏山. 商鞅:谁的成败 [J]. 领导文萃,2013(19):87-91.

子贡问政。子曰："足食，足兵，民信之矣。"（言仓廪实而武备修，然后教化行，而民信于我，不离叛也。）

子贡曰："必不得已而去，于斯三者何先?"曰："去兵。"（言食足而信孚，则无兵而守固矣。）

子贡曰："必不得已而去，于斯二者何先?"曰："去食。自古皆有死，民无信不立。"（民无食必死，然死者人之所必不免。无信则虽生而无以自立，不若死之为安。故宁死而不失信于民，使民亦宁死而不失信于我也。程子曰："孔门弟子善问，直穷到底，如此章者。非子贡不能问，非圣人不能答也。"愚谓以人情而言，则兵食足而后吾之信可以孚于民。以民德而言，则信本人之所固有，非兵食所得而先也。是以为政者，当身率其民而以死守之，不以危急而可弃也。）

孔子认为，"足食，足兵，民信之"是为政的三大支柱，但是其重要性并非平等并列，而是有轻重分缓急的。其轻重依次是"足兵""足食""民信之"。在不得已的情势下可以减去"足兵"、减去"足食"，而"民信之"则是万万不可缺失的。即使减去足兵，只要"食足而信孚"，那么，就可以"无兵而守固矣"。即使再减去足食，也可以挖野菜啃树皮，最多也就一死，"人生自古谁无死"。但是，如果去信失信，那么，民众就"虽生而无以自立"，成为乌合之众，一盘散沙，国家政权也就经不起任何风吹草动，而不攻自破了。

真诚，信赖，以致信仰，则可"如韩信驱市人以战，非素拊循士卒，是谓去兵。时势穷促，食、信不可并得，如张巡枵腹致死，而守睢阳，是谓去食。""盖食足信孚，虽空拳持梃，可使挞坚；君民一心，虽罗雀掘鼠，可与图存。"（《论语传注》，见《论语集释》卷二十四颜渊上）诚实守信，本是我们民族的美德。例如，曾参杀猪教子守信的故事。一次，他的妻子要到集市上办事，年幼的孩子吵着要去。曾妻不愿带孩子去，便说："你在家好好玩，等妈妈回来，将家里的猪杀了煮肉给你吃。"孩子听了，非常高兴，不再吵着要去集市了。曾参得知，真的把猪杀了。妻子见状忙说："我是骗他的，你怎么当真呢!"曾参说："孩子是不能欺骗的。孩子年纪小，不懂世事，只得学习别人的样子，尤其是以父母作为生活的榜样。今天你欺骗了孩子，玷污了他的心灵，明天孩子就会欺骗你、欺骗别人；今天你在孩子面前言而无信，明天孩子就会不再信任你。你看这危害有多大呀！"可以说，曾子用一头猪坚守了一个少年的诚信的道德底线。还有就是我们这里所说的商鞅"立木为信"的事。商鞅是在秦孝公的支持下主持变法。但当时处于战争频繁、人心惶惶之际，为了树立威信，推进改革，商鞅下令在都城南门外立一根三丈长的木头，并当众许下诺言：谁能把这根木头搬到北门，赏金十两。围观的人不相信这样轻而易举的事能得到如此高的赏赐，结果没人肯出手一试。于是，商鞅将赏金提高到五十两。重赏之下必有勇夫，终于有人站起将木头扛到了北门。商鞅立即赏了他五十金。商鞅这一举动，在百姓心中树立起了威信，而商鞅接下来的变法就很快在秦国推广开了。新法使秦国渐渐强盛，最终统一了中国。可以说，商鞅用一块立信的木头，奠定了一个强国的根基。

　　反之，如果失信，虚假，甚至造假，肆意玩弄民众的信任，那么，其结果会不堪设想。叫喊"狼来了！"的小孩，以玩笑邻居开始，以葬身狼腹结束。《郁离子》中记载了一个富商因失信而丧生的故事。济阳有个商人过河时船沉了，他抓住一根大麻杆大声呼救。有渔夫闻声而至。商人急忙喊："我是济阳最大的富翁，你若能救我，给你一百两金子。"待被救上岸后，商人却心疼金钱，翻脸不认账了。他只给了渔夫十两金子。渔夫责怪他不守信用。富翁轻蔑地说："你一个打鱼的，一生都挣不了几个钱，突然得十两金子还不知足吗？"渔夫只得怏怏而去。不料，后来那富翁又一次在原地翻了船。有人欲救，那个曾被他骗过的渔夫说："他就是那个说话不算数的富商！"于是商人淹死了。商人两次翻船而遇同一渔夫是偶然的，但商人不讲信用，导致不得好报却是必然的。上述商鞅"立木为信"推行变法之前四百年，恰恰就在同一个地方发生过"烽火戏诸侯"，周王失信于民，导致覆亡的历史悲剧。周幽王有个宠妃叫褒姒，美貌无双，就是难得见她开怀一笑。为博取美人欢笑，周幽王听计下令在都城附近烽火台上点燃烽火嬉戏——烽火是报警的信号，只有在外敌入侵急需召集诸侯来救援的时候才能点燃。结果，诸侯们见到烽火，率领兵将匆匆赶到，才弄明白这是君王为博取妃子一笑的把戏，然后便愤然离去。褒姒看到平日威仪赫赫的诸侯们手足无措的样子，终于开心一笑。周幽王故技重施，屡试不爽，诸侯奔命，美人欢笑。可是，终于在五年后，外敌大举攻周，幽王烽火再燃而不见诸侯赶到。结果他被逼自刎而褒姒也被俘虏。——失信于人的后果是严重的，小则个人丧命，大则王朝倾覆。遗憾的是，这样的悲剧在古今中外却不断重演。

而秦国在战国激烈的竞争中，深谙此理，商鞅运用，又出神入化，而成千古奇谈。

第三节　昭王五跪　求得范雎

我们知道，秦穆公四面求贤，终成霸业，秦孝公发布百余字的《求贤令》，召来了商鞅的变法，随后就是"昭王得范雎，废穰（ráng）侯，逐华阳，强公室，杜私门，蚕食诸侯，使秦成帝业。"但我们一般都不太清楚秦昭襄王到底是如何求得范雎诚心加盟的。当时，范雎已被秦昭王冷落了一年之久。他要考验和激励这位有些徒有其名大权旁落无可奈何的秦国君主。现在就来看昭王的诚心诚意，如何打动范雎的了。

当时，秦昭王已经在位36年了。秦国在南面夺取了楚国的鄢、郢重镇，楚怀王已在秦国被囚禁而死。在东面攻破了齐国。此前齐湣王曾经自称东帝，不久又取消了这个帝号。还曾多次围攻韩、赵、魏三国，扩张了领土。昭王武功赫赫，因而讨厌那些说客，从不听信他们。但是，朝政为外戚和皇亲把持，穰侯、华阳君是昭王母亲宣太后的弟弟，而泾阳君、高陵君都是昭王的同胞弟弟。穰侯担任国相，华阳君、泾阳君和高陵君更番担任将军，他们都有封赐的领地，由于当政的宣太后庇护的缘故，他们私家的富有甚至超过了国家。等到穰侯担任了秦国将军，他又要越过韩国和魏国去攻打齐国的纲寿，想借此扩大他的陶邑封地。为此，范雎瞅准这一难得的时机，上书启奏秦王说：

> 臣闻明主立政，有功者不得不赏，有能者不得不官，劳大者其禄

厚，功多者其爵尊，能治众者其官大。故无能者不敢当职焉，有能者亦不得蔽隐。使以臣之言为可，愿行而益利其道；以臣之言为不可，久留臣无为也。语曰："庸主赏所爱而罚所恶；明主则不然，赏必加于有功，而刑必断于有罪。"今臣之胸不足以当椹质，而要不足以待斧钺，岂敢以疑事尝试于王哉！虽以臣为贱人而轻辱，独不重任臣者之无反复于王邪？

且臣闻周有砥砨（砥厄即周室镇国之宝，是一块美玉，伯邑考为救回父亲姬昌，将其进献给纣王，后周武王姬发灭商，宝玉重归周室，一直传至周赧王，共37世，为周王王权的象征），宋有结绿，梁有县藜，楚有和朴，此四宝者，土之所生，良工之所失也，而为天下名器。然则圣王之所弃者，独不足以厚国家乎？

臣闻善厚家者取之于国，善厚国者取之于诸侯。天下有明主则诸侯不得擅厚者，何也？为其割荣也。良医知病人之死生，而圣主明于成败之事，利则行之，害则舍之，疑则少尝之，虽舜、禹复生，弗能改已。语之至者，臣不敢载之于书，其浅者又不足听也。意者臣愚而不概于王心邪？亡其言臣者贱而不可用乎？自非然者，臣愿得少赐游观之间，望见颜色。一语无效，请伏斧质。（《史记·范雎蔡泽列传》）

于是秦昭王大悦，乃重谢举荐人王稽，使以传车召范雎。范雎的这篇自荐信，为何能一举打动昭王呢？他首先是语含抱怨，明君当政，不应埋没人才。我这样说绝不是以命戏君，自寻死路。当然，世间买椟还珠者，在所难免。但天下有明主则诸侯不得擅厚。臣愿得望见颜色，一语无效，请伏斧质。这是针对当朝权臣之以权谋私，中饱私囊，阻碍国运。一语触及昭王的软肋心病。难怪昭王迫不及待宣见。

一方面，昭王恨不得策士将兴秦策和盘托出，另一方面，范雎待价而沽，藏而不露。他还要进一步当面刺激这位左右为难的君王。

范雎被专车接到离宫去拜见秦昭王。但到了宫门口，他却假装不知道是内宫的通道，就径直往里走。这时恰巧秦昭王出来，宦官大怒，驱赶范雎，厉声呵斥道："闪开，大王来了！"范雎故意乱嚷着说："秦国哪里有王？秦国只有太后和穰侯罢了。"他是想用这些话来激怒秦昭王。果然,昭王走过来,听到范雎正在与宦官争吵,便上前去迎接范雎,并向他道歉说:"我本该早就向您请教了,正遇到处理义渠事件,很紧迫,我早晚都要向太后请示,现在义渠事件已经处理完毕,我才得机会向您请教。我这个人很糊涂、不聪敏,让我向您敬行一礼。"范雎客气地还了礼。这一天,凡是看到范雎谒见昭王情形的文武百官,没有一个不是肃然起敬的。

出人意料的是,随后,昭王密会范雎时竟"扑腾"一声跪下,说:"先生何以幸教寡人!"而范雎却故意与他打哈哈,期间秦王先后五次向他跪下,范雎见火候已到,这才端出了他精心研究的"兴秦策"。

王微闻其言,乃屏左右,跽而请曰:"先生何以幸教寡人?"对曰:"唯唯。"如是者三。王曰:"先生卒不幸教寡人邪?"范雎曰:"非敢然也!臣,羁旅之臣也,交疏于王;而所愿陈者皆匡君之事。处人骨肉之间,愿效愚忠而未知王之心也,此所以王三问而不敢对者也。臣知今日言之于前,明日伏诛于后,然臣不敢避也。且死者,人之所必不免也,苟可以少有补于秦而死,此臣之所大愿。独恐臣死之后,天下杜口裹足,莫肯乡秦耳!"王跽曰:"先生,是何言也!今者寡人得见先生,是天以寡人溷先生,而存先王之宗庙也。事无大小,上及太后,下至大臣,愿先生悉以教寡人,无疑寡人也!"范雎拜,王亦拜。范雎曰:"以秦国之大,士卒之勇,以治诸侯,譬若走韩卢而博蹇兔也。而闭关十五年,不敢窥兵于山东者,是穰侯为秦谋不忠,而大王之计亦有所失也。"王跽曰:"寡人愿闻失计!"(《资治通鉴》卷五)	一跪:唯唯。 二跪:唯唯。(欲扬先抑,欲说还休,吊足胃口) 三跪:交疏不可言深,死而秦治,死贤于生。(崇高,激励,激昂慷慨,视死如归,令人感动) 四跪:上天之所恩赐,但说无妨。 (解除后顾之忧) 五跪:大王失计所在。

秦昭王之跪,惊天地泣鬼神,数千年历史所少见。那么,他都跪出些什么呢?

一是,跪出了眼力。有道是,不识货,半生苦;不识人,一生苦。一封奏书让他意识到,一位满腹韬略、助秦崛起的大才送到了面前,后来的发展确实证明了秦王判断得非常准确。范雎出任客卿和宰相后,力助秦王亲政掌握了实权,又实施"远交近攻"战略而屡战屡胜。仅长平一役,就消灭赵国四十万将士,秦国在七国争雄中的地位迅速上升。四十年后秦昭王的孙子嬴政统一天下，其实他爷爷是一位重要的奠基者。这一跪，还可能产生巨大的广告效应，吸引天下无数英才奔秦而来。二是，跪出了胸襟。秦昭王何许人？乃一国之君也。而范雎呢？寒士一个，穷困潦倒。然而，如此巨大反差下，秦昭王却硬是向范雎下跪了。没有胸襟，缺乏勇气，是万万做不到的。三是，跪出了大志。秦昭王为什么要下跪，因为他心中有个梦想，想让祖宗留下的这份"家业"在他手里再"翻番"，这就必须择天下英才而用之。胜天下者，听天下，用天下。四是，跪出了形象。这是一位有为之君，他不愿守成，更不可能倒退，他要使秦国在自己这一任内变得更加强大。这是一位明君，他把自己看得很轻，而把人才看得很重。这是一位明智之君，他知道拥有了最高权力，并不等于拥有了最高能力。高手在民间，权力只有向人才低头，人才才可能为自己服务。总之，他跪出了一个开明乃至崇高的君王形象。①

秦昭王这一跪，上承秦穆公的求贤尊贤，下启秦始皇的重客尊客。昭王之孙秦王嬴政听从尉缭计策，以君臣平等的礼节接见尉缭，衣服食饮与缭同。缭曰："秦王为人，蜂准，长目，挚鸟膺，豺声，少恩而虎狼心，居约易出人下，得志亦轻食人。我布衣，然见我常身自下我。诚使秦王得志于天下，天下皆为虏矣。不可与久游。"乃逃亡离去。秦王发觉，固止，以为秦国尉，统领全军，卒用其计策。（《史记·秦始皇本纪》）求贤若渴已经成为秦国历代明君的共识，秦人的基因，客卿也成为秦国的人才政策的标志。这也就成为秦国后来居上，克敌制胜的招牌与法宝。应侯范雎询问来访的荀子，荀子赞叹道，满眼望去，俨然是古之民也，古之吏也，古之士大夫也，古之朝也。

> 应侯问孙卿子曰："入秦何见？"孙卿子曰："其固塞险，形势便，山林川谷美，天材之利多，是形胜也。入境，观其风俗，其百姓朴，其声乐不流污，其服不挑，甚畏有司而顺，古之民也。及都邑官府，其百吏肃然，莫不恭俭、敦敬、忠信而不楛，古之吏也。入其国，观其士大

---

① 刘吉同. 秦昭王五次向下跪 跪得范雎的"兴秦策"［N］. 羊城晚报，2017 - 03 - 23.

夫，出于其门，入于公门；出于公门，归于其家，无有私事也；不比周，不朋党，偶然莫不明通而公也，古之士大夫也。观其朝廷，其朝闲，听决百事不留，恬然如无治者，古之朝也。故四世有胜，非幸也，数也。是所见也。故曰：佚而治，约而详，不烦而功，治之至也，秦类之矣。"（《荀子·强国篇》）

应侯范雎曾询问荀卿说："先生到秦国看见了什么？"荀卿说："它的边塞险峻，地势便利，山林河流美好，自然资源带来的好处很多，这是地形上的优越。踏进国境，观察它的习俗，那里的百姓质朴淳厚，那里的音乐不淫荡卑污，那里的服装不轻薄妖艳，人们非常畏惧官吏而十分顺从，真像是古代圣王统治下的人民啊。到了大小城镇的官府，那里的各种官吏都是严肃认真的样子，无不谦恭节俭、敦厚谨慎、忠诚守信而不粗疏草率，真像是古代圣王统治下的官吏啊。进入它的国都，观察那里的士大夫，走出自己的家门，就走进公家的衙门，走出公家的衙门，就回到自己的家里，没有私下的事务；不互相勾结，不拉党结派，卓然超群、明智通达而廉洁奉公，真像是古代圣王统治下的士大夫啊。观察它的朝廷，当它的君主主持朝政告一段落时，处理决定各种政事从无遗留，安闲得好像没有什么需要治理似的，真像是古代圣王治理的朝廷啊。从秦孝公（公元前361年—前338年在位23年）、秦惠文王（公元前337年—前311年在位26年）、秦武王（公元前310年—前307年在位3年）、秦昭王（公元前306年—前251年在位55年），历经四世，秦国这四代都有胜利的战果，并不是因为侥幸，而是有其必然性的。这就是我所见到的。所以说：自身安逸却治理得好，政令简要却详尽，政事不繁杂却有成效，这是政治的最高境界。秦国类似这样了。"

从秦昭王的五跪求贤，到荀子莅秦的四古之叹，皆生动描述了战国末期昭王得范雎后的秦国仁政盛况和德治气象。而这正是其军事上节节胜利的根基和保障，也是秦国形象的品牌和标识。这不是一蹴而就的表面文章，而是数百年一日的根深蒂固。"秦国由一个地僻位卑、国弱民贫的狄夷之邦，一跃而成为春秋五霸之一，战国七雄之长，乃至包举宇内、吞并八方，关键在于秦国能够广开才路，网罗天下人才，形成智能绝对优势。"①

　　"秦统一六国的过程中，至少有两点特别值得注意：一是著名的远交近攻，二是不拘一格延揽人才。秦王嬴政启用了很多从六国投奔来的人才，这些人才能够真正把握到六国的命脉所在，让秦国的统一大战略得以顺利展开。"②

　　拥有如此包括亡马赐酒、徙木立信和五跪求贤等在内的敦敏恭诚持之以恒雄厚圣明的内政，加以远交近攻、左右逢源灵活有效的外交，秦国虎视山东六国时，要么是所向无敌，要么是不战而胜。秦昭王之后30年，秦并天下。这是由于它除了军事、经济硬实力之外，还有文化软实力的巨大作用。秦由区区数十里之地的西陲部落，走向称霸和争雄，兼并和统一，其一路走来，直至统一天下，实为其坚持不懈的贵民、立信和求贤之大国形象等的魅力所致，功力所成，通力所就。

---

　　①　刘礼堂. 秦国的人才开发 ［J］. 武汉大学学报，1999（4）：116 - 119.
　　②　张国刚. 资治通鉴与家国兴衰 ［M］. 北京：中华书局，2016：45 - 47.

第十二章　秦国的相人术

绝顶峰攒雪剑，悬崖水挂冰帘。

倚树哀猿弄云尖。

血华啼杜宇，阴洞吼飞廉。

比人心，山未险。（张可久《红绣鞋·天台瀑布寺》［中吕］）

举贤任能，识人为要。俗话说，知人知面不知心。人心险于山川，难于知天。而君子于世，大多为坦荡荡的老实人，往往心地澄明，表里如一，但也可能被人利用，而难免吃亏。所谓"卑鄙是卑鄙者的通行证，高尚是高尚者的墓志铭"。所以，君子就得有足够的辨识各色人等的能力，"聪者听于无声，明者见于未形"。孔子的"三法""视其所以，观其所由，察其所安"和"九征"，魏国君臣的"五视"，以及秦国识人任贤的经验教训，"八观六验""六戚四隐"，都教导我们，知人者智，看人要洞若观火，方能致人而不致于人。这是语用的教科书，也是我们安身立命的必备素养和技能。

老子曰："知人者智，自知者明。"（《道德经》三十三章）这是说，能够了解他人的人是要有智慧的，而能够了解自己的人更是要睿智的。现实世界，知人和自知都很不容易做到。何况，君子的一举一动，关系重大。在你的面前，可能不乏君子贤人，但也很可能是经过精心包装的形形色色的人物。俗话说，画虎画皮难画骨，知人知面不知心。那么，坦荡荡的君子，情切切的淑女，如何才能够识人知心呢？更何况，"经世之道，识人为先"。识人者成，不识人者败。① 治国理政，尤需要知人善任，选贤任能，而识人乃基础和前提。

究竟如何才能识人呢？我们试图通过曾经赞扬过秦国任人唯贤的孔子②，曾经威逼过秦国的中原霸主魏文侯，以及秦国名相吕不韦，由他们的相人术来窥探其中的奥秘。

第一节　察其所安　孔子的相人术

作为伟大的教育家，孔子培养了众多杰出的各式各样的人才。当然，他的因材施教必以识人为前提。事实上，他是有很高的识人能力和理论建树的。孔子认为能够识别人才是大智慧。《论语·颜渊》载，樊迟曾问孔子何为"智慧"。子曰："知人。"《孔子家语·王言解》亦载："孔子曰：'仁者莫大乎爱人，知者莫大乎知贤'。"③ 当然，他也不是天生就有这样的智慧的。他曾经自我检讨说，"吾以言取人，失之宰予；以貌取人，失之子羽。"（《史记·仲尼弟子列传》）孔子有一个名叫宰予的学生，他能说会道，巧言善辩。所以，一开始给人很好的印象，但是后来还是露出了他的真相来：既缺乏仁德又很懒惰，竟在大白天不读书不听讲，躺在床上睡大觉。为此，孔子骂他是"朽木不可雕也"。他后来做齐国临菑的大夫，竟和田常一起同谋作乱，因此遭到灭族，孔子深为他感到羞耻。孔子是认为宰予言行不一，自己曾"以言取人，失之宰予"。经过反省，孔子从宰予那里改变了自己以往以言取人的不足，说："始吾于人也，听其言而信其行；今吾于人也，听其言而观其行。于予与改是。"（《论语·公冶长》）孔子另一个弟子，叫澹台

---

① 王洲洋. 齐桓公成于识人亡于不识人［J］. 党政视野，2015（7）：75.

② 鲁昭公之二十年（秦哀公十五年，前522年），而孔子盖年三十矣。齐景公与晏婴来适鲁，景公问孔子曰："昔秦穆公国小处辟，其霸何也？"对曰："秦，国虽小，其志大；处虽辟，行中正。身举五羖（百里奚），爵之大夫，起累绁之中，与语三日，授之以政。以此取之，虽王可也，霸小矣。"景公说。（《史记·孔子世家》）

③ 孙明. 孔子的识人智慧［J］. 人才资源开发，2016（17）：86-87.

灭明，字子羽，是鲁国人，比孔子小 39 岁。这个学生的体态和相貌很丑陋，但他很想要来侍奉孔子。看到这样丑陋的长相，孔子便认为他资质低下，不会成才。但是子羽从师学习，谦逊谨慎，勤奋好学。回去后就致力于修身实践，他处事光明正大，从不走邪路；不是为了公事，从不去拜见权贵。后来，子羽游历到长江边，跟随他的弟子有三百人之众，声誉很高，各诸侯国都传诵他的名字。孔子闻听，感慨地说："起先我只凭言辞判断人品质能力的高下，结果对宰予的判断就错误了；我又仅凭相貌判断人品质能力的好坏，结果对子羽的判断也错误了。"这是孔子相人的深刻教训，孔子深以自责，并引以为训。

其实，以言取人，以貌取人，都是我们常犯的错误，圣人尚且难免，何况我们凡夫俗子呢。君不见，现今以长相吃饭，凭颜值吸粉，见媚俗打赏，听花言上当，比比皆是，层出不穷。都是没有记取夫子告诫的教训，从物如流，跟着感官走！所以，我们要提醒自己，不要犯这样的错误，不要被表象所蒙蔽，要透过现象看本质。

那么，到底如何相人呢？子曰："视其所以，观其所由，察其所安。人焉廋哉？人焉廋哉？"（《论语·为政》）这怎么理解呢？一种理解是，看一个人做事的方式、过去的行为以及未来的志向。皇侃理解为："以，用也。由者，经历也。安，谓意气归向之也。""视，直视也；观，广赡也；察，沈吟用心忖度之也。"① 这种理解"所以"即所用，"所由"即过去走过的路，"所安"即未来的志向和目标。通过观察做事方式、过去的行为以及未来的志向，就可以知道他到底是怎样的一个人了。还有一种理解是，看一个人的行为、做事的动机和喜欢做的事情。朱熹理解："以，为也。为善者为君子，为恶者为小人。观，比视为详矣。由，从也。事虽为善，而意之所从来者有未善焉，则亦不得为君子矣。或曰：'由，行也。谓所以行其所为者也。'察，则又加详矣。安，所乐也。所由虽善，而心之所乐者不在于是，则亦伪耳，岂能久而不变哉？"（《论语集注》）这种理解"所以"即行为，"所由"即个人动机，"所安"即喜欢做的事情。通过观察一个人的行为、做事情的

---

① 《论语义疏》中华书局，2013.

动机和喜欢做的事情，就知道他到底是个什么样的人了。

原文	黄侃	朱熹	按	时向
视其所以	以，用也。	以，为也。为善者为君子，为恶者为小人。	所以，所用、所成。	现在
观其所由	由者，经历也。	由，从也。事虽为善，而意之所从来者有未善焉，则亦不得为君子矣。或曰："由，行也。谓所以行其所为者也。"	所由，所从、所来。	过去
察其所安	安，谓意气归向之也。	安，所乐也。所由虽善，而心之所乐者不在于是，则亦伪耳，岂能久而不变哉？	所安，所乐、所想。	未来

　　这两种解释都有合理的地方，黄侃解释为要注重观察人的行为方式，他"过去的行为"，以及未来的志向；朱熹强调还要观察动机，亦即行为的根源，来评判其善恶。

　　以：甲骨文𝕊，用勺子盛饭入口。《说文》："用也。""所用"，包括行为、方法、原因等。

　　由：甲骨文𝕊，象经小孔注油。"所由"，经过，经历。

　　安：甲骨文𝕊，会女子安坐屋里。《说文》：安，静也。从女在"宀"下。

　　我们能不能将上述两种解说综合起来这样理解：看一个人的现在的行为、过去的经历和未来的志向，并要考察其深层的动机，那么就可以知道他到底是什么样的人了。孔子的识人三法，也就是观看人的作为方式，了解人的经历过往，考察人的动机追求。明白了一个人的动机，就知道他想要干什么了；清楚了一个人的经历，就知道他为什么要这么干了；了解了一个人的态度喜好，就知道他追求的是什么了。黎巴嫩诗人纪伯伦也说过："如果你想了解一个人，不是去听他说出的话，而要去听他没有说出的话。"这就是其所安吧！

　　孔子在这里讲的是观察人的方式方法，他还说过："人有五仪，有庸人，有士人，有君子，有贤人，有圣人。审此五者，则治道毕矣。"通过这样的观人方法，能清清楚楚地分辨这五类人，那么长久治安的统治艺术就都明白无误了。

那么，简要地说，就是看一个人，要看他的现在过去和未来，并且要把言行与动机、外在与心境、行为方式与价值取向等统一起来，以进一步辨别其真假善恶美丑。

关于识人，孔子还说过这些话："不知其子，视其父；不知其人，视其友；不知其君，视其所使；不识其地，视其草木。故曰与善人居，如入芝兰之室，久而不闻其香，即与之化矣；与不善人居，如入鲍鱼之肆，久而不闻其臭，亦与之化矣。丹之所藏者赤，漆之所藏者黑。是以君子必慎其所处者焉。"（《孔子家语·六本》）就是从一个人的最亲密关系和所在的环境来考察他的品行。有其父必有其子，看看他的父亲；无友不如己者，看看他的朋友；君君臣臣父父子子，看看他的臣子。

孔子给自己的女儿、侄女择婿，一个是在狱中服刑的罪人，一个是在身边读书念念有词的学子。不为表象所蔽，通过现象看本质，通过志向看未来。子谓公冶长："可妻也。虽在缧绁之中，非其罪也。"以其子妻之。（《论语·公冶长》）子谓南容："邦有道，不废；邦无道，免于刑戮。"以其兄之子妻之。（《论语·公冶长》）你不得不佩服夫子的识人术了。

第二节　达视所举　魏国的相人术

战国之初，雄才大略的魏文侯任用李悝，实施变法，富国强兵，任用吴起乐羊，西威秦国，北伐中山，百战百胜。魏国于战国初期独霸天下半个世纪，就是因为魏文侯的识人用人，海纳百川，有容乃大。文侯时期，有其弟魏成子、名相李悝和人才招聘家翟璜，有军事家吴起、政治家水利家西门豹、名将乐羊，另外还有隐于市的学者人才如子夏、段干木、田子方等人的辅佐，魏国成了战国初的头号强国。魏文侯用信任、胸怀和圣明，给整个战国历史打上了变法任贤的底色。关于他的识人术，《史记》给我们记下了这样一则生动精彩的故事。①

魏文侯想为自己提拔一位相国，目前有两个人选都不错，一个是其弟魏成子，一个是善于举荐人才的大臣翟璜，一时不知道该选哪一个好。

于是他找来谋士儒者李克（一说即李悝，著名政治家、魏国丞相），对他说："先生尝教寡人曰'家贫则思良妻，国乱则思良将'，现在我们魏国正是处在'国乱'的状态，我迫切需要一位有本事又贤良的相国来辅助我啊！魏成子和翟璜这两个人都不错，我一时也拿不定主意，你说说他们两个到底哪个更合适一些呢？"

　　李克对曰："臣闻之，卑不谋尊，疏不谋戚。臣在阙门之外，不敢当命。"

　　文侯曰："先生临事勿让。"

　　李克曰："君不察故也。居视其所亲，富视其所与，达视其所举，穷视其所不为，贫视其所不取，五者足以定之矣，何待克哉！"

　　文侯曰："先生就舍，寡人之相定矣。"

李克急忙退出，经过翟璜之家，翟璜急切地探问："今者闻君召先生而卜相，果谁为之？"李克也不隐瞒，直截了当说："魏成子为相矣。"

翟璜愤然作色曰："就凭耳目的所见所闻，谁都知道，我哪一点比魏成子差？西河的守将是我推荐的。君主对内地最忧虑的是邺郡，是我推荐了西门豹。君主计划要攻伐中山国，是我推荐了乐羊。中山攻灭以后，派不出人去镇守，是我推荐了先生。君主的儿子没有合适的师傅，是我推荐了屈侯鲋。我哪一点比魏成子差！"

李克曰："君问而置相'非成则璜，二子何如'？克对曰：'君不察故也。居视其所亲，富视其所与，达视其所举，穷视其所不为，贫视其所不取，五者足以定之矣，何待克哉！'是以知魏成子之为相也。"李克又说，况且您怎么能跟魏成子相比呢？魏成子有千钟俸禄，十分之九用在外边，十分之一用

---

① 徐廷华．李悝的"识人五法"［J］．群众，2018（6）：64；顾伯冲，顾洁颖．"识人五法"启示［J］．今日浙江，2013（17）：62.

在家里，因此从东方聘来了卜子夏、田子方、段干木。这三个人，君主把他们都奉为老师。您所推荐的那五个人，君主都任他们为臣。您怎么能跟魏成子相比呢？"

这里，李克给君主提供了考察人才的方法和标准，然后由文侯自己去裁定。这就是"居视其所亲，富视其所与，达视其所举，穷视其所不为，贫视其所不取。"①

居视其所亲：看一个人平常都与谁在一起，如与贤人亲，则可重用，若与小人为伍，就要当心。

富视其所与：一个人富有了，要看他怎么花钱，给谁花，花在什么地方。人穷的时候节俭不乱花钱，那是资源和形势造就的；人富了以后还能保持节俭，才是品行的体现。

达视其所举：一个人发达了地位高了，要看他推荐什么人。他提拔什么样的人，他就是什么样的人。

穷视其所不为：不得志时看他不做哪些事，是不是胡作非为，不择手段，以便看出他的基本操守。

贫视其所不取：贫苦时看他不要哪些东西，是不是志士不饮盗泉之水，廉者不受嗟来之食，以便看出他的底线尊严。

这样，不仅文侯从容确定了国相的人选，而且落选的翟璜也由怒不可遏到徘徊迟疑，直至再拜致歉："璜，鄙人也。失对，愿卒为弟子。"（《史记·魏世家》）

魏文侯君臣的识人术，是从不同视角，观察其所亲所与所举所（不）作所（不）为，来考察他的品性。这也成就了魏国强盛称霸数十年的人才根基与智力资源。② 后来为其他诸侯效法，最后为秦国发扬光大。

---

① 潘春华. 识人五法 [J]. 前进, 2017（10）：64.

② 张亚凌. 识人的智慧 [J]. 思维与智慧, 2014（10）：11.

第三节　外观内察　秦国的相人术

《史记》中的识人术，比比皆是。著名的如：

汉初三杰（刘邦识用张良、萧何、韩信）；

太公钓鱼（周文王拜姜太公为师）；

黄石兵法（黄石公考教张良）；

管鲍之交（鲍叔牙推让管仲）；

意气扬扬（齐相晏子推荐自己曾经意气扬扬的御者）；

三令五申（吴王阖闾考用孙武）；

毛遂自荐（平原君危急时任用毛遂扭转秦赵邯郸之战的战局）；

负荆请罪（蔺相如顾全大局感化廉颇将相和）；

奇货可居（吕不韦花巨资让落魄公子子楚接王位）；

萧何月下追韩信；

陆贾诗书定天下；

变名易姓（范蠡认识到越王为人，可与共患难，不可与共乐。退隐经商，成名天下）……

秦国的生存发展称霸争雄历史，也就是一部求贤识人的历史，当然其中充满艰难曲折，并非一帆风顺。固然要以秦穆公为旗帜和领先，但是在战国初期，濒于肢解的秦国不得不发愤求贤，实应归功于强劲的东邻敌国魏国。我们这里且以秦国和它的对手魏国的识人故事为例吧！

我们知道，秦国的客卿制度，是其克敌制胜的法宝，而客卿制度的实施，实有赖于精准的识人术。你看看，"秦用由余谋伐戎王，益国十二，开地千里，遂霸西戎。"还有五羖大夫百里奚、蹇叔、公孙枝、丕豹等。（《史记·秦本纪》）卫鞅在魏国不为重用，但"孝公用商鞅之法，移风易俗，民以殷盛，国以富强，百姓乐用，诸侯亲服，获楚魏之师，举地千里，至今治强。"（《史记·商君列传》《史记·李斯列传》）张仪不为楚相所识，反被"掠笞数百"，后侥幸逃命，而为秦惠王赏识，"惠王以为客卿，与谋伐诸侯。"(《史记·张仪列传》)"拔三川之地，西并巴、蜀，北收上郡，南取汉中，包九夷，制鄢、郢，东据成皋之险，割膏腴之壤，遂散六国之从，使之西面事秦，功施到今。"(《史记·李斯列传》)范雎原为魏国中大夫须贾门客，差点被魏国相国魏齐鞭笞致死，但秦"昭王得范雎，废穰侯，逐华阳，强公室，杜私门，蚕食诸侯，使秦成帝业。"(《史记·范雎蔡泽列传》《史记·李斯列传》)秦国每赏识重用一个重量级人才，秦国就迈上一个争霸兼并的新台阶。直至秦始皇，他剪除嫪毐和吕不韦两大权力障碍后，求贤若渴，甚至衣服、饮食与客卿一模一样，对他们的献计献策，更是言听计从，委以重任。

　　大索，逐客。李斯上书说，乃止逐客令。李斯因说秦王，请先取韩以恐他国，于是使斯下韩。韩王患之，与韩非谋弱秦。大梁人尉缭来，说秦王曰："以秦之强，诸侯譬如郡县之君，臣但恐诸侯合从，翕而出不意，此乃智伯、夫差、湣王之所以亡也。愿大王毋爱财物，赂其豪臣，以乱其谋，不过亡三十万金，则诸侯可尽。"秦王从其计，见尉缭亢礼，衣服食饮与缭同。缭曰："秦王为人，蜂准，长目，挚鸟膺，豺声，少恩而虎狼心，居约易出人下，得志亦轻食人。我布衣，然见我常身自下我。诚使秦王得志于天下，天下皆为虏矣。不可与久游。"乃亡去。秦王觉，固止，以为秦国尉，卒用其计策。而李斯用事。(《史记·秦始皇本纪》)

　　李斯从被逐到上书劝谏获得采纳，再到被重新重用，可谓识人用人的个案。而吕不韦的《吕氏春秋》则在识人理论上有高屋建瓴的建树。《吕氏春秋·论人》的"八观六验""六戚四隐"，可谓秦国，乃至先秦识人的集大成者：

　　凡论人，通则观其所礼，贵则观其所进，富则观其所养，听则观其所行，止则观其所好，习则观其所言，穷则观其所不受，贱则观其所不为。喜之以验其守，乐之以验其僻，怒之以验其节，惧之以验其特，哀之以验其人，苦之以验其志。八观六验，此贤主之所以论人也。论人者，又必以六戚四隐。何谓六戚？父、母、兄、弟、妻、子。何为四隐？交友、故旧、邑里、门郭。内则用六戚四隐，外则用八观六验，人之情伪、贪鄙、美恶无所失矣。譬之若逃雨污，无之而非是。此先圣王之所以知人也。

识人难，难于上青天。面对这样的千古难题，我们唯有保持清醒的意识，学习，实践，揣摩，总结，提炼。正反立体动态地考察。正如庄子所引述的孔子识人"九征"，孔子曰："凡人心险于山川，难于知天。天犹有春秋冬夏旦暮之期，人者厚貌深情。故有貌愿而益，有长若不肖，有慎狷而达，有坚而缦，有缓而悍。故其就义若渴者，其去义若热。故君子远使之而观其忠，近使之而观其敬，烦使之而观其能，卒然问焉而观其知，急与之期而观其信，委之以财而观其仁，告之以危而观其节，醉之以酒而观其侧，杂之以处而观其色。九征至，不肖人得矣。"（《庄子·杂篇·列御寇篇》）① 这已经是在实际行动中的考验了。

在团队里，要知人善任；在竞争中，要知己知彼；在同学时，需择善而从；在恋爱季，慎防遇人不淑；在利诱前，要避免利令智昏……②

古往今来，识人法除了上述三法、五视、九征外，还有五常、七经、八观六验、六戚四隐等等。③ 这些给了我们很好的借鉴启示，还需要我们在实践中摸索，体验，提炼。经世之道，识人为先。④ 这是语言运用方面的教科书，亦是成人成己吾侪之必修课。

---

① 周永亮．古代观人九法［J］．企业观察家，2015（12）：88-89．
② 周玉银．古代用人智慧对新时代人才队伍建设的启示［J］．领导科学论坛，2018（19）：39-41．
③ 王选．古人的识人智慧："八观"与"八验"［J］．人才资源开发，2015（11）：73；王勇华．病榻论相：识人用人的智慧［J］．董事会，2018（8）：97-98．
④ 桑林峰．识人如何突破"德考"困境［N］．光明日报，2013-10-16．

参考文献

［1］ LEECH G N. Principles of Pragmatics ［M］. Beijing：Foreign Language Teaching and Researching Press，2001.

［2］ NICHOLSON H. Diplomacy ［M］. Oxford：Oxford University Press，1963.

［3］ SPERBER D.，WILSON D. Relevance：Communication and Cognition ［M］. Oxford：Blackwell Press，1986.

［4］ VERSCHUEREN J. Understanding Pragmatics ［M］. Beijing：Foreign-Language Teaching and Researching Press，2000.

［5］ 刘吉同. 秦昭王五次向下跪 跪得范雎的"兴秦策"［N］. 羊城晚报，2017 – 03 – 23.

［6］ 贺陶乐. 先秦外交谏说的非语言艺术 ［J］. 延安大学学报（社会科学版），1997（3）.

［7］ 鲍鹏山. 商鞅：谁的成败 ［J］. 领导文萃，2013（19）.

［8］ 刘礼堂. 秦国的人才开发 ［J］. 武汉大学学报，1999（4）.

［9］ 百战奇法 ［M］. 刘彦强，校释. 银川：宁夏人民出版社，2008.

［10］ 晁福林. 霸权迭兴——春秋霸主论 ［M］. 北京：生活·读书·新知三联书店，1992.

［11］ 程余庆. 历代名家评注史记集说 ［M］. 西安：三秦出版社，2011.

［12］ 储道立，熊剑平. 中国古代情报史论稿 ［M］. 银川：宁夏人民出版社，2010.

[13] 高锐. 中国军事史略上中下 [M]. 北京：军事科学出版社，1992.

[14] 鬼谷子 [M]. 许富宏，译注. 北京：中华书局，2011.

[15] 国语 [M]. 陈桐生，译注. 北京：中华书局，2013.

[16] 韩非. 韩非子 [M]. 北京：中华书局，2010.

[17] 韩兆琦. 史记题评 [M]. 西安：陕西人民教育出版社，2000.

[18] 张国刚. 资治通鉴与家国兴衰 [M]. 北京：中华书局，2016.

[19] 黄朴民. 中国军事通史·春秋军事史 [M]. 北京：军事科学出版社，1998.

[20] 军事科学院. 中国军事通史第 1 – 17 卷 20 册 [M]. 北京：军事科学出版社，1998.

[21] 李德山，石磊. 列代名著精选集·战国策 [M]. 南京：凤凰出版社，2009.

[22] 李光耀. 我一生的挑战：新加坡双语之路 [M]. 新加坡：新加坡海峡时报出版社，2011.

[23] 刘伯奎. 中华文化与汉语语用 [M]. 广州：暨南大学出版社，2004.

[24] 刘向. 说苑 [M]. 北京：中华书局，2019.

[25] 刘向. 战国策 [M]. 上海：上海古籍出版社，1998.

[26] 刘勰. 文心雕龙 [M]. 上海：上海古籍出版社，2008.

[27] 论语 [M]. 北京：中华书局，2017.

[28] 罗琨，张永山. 中国军事通史·夏商西周军事史 [M]. 北京：军事科学出版社，1998.

[29] 吕不韦. 吕氏春秋 [M]. 北京：中华书局，2011.

[30] 孟子 [M]. 北京：中华书局，2010.

[31] 墨子 [M]. 北京：中华书局，2015.

[32] 尚书 [M]. 北京：中华书局，2012.

[33] 诗经 [M]. 北京：中华书局，2015.

[34] 施旭. 文化话语研究：探索中国的理论、方法与问题 [M]. 北

京：北京大学出版社，2010.

[35] 水成冰．战国策口才要诀［M］．北京：中央编译出版社，2007.

[36] 司马光．资治通鉴［M］．长沙：岳麓书社，2018.

[37] 司马迁．史记［M］．长沙：岳麓书社，2012.

[38] 孙子．孙子兵法［M］．北京：中华书局，2019.

[39] 台湾三军大学．中国历代战争史（1—18）（附地图册）［M］．北京：中信出版社，2013.

[40] 田兆元，孟祥荣．战国策选评［M］．上海：上海古籍出版社，2005.

[41] 王阁森，唐致卿．齐国史［M］．济南：山东人民出版社，1992.

[42] 吴如嵩，黄朴民，任力，等．中国军事通史·战国军事史［M］．北京：军事科学出版社，1998.

[43] 谢华．语言与战争——兼谈现代战争中的模糊语言［J］．江西社会科学，2001（6）.

[44] 熊宪光．战国策研究与选译［M］．重庆：重庆出版社，1988.

[45] 徐同林．史记的语文［M］．济南：齐鲁书社，2012.

[46] 张大可，等．史记论丛1—10集［M］．北京：中国文史出版社，2015.

[47] 钟克昌．隽永的说辞·战国策［M］．北京：中国友谊出版社，2013.

[48] 周振甫．史记集评［M］．重庆：重庆大学出版社，2010.

[49] 左传［M］．北京：中华书局，2016.

后　记

　　1999 年投奔向往已久的华东师范大学博士生导师方智范教授门下攻研词学，并在方师的引荐下拜访了徐中玉先生，获得为小书《中国文学人文风景》（内蒙古人民出版社 1999 年版）赐序的恩典，还在大师的指引下开始认认真真一字一句地研读中华元典《论语》，后来拜读到大作《今天我们还能从〈论语〉择取到哪些教益——〈论语〉研讨》（《文艺理论研究》2001 年05 期）等，使得能够陆陆续续刊布一些《论语》读后感，如《小议孔子说"不"》（《江苏教育学院学报》2003 年 05 期），数年后集腋成裘刊出《论语的语文》（齐鲁书社 2008 年版，"中国图书对外推广计划重点推荐书目"）。在研读《论语》和孔子的同时，自然拓展到了《史记》，数年后积少成多，《史记的语文》（齐鲁书社 2012 年版）和《先秦军事外交语言艺术》（国防大学出版社 2015 年版），也是先发些论文，甚至获奖，然后集文成书的。

　　做先秦外交课题及之后，不时思考，秦国在崛起拼杀过程中的语言运用，既不可或缺，也不可取代，甚至是不战而屈人之兵的利器法宝。催生一篇篇文章，便萌生了趁热打铁，聚焦强秦的念头，写一本"强秦之言"来，算是对以往先秦外交研究的延伸。在这期间，虽然工作单位有所变动，但是所在学校及领导同事莫不给予极大的鼓励和支持。

　　国防科技大学国际关系学院院长钱洪良、政委孙湛修、院长王京武，上海外国语大学贤达学院董事长鲍贤嗣、校长张定铨、书记夏骄雄和副校长徐征等，南京传媒学院副校长金梦玉、部长邹伟、吕艳等。或鼓励申报课题立项资助，或支持参与学术研讨，或指引研探方向，或鞭策不懈前行。

　　同事同行们，更是赐教良多，提携不断。董一新、曾岚、朱倩、贾莉芳、张媛丽、程培英、祝嘉琳等，张大可会长、陈曦秘书长、刘洪生、朱正平等，排解难困，赐予机遇，提示平台，分享资讯。

感念家人祝宏梅、徐汇、郭超的包容付出，尤其小小（晴川）、小咪（晴朗）的活泼可爱。交稿之际，适逢新冠病毒疫情紧迫，家母身体欠安，竟在春分之前溘然长眠。百感交集……"一滴母爱便是大海。"挚情无声，春晖无限，鞭策我惜时惜福，感恩感怀，成人成己。"母爱胜于万爱。""树欲静而风不止，子欲养而亲不待。""父母之年，不可不知也，一则以喜，一则以惧。"子夏问孝，子曰："色难。有事，弟子服其劳；有酒食，先生馔，曾是以为孝乎？"

感怀莘莘学子的勤勉好学，教学相长，春风沂水。靳毅松、冯紫依、何思、李洋、徐可依、汪雅琪、杨珺、尚明迪、许业萌、李镇臣、蒋佳妮、王子玄、牛珍等提出批判意见，给予信息资源，带头组织研讨，分享获奖喜悦，给予鼓励。"君子有三乐。父母俱存，兄弟无故，一乐也；仰不愧于天，俯不怍于人，二乐也；得天下英才而教育之，三乐也。"此事古难全？

回顾这段心路历程，无非是希望有心者、同好者更好地前行，如能在以讷言敏行为特性的我们民族发达复兴之中，有所启益，幸甚至哉。

最后一句话，本书是探讨秦国图霸争雄的语言方略，并企望展现强秦伐谋伐交不战而胜、舌比剑锋利的历史画卷，以资镜鉴。语言利器是一把双刃剑，自当趋利避害，在赏读和运用时，不可不慎之又慎进而善之善者也。

徐同林

2020 年 4 月 16 日于金陵应天居